RISK MANAGEMENT IN CHILDREN'S PLAYGROUNDS

子どもの遊び場のリスクマネジメント

遊具の事故低減と安全管理

松野敬子
［著］

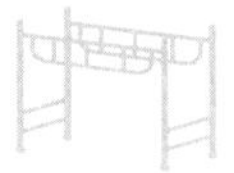

ミネルヴァ書房

はじめに

厚生労働省の人口動態統計によれば，赤痢などの感染症を克服したとされる1960年以降，先天的な要因の大きい０歳児を除き，１～19歳までの子どもの死亡原因の上位を占めるのは，一貫して「不慮の事故」である。また，死亡に至らずとも，その子どもの将来を左右するような障害をもたらすおそれがあるのが子どもの事故である。事故の防止，及び事故による傷害の低減対策を講じることは，国をあげての重要な課題であろう。また，子どもの死亡原因として50年以上も上位を占め続けてきたということは，換言すれば，かくも長きにわたり有効な対策が講じられてこなかったことの現れともいえるだろう。

本書は，子どもの事故の中でも，遊び場における遊具に起因する事故の防止を中心テーマとしている。遊具による事故は，子どもの事故の中でも，ほとんど顧みられることのなかったテーマである。子どもは，どんなに危険な場所であろうが，危険だと脅されようが，楽しいと思えば遊ぶのを止めることはない。そして，そのような遊び場で起きる不幸な出来事の厳しい結果を受けるのも，子ども自身である。こういった事故は，個人的な不幸な出来事として扱われ，社会全体の課題だと認識されることは少ない。しかし，子どもが子どもらしく振舞った結果生じた怪我に対して，子どもを責める社会は公正であろうか。大人が安全で豊かな遊び場を提供することは，成熟した社会としてあるべき姿であり，大人に突きつけられた課題ではなかろうか。この課題への理論的，現実的解決策を探ることを目的に，本書を執筆した。

遊びにまつわる事故防止対策は，一概に安全であればよいというわけにはいかないところに難しさがある。高い所へ登ったり，大きく揺らしたりと，危険性の内在する行為をすることにより成り立つのが遊びであり，安全を過度に求めることは，楽しさを子どもから奪うことになりかねない。子どもの遊びにおける事故防止対策には，成長の糧となるようなチャレンジとしての危険を残しつつ致命傷となる傷害を起こさせないという，相反する目的を実現することが必要である。換言すれば，リスクの便益は受容しつつ，受容可能性を超えるリスクを排除していくための効果的なリスクマネジメントの方法論が求められているということである。

「子どもにとっての遊び」という特殊な場面では，リスクも善でありむしろ必要とされる。しかし，リスクをどのように理解し，どこまで許容し，それをどうマネジメントしていくかという根幹に関わる議論が，我が国の先行研究には充分ではなかった。そのために，実効性のある対策が講じられることがなく，結果的に「安全でも面白くもない遊び場」という状態から抜け出せていないのである。実際に，遊び場の事故防止の先進国である欧米では，遊びの価値の尊重と事故防止のバランシングが中心テーマとなっており，注目すべき先行研究も多数存在する。

以上のことから，本書では，先進的な取組みを行っている欧米の諸研究と実践を参考にしつつ，我が国の遊び場事情に即したリスクと便益のバランスを考慮したリスクマネジメントの枠組みを検討した。この点で，本書はこれまでの研究と一線を画するものである。

まず序章において，本書における用語の定義と先行研究からの示唆及び論点の整理を行う。本書の主題である遊び場の事故防止に関する先行研究は，我が国ではわずかしか存在しないため，ここでは産業災害や製品事故など様々な分野における事故防止に関する先行研究からも知見を得ることを試みている。

次に，第１章では，遊び場の事故防止対策を論じるに先立ち，子どもの事故全般における防止対策を概観している。この分野では長きにわたり有効な対策が講じられることがなかったと冒頭で述べたが，その要因はどこにあるのかを考察するため，関係省庁などにおいて実施されてきた施策を検証する。

第２章では，本書の本題である遊び場及び遊具における事故防止対策に関する考察を行う。すなわち，欧州と我が国の公園の発展過程と，その過程で取り組まれた安全対策の推移が歴史的に概観され，その過程で争われた安全とリスクのバランシングを巡る議論をサーベイする。2002年に誕生した我が国の遊具の安全規準は，遊びの価値を尊重しつつハザードを除去すべきであるとの理想を掲げ策定された。しかし，それを実現するだけのノウハウを持つことがなかったために，13年が経過した現在も，遊具の安全には大きな改善は見られていない。そういった状況に一石を投じることを期待し，安全指針の象徴ともいえる「リスクとハザード」の文言の再考を提案する。しかし，これはその理念を否定するものではなく，この理念の実現を願うからである。

京都市の市営公園を対象とした遊具による事故と公園管理の実態の調査・分析を行った第３章を経て，第４章では，投機的リスクマネジメントの手法を用い，遊具の事故防止対策を考察していく。すなわち，遊び場のリスクマネジメントは，ときにはリスクを敢えて取ることにより，遊びの価値である楽しさや達成感といった便益を獲得できる投機的リスクとし，投機的リスクマネジメントの手法を選択した。さらに，その具体的な手法として，英国で用いられているリスク・ベネフィットアセスメントの援用を提言していく。これは，従前のリスクアセスメントのように，リスクをスコアリングするのではなく，リスクと便益を記述式で併記し，許容可能なリスクを管理者が判断していくという手法である。この手法を我が国に導入するための留意点をあげ，より実効性のある導入方法を提言することを試みている。

終章では，本書を要約した上で，締めくくりとして，公園のあり方を，「子どもの育ちの場」としてのみならず，「子育て支援の場」として考察することを試みた。街区公園という不特定多数が利用し，行政が管理している遊び場に，たとえ「遊びの価値」であるとしても傷害の可能性が高いリスクを残すべきかという疑問が，筆者の中で拭いきれず存在したからである。

遊び場の事故防止は，子育て中の保護者にとって，身近で切実な問題でありながらも，そこに第一当事者である保護者の声が反映されてこなかったと感じている。保護者，特に，日常的に保育に携わる母親にとって，我が子と公園などの遊び場に出かけることは日常である。子どもたちに豊かな遊びの時間を過ごして欲しいと願いながらも，怪我の心配で一瞬も子どもから目を離せないような遊び場を望んではいないだろう。子どもをどう育てていきたいかという長期的目標と，日々のストレスフルな子育てをいかにこなしていくかという短期的目標とのバランスを調整しながら，母親というのは子どもとの時間を過ごしている。遊具や公園，そして，幼稚園・保育所など養育施設に求めるものを，母親の視点から見直していくことも不可欠であろう。そういった意味からも，本書が多様な遊び場の管理者と同時に，母親たちにとっても，現実的で実践可能なリスクマネジメントの手引書となることができれば幸いである。

2015年11月

松野敬子

子どもの遊び場のリスクマネジメント

――遊具の事故低減と安全管理――

目　次

はじめに

序　章
子どもの事故防止研究の課題と先行研究の概観

第1節　本書における用語の定義

（1）　子どもの定義

①法律上の定義

民法第2章第2節第4条により「年齢二十歳をもって，成年とする」とされるように，一般的には，子どもとは20歳未満の者を指す。ただし，児童福祉法や児童虐待防止法など主に福祉的な色合いの濃い法令では18歳を区分とするものも存在する。また，国際的には，子どもの権利条約（Convention on the Rights of the Child）の第1条で「児童とは，18歳未満のすべての者をいう」と定義されているのをはじめとして，多くの国々で18歳未満の者を子どもと定めている[(1)]。こうした世界の大勢を受け，我が国でも18歳以上を成人とする動きも見られるようになっている。

もっとも，18歳か20歳かという差異は，子どもの事故防止をテーマとする本書ではさしたる問題とはならないだろう。というのも，人間の身長[(2)]と握力[(3)]の年齢毎の推移を示した**図序－1**ならびに**図序－2**によれば，身長と握力についての身体機能的な差異は18歳と20歳では大きなものではないからである。一方，

(1)　国立国会図書館調査及び立法考査局（2008）「主要国の各種法定年齢」2頁。「選挙権年齢の世界の趨勢は18歳であるといってよい。調査した189か国・地域のうち，18歳までに（16，17歳を含む）選挙権を付与しているのは170か国・地域となっており，割合にして89.9％に上る」とある。

(2)　身長は，体重と比較して，成育環境などによる影響が少なく，人間の成長を評価する指標として適している。食生活などにより，成人よりも体重の重い子どもはいるが，成人よりも身長が高い子どもは稀だということである。

(3)　握力は，全身の筋力を表す指標として用いられることが多い。

図序－1　年齢別：身長平均値の推移

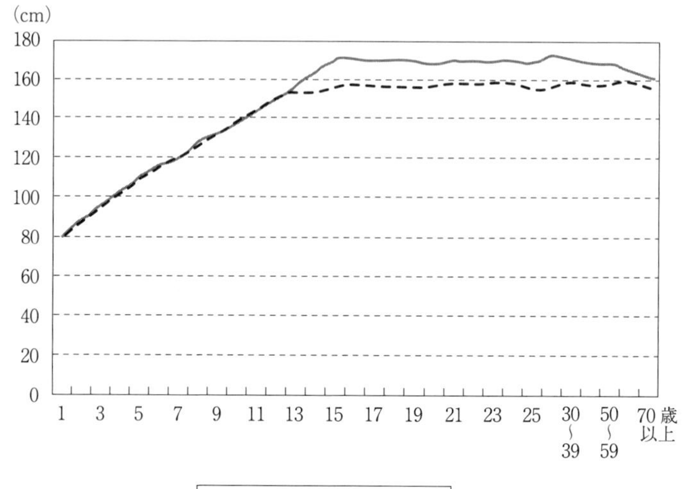

（出所）厚生労働省（2014）「平成25年度　第2-6表身長・体重の平均値，性・年次×年齢別」『厚生統計要覧』を基に筆者作成。

図序－2　年齢別：握力テスト平均値の推移

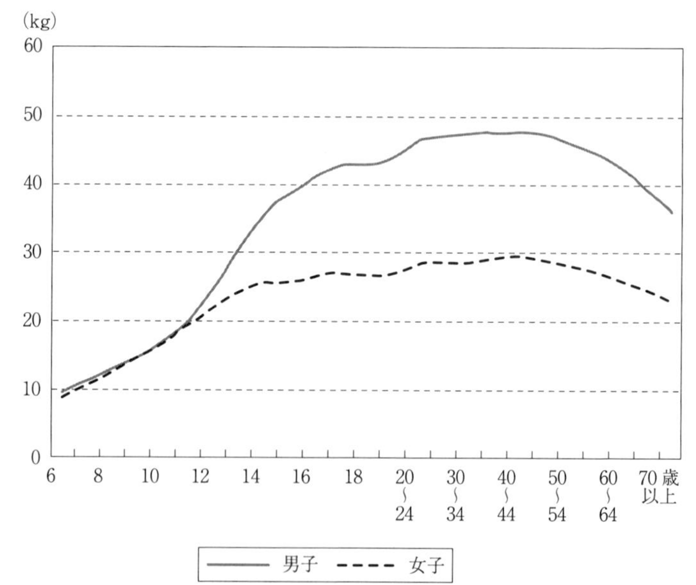

（出所）文部科学省（2013）「平成24年度体力・運動能力調査結果年齢別握力」を基に筆者作成。

身長と握力は０歳から15～16歳頃にかけて年々急伸長しており，年齢によるその差異はきわめて大きい。特に握力は，遊具を利用する際には決定的に重要となる身体的機能である。これらのことは，18歳と20歳の差異を問題とするよりも，18歳未満の子どもを，さらに発達段階に応じて細分化して分析する必要があることを示している。子どもに関する問題が論じられる場合，そのイメージする年齢がほんの少しずれただけで，子どもは全く異なる様相を示し，しばしば議論が噛み合わない事態が起こりがちである。これは，上述のとおり，この15～16歳頃までの子どもはきわめて身体的な変化が大きいことに基づいている。

そうした点を考慮して作成されているのが，子どもの製品事故防止のための国際的なガイドラインである ISO/IEC Guide50 である。そこでは，子どもは「生後から14歳までの人[(4)]」と定義され，さらに，「子どもは，小さな大人ではない。ハザードにさらされているということとともに，成長段階があるということも含め，子ども特有の性質は，大人とは違った外傷リスクにさらされている。発達段階とは，子どもの体の大きさ，体型，生理学的，身体や認知能力，情緒の発達，適応性を広く含むものである。これらの性質は，子どもの発達に応じて急速に変化する。そのため，両親や養育者は，しばしば，発達段階の違いによって，過大にも過小にも評価してしまい，その結果，子どもをハザードにさらしてしまう。こういった状況は，子どもを取り巻く環境の多くが，大人用にデザインされているという事実により，増幅されている[(5)]」と明記されている。つまり，本書のような子どもの事故防止を扱う場合には，18歳に満たない子どもをさらに発達段階に応じて細分化する必要があるということが示されている。

図序－3は，誕生から18歳までの発達段階を，様々な見地から一覧にしたものである。この図から分かるように，社会的習慣や制度，身体的機能，認知的側面，いずれの分類によっても，子ども時代を乳幼児期，児童期，青年期という三つのフェーズに分けることができ，発生しやすい事故も，各フェーズの身体的，認知能力的側面などで，異なることが示唆されている。

---

(4)　ISO/IEC (2002), “ISO/IEC Guide50: 2002: Safety aspects — Guidelines for child safety,” p. 2.

(5)　*Ibid.*, p. 3.

図序－3　誕生から18歳までの発達段階の特徴と発生しやすい事故

観点		法令／提唱者	28日	3ヵ月	6ヵ月	10ヵ月	1歳 12ヵ月	2歳 18ヵ月	3歳 24ヵ月	4歳	5歳	6歳	7歳	8歳	9歳	10歳	11歳	12歳	13歳	14歳	15歳	16歳	17歳	18歳
一般的な発達段階の名称			乳幼児期										児童期						青年期					
																		思春期						
社会的習慣や制度		母子保健法	新生児	乳児				幼児																
		児童福祉法	乳児					幼児					学童期											
		学校制度	就学前教育（乳幼児期）							(幼稚園年少)	(幼稚園年中)	(幼稚園年長)	初等教育（児童）						前期中等教育（学生）			後期中等教育（学生）		
身体的発達	生理形態学	ポルトマン	生理的早産の期間 乳歯の萌出 →					言語 →		脳髄の大きさが大人と同様 アゴの発育・永久歯の萌出			体重の急激な増加 客観的な表現（絵を描くなど） 社会性の芽ばえ						身長の急激な増加 身体的発育が強化される 性的な成熟期					
	運動	小児科学 児童学 発達心理学 など		首が座る	寝返り	はう，つかまり立ち	直立歩行	階段登る 走る	ぶら下る 滑り台 ブランコ	三輪車	登はん遊具 ケンケン	スキップ	運動能力向上（速度，正確さ，安定性，協応性）						運動機能は成人と同様／第二次性徴					
	生活技能				指差し			スプーン コップの使用	積み木 ハサミの使用		排便自立	身辺自立	ナイフ，紐結び											
	言語			喃語			初語 一語文		多語文	話し言葉完成		会話	客観的な表現　書き言葉											
	認知			自分の名前を認識			言われたことを理解する		第一反抗期（自我の芽ばえ）				保護者との「タテ関係」から仲間との「ヨコ関係」						自我の発見から確立へ（保護者からの自立欲求＝心理的離乳）					
	社会性			呼びかけに反応		後追い	一人遊び		平行遊び 連合遊び	協同遊び	集団遊び													
精神機能の発達	児童心理学	ピアジェ	感覚運動的知能期						前操作期				具体的操作期						形式的操作期					
子どもの事故の傾向	交通事故		車に同乗中の事故			歩行中				三輪車・自転車												バイク・自動車運転		
	転落・転倒		親が子どもを落とす			歩行器・ベッド・家具・階段からの転落				家庭内窓，ベランダからの転落					遊具からの転落			幼稚園，保育園，学校施設などでの転落						
	溺水		入浴中		浴槽への転落								プール，川，海など											
	窒息		吐乳　就寝中	誤飲（玩具・ボタンなどの小物，ビニール袋，豆類，こんにゃくゼリー）							衣類のフードや紐類による首しまり事故 遊具での首吊り事故													
	煙・火災																							
	熱・高温物質		熱いミルク，熱い風呂		ストーブ　アイロン　タバコの火					マッチ，ライター　花火														
	中毒					誤飲（薬品，洗剤など，タバコ，酒類）																		
	その他			部屋のドア，乗り物などで，指などの切断			刃物																	

（出所）　各分野の文献を参照し，筆者作成。

以下に，身体的発達側面と認知能力的側面から，この点をさらに詳しく見ていく。

②身体的発達の側面

各フェーズの特徴を，まず身体的発達面を中心に，生物学の立場から見ていく。

誕生から6歳までの乳幼児期の特徴は，身体的，認知能力的のいずれも未成熟であるが，一方で特に身体機能・能力に関しては劇的に発達している点である。

スイスの生物学者アドルフ・ポルトマン（Adolf Portmann）は，人間の出産形態を「生理的早産（Die Physiologische Frühgeburt）」と名づけている[(6)]。ポルトマンは，哺乳動物の出産形態を「就巣性（Nesthocker）」（孵化した後も巣に留まり自食しない鳥類＝出産後しばらくは巣に留まって親に養育してもらうの意）と「離巣性（Nestfluchter）」（孵化した後，ただちに飛び立つ鳥類＝出産直後から一定の巣立ち能力を有するの意）とに分類する。前者は，ねずみ・うさぎなどのげっ歯類やテン・犬・猫などの小型の肉食類で，妊娠期間が短く，一度の出産頭数が多く，脳髄が発達していないため脳も小さい。後者は，象・牛・きりんなど有蹄類，アザラシ・鯨，そしてチンパンジーなどの猿類などで，妊娠期間が長く出産頭数も少ない。また，新生児の段階で親とほぼ同じ外形を有し，脳も比較的大きい。二者の生物学的な違いは，胎児期間に身体器官・感覚神経系の構造を発達させるか否かという点にある。したがって，妊娠期間は，「就巣性」は短く，「離巣性」は長い。例えば，「就巣性」では，ねずみ15日，犬・猫60日，「離巣性」では，象650日，牛280日，きりん450日，チンパンジー210日である。人間は，300日弱と「離巣性」と同程度の妊娠期間を持ちながら，直立二足歩行や離乳までに1年程度必要という「就巣性」の特徴を示す。

この人間の特徴を，ポルトマンは「二次的離巣性」と呼び，その状態を「生

(6)　Portmann, Adolf (1969), *Biologische Fragmente zu einer Lehre vom Menschen* (2, erw. Aufl edn.: Schwabe), pp. 57–59.／高木正孝訳（1961）『人間はどこまで動物か：新しい人間像のために』岩波書店（原書は1969年の第2版。参考とした翻訳書は，1956年に出版された叢書版であるが，引用箇所の記載内容は同じものである）60–62頁。

理的早産」とした。そしてまた，彼は，人間が生理的早産状態で産まれてくる理由を，「骨盤口の広さと子どもの頭の大きさとの関係」とする説に疑問をなげかけ，それは人間の発達の特異性であり必要だから生理的早産が起こるとしている。[(7)]つまり，仕方なく早産となるのではなく，未熟児として母胎から早期に出ることにより人間として独特の発達をするという。離巣性を示す高等哺乳類は，長い妊娠期間に，母胎内という遺伝的に割り当てられた環境の中で完成した後に産まれる。そのため，それらの動物の子どもは，親とほぼ同様の外形で誕生し，行動もする。一方人間は，未成熟な段階で母の胎内を離れて「世に出される」。成熟の最も重要な時期に，社会という環境の中で育つことにより，後天的・経験的な学習の可能性を最大化することになる。この点が他の高等哺乳動物と決定的に異なる発達過程で，要するに人間は，誕生の後に環境や周囲からの働きかけによりその発達が左右される，というのがポルトマンの主張である。

実際に「巣立つもの」になるまでの生理的早産の後の１年間（一般的には乳児期）に，人間は直立姿勢，言葉の習得，思考力の形成などの知的な発達を遂げる。しかし，この時期を越えても，身辺自立を果たすのは６歳を待たなければならない。この生後１年以降の５年間（一般的には幼児期）を，ポルトマンは，脳・歯・顎の発達がお互いに関係しながら進展し，同時に，言語を習得し，客観的な表現能力を持ち始め，様々な社会体験をする中で内面的な発達を遂げる時期だとしている。そして，６歳が就学という社会的な制度と一致することは，けっして偶然ではなく生涯の節目であるとしている。このポルトマンの指摘は，一般的な子どもの発達現象と一致しているのは図序－3が示すとおりである。この誕生から６歳という乳幼児期を，子ども対保護者という視点から見た場合，生理的早産時期は100％に近く親に依存しており，それ以降，徐々にその割合は下がるにしても，子どもとは保護者に身辺を庇護されるべき時期であるといえるだろう。

一方，６歳以上の特徴についてポルトマンは，人間は他の高等哺乳類に比べ

---

(7) Portmann, Adolf (1969), *op. cit.*, pp. 61-64.／前掲訳書（1961），71-73頁。

てかなり特有の発達をしていくと述べている[(8)]。乳幼児期の体重・身長などの身体的な発育はじつにゆっくりである。他の哺乳類は生後かなり早くから発育し，生殖も可能となるが，人間は性的成熟期である14歳頃（いわゆる思春期）までは，緩慢にしか発育せず，この時期になって急に発育が加速される。これも，ポルトマンは，遺伝的な影響ではなく練習しながら本当の人間的な可能性を成熟させつつ発達するという人間の発達特性だという。つまり，この乳幼児期と青年期の過渡期として位置づけられる学童期は，人間にとって様々な経験を重ね，成熟するために必要な時間だということだろう。子ども対保護者という視点から見た場合，保護者からの庇護のみでは成熟への道筋の障害となる。しかし，身体的な発育はまだまだ途上であるため，その脆弱性は否めないという時期であることが読み取れるだろう。

13歳以降の青年期に入ると，身体機能・能力は急激に伸び，成人の姿態へと発達を遂げる。また，性的に成熟する過程で雌雄形態の差が顕著となる第二次性徴が現れ，男らしい，あるいは女らしい体つきとなる。ポルトマンは，青年期の前半の体重増加が加速する時期とその後の身長伸長が加速する時期に注目し，体の割合の変化と心理的な活動の変化に，一定の関係性があるのではないかとしているが，個人差の大きい成人の身体特徴と心理の関連づけは説得力に欠ける。この時期の劇的な身体変化は，それを引き金に精神面での成長を遂げる時期であり，同時に，精神的な不安定さをもたらす時期として子どもの成長を捉えていかなければならないだろう。これは，子ども対保護者の関係性で見た場合，保護者からの自立を果たす時期である。

③認知能力的側面

次に，子どもの認知能力的な発達について，児童心理学の視点から見てみる。

20世紀，児童心理学の世界で最も影響の大きかったといわれるのは，スイスの児童心理学者ジャン・ピアジェ（Jean Piaget）である。彼も，ポルトマンと同様に生物学を最初に研究し，その後心理学へと研究を進めた学者である。徹底した子どもの観察と実験手法を用い，子どもの思考がどのように発達するか

(8)　Portmann, Adolf (1969), *op. cit.*, pp. 97-100.／前掲訳書（1961），113-117頁。

を理論化したことで高い評価を受けた研究者である。ピアジェ理論は，その解釈だけでも一つの研究分野となるほどの理論であるが，一般的には以下のように説明されている。

「人間の認知，思考の発達を個人と環境の相互作用という点から説明しようとしている。すなわち，人間は自分の持っている認識の枠組み（シェマ）を用いて環境から情報を取り入れたり（同化），環境に適応するために現在のシェマを変更したり（調整）しながら，同化と調整のバランスを取ること（均衡化）によって認知，思考が構造的に変化しながら徐々に発達していくとされる[(9)]」。

さらに，ピアジェ研究で知られている増田公男は，ピアジェによる各年齢段階における思考，認知の発達特徴を**表序－1**のように示している。

ピアジェ理論では思考は行為から発達するとされ，子どもの乳幼児期の前半（2歳まで，感覚運動期）は，生まれながら備わった環境とやりとりする手段として「吸う」・「握る」といったような運動反応を身につけており，そういった反射的な運動からまずは自分の身体を認識し，さらに，周囲の事物，自分の行為と周囲との関係に対する認識を形成していく。つまり，この時期は，何でも口に入れて吸い，触って握るという行為が繰り返される時期である。その結果，「痛い」や「熱い」などの感覚を認知するが，そこに因果関係があるという認知まではできない。

次に，乳幼児期の後半（7歳まで，前操作期）になると，表象（目の前にそのものがない場合でも心の中に思い浮かべることのできる能力）や象徴機能（物事や事象を別のものによって認識する能力）が発達する。換言すれば「ごっこ遊び」が可能になる。例えば，電車ごっこは，電車がそこになくても電車をイメージして遊ぶことができ，ロープを電車に見立てることができるのは象徴機能によるものである。しかし，まだこの時期の思考は未成熟で，自分の立場でしか物

(9) 増田公男（2011）『発達と教育の心理学：子どもからおとなへの発達支援のために』あいり出版，66頁。

表序－1　ピアジェによる各発達段階の特徴

<table>
<tr><td rowspan="3">感覚運動期
（0～2歳）</td><td>第1次循環反応
（6週～4ヶ月）</td><td>指を口で吸うなどの快を伴う動作のくり返し，自分の身体に関する認識を形成する。</td></tr>
<tr><td>第2次循環反応
（4～8ヶ月）</td><td>自分の周囲の対象に対してはたらきかけ，自分を取り巻く世界に関する認識を形成する。</td></tr>
<tr><td>第3次循環反応
（8ヶ月～）</td><td>対象へのはたらきかけを変化させることで，結果の変化を確かめるなど実験的な行動をおこない，自分の身体と周囲の世界との関係に関する認識を形成する。</td></tr>
<tr><td rowspan="3">前操作期
（2～7歳）</td><td>前概念的思考期
（2～4歳）</td><td>表象や象徴機能の発達により，対象を心の中で操作することが可能になる。概念による分類が困難であり，それぞれを個別の対象としてみなす傾向がある。</td></tr>
<tr><td rowspan="2">直観的思考期
（4～6歳）</td><td>対象の見かけの変化に左右され，質的，重さ，長さなどの保存の概念に到達できない。このため，対象の見かけが変化するとその質量まで変化すると考える。</td></tr>
<tr><td>他者の視点の獲得や複数の視点の統合が難しい，自己中心性（中心化）の特徴を持つ。</td></tr>
<tr><td>具体的操作期
（7～12歳）</td><td colspan="2">幼児期の特徴である自己中心性の特徴は薄れる（脱中心化）。
具体的に理解できるものについては，知覚に左右されず論理的操作を使って思考することができる。</td></tr>
<tr><td>形式的操作期
（12歳以降）</td><td colspan="2">抽象的な命題に対しても，論理的な思考が可能になる。形式的操作の完成には文化や個人による領域特殊的な差異があり，すべての人がすべての分野で達成できるわけではないとされる。</td></tr>
</table>

（出所）　増田公男（2011）『発達と教育の心理学：子どもからおとなへの発達支援のために』あいり出版，66頁。

事が判断できないという「自己中心的な思考」になっている。認知発達の側面から乳幼児期を見ると，大きく発達する時期ではあるが，まだまだ不完全な時期であるといえる。

一般的には学童期にあたる7歳以降は，具体的操作期とされている。ピアジェ理論での「操作」とは，物事を空間的・時間的に順序立てて思考することであり，換言すれば「論理的思考」ということになる。また，「具体的操作期」とは，物事を象徴的に理解する論理的な力が備わり，分類したり，系統立てたり，保存（ある一定の数や量が移動，変形されても取ったり加えたりしない限り不変であるということ）というような具体的な論理的思考が発達する時期という意味である。数や文字の概念を理解できるようになるため，就学が可能となるわけである。

そして，12歳以降の形式的操作期になると，具体的操作による結果を取り上げ，それらの論理的関係についての仮説を形成する能力が備わってくる。つまり，将来起きるであろう変化や可能性の世界に対してもその結果を論理的に予測することや，行為の結果を思い描いて現在取るべき行動を選択するというような思考ができるようになる。ピアジェ理論に拠れば，事故の予防的な教育が可能であるのは，この時期以降であるということになる。

以上，子どもの発達について，身体的，認知能力的側面から見てきたが，本書のテーマである，子どもの事故防止という観点から見ても，6歳までの乳幼児期，13歳までの学童期，それ以降の青年期と3段階区分することは必要不可欠であることが理解できる。特に，子どもに対する保護者の役割は全く異なり，各フェーズでその役割を誤ることは子どもの事故を誘発するばかりか，子どもの健全な成長を阻害することになるだろう。こうしたピアジェ理論を媒介にすると，我々は先に述べたISO/IEC Guide50において子どもは「生後から14歳までの人」と定義され，また「子どもは小さな大人ではない」とした子どもの捉え方に充分な合理性を感じることができる。したがって，子どもの遊びにおける事故防止を扱う本書では，さしあたり子どもを14歳以下の者として考察することとする。

（2） 遊び・遊び場・遊具

①遊びの定義

子どもという存在が，大人と区別された特別のものであると認識されたのは，フランスの歴史家フィリップ・アリエス（Philippe Ariès）によれば18世紀のことという。それ以前の中世ヨーロッパでは，子どもは大人同様の働き手として扱われ，「小さな大人」でしかなかった。17世紀になり，親子関係を重視するという家族意識の変化とそれに伴う学校制度の誕生により，子どもに対する認識は「大人により保護され，教育される者」へと変化した[10]。アリエスのこの指摘は，「子どもの発見」と呼ばれており，17世紀後半から18世紀にかけては，

⑽ アリエス，フィリップ／杉山光信・杉山恵美子訳（1980）『〈子供〉の誕生：アンシァン・レジーム期の子供と家族生活』みすず書房。

子ども観の大転換期だといわれている。そのような時代背景の中，遊びの古典理論[(11)]といわれる多くの遊び研究が生まれている。

特に，労働者である大人との対比の中で，労働者ではない子どもは，「遊びと特別な関係性にある者」，つまり，「子どもは遊ぶ存在」であり，「何かの発達に有用である遊びは，子どもに有用」だと強調された。さらに，大人により保護され教育される存在である子どもは，より良い大人になるために「真面目に遊ぶ」ことが教育として組み込まれていく。

「遊びは，子どもにとって価値あるもの」であり，「遊びは，成長過程の子どもの発達を助けるもの」であるという遊びの定義は，「教育的効果説」といわれ，遊びに教育的な意図を持たせたものである。これに対し，子どもに限らず，全ての人間にとって遊びは重要な活動であるという視点から遊びの研究を行ったオランダの歴史学者ヨハン・ホイジンガ（Johan Huizinga）は，「面白さが本質であり，自由で，無目的な活動」と遊びを定義し，教育的効果説は矛盾していると指摘した[(12)]。しかし，幼児教育者であるフリードリヒ・W・A・フレーベル（Friedrich W. A. Fröbel）やマリア・モンテッソーリ（Maria Montessori）が提唱した「教育的効果説」の遊び観は，幼児教育の中では主流となり，色濃く生き続けている。我が国でも，このような遊びの定義が主流となり，1948年に文部省から刊行された幼稚園の保育内容を示した「保育要領」（現在の「幼稚園教育要領」）は，子どもの遊びを中心に据えて保育内容が組み立てられている。

---

(11)　代表的な三つの説をあげておく。

「剰余エネルギー説」：ドイツの詩人・哲学者フリードリッヒ・ファン・シラー（Friedrich von Schiller）により提唱された。遊びは生存欲求の充足のための労働の後に残った無目的なエネルギーの消費活動であるとし，労働をしない子どもはそのエネルギーの全てが剰余だから遊ぶのだという説。

「練習説」：ドイツの哲学者カール・グロース（Karl Groos）が提唱した，遊びは人間を含めた動物の適応行動と見て，成体になってから必要な複雑な本能的行動形態を，幼年期の間に遊びの中で練習してマスターしておくためだという説。

「教育的効果説」：18世紀の哲学者ジャン・ジャック・ルソー（Jean-Jacques Rousseau）が，その著書 *Emile* で，子どもが自然の探索を自由に行う遊びこそが理想の教育だとした説。この思想が，18世紀の教育家ヨハン・H・ペスタロッチ（Johann H. Pestalozzi）や，19世紀前半のフレーベルにより教育思想へと引き継がれていった。

(12)　ホイジンガ，ヨハン／高橋英夫訳（1973）『ホモ・ルーデンス』中央公論社，28-33頁。

つまり，我が国の幼児教育の現場で，遊びは，子どもの健全育成を実現するための手段とされ，遊びを中心とした保育が保育者の介入の下，行われているということである。

以上のように，「遊び」の定義には諸説があるわけだが，遊び場での事故防止を扱う本書においては，子どもにとって「遊び」はどういう意味づけがされているのかを明確にし，共通認識とすることを優先しておくべきだろう。つまり，「遊びは子どもにとって，価値あるものである」という遊び観である。これは，遊びにおける事故防止を論じるにあたり，重要なポイントである。遊びにそもそも価値がなければ，敢えてリスクを取ってまで遊ぶ必要はない。遊びに価値があるからこそ，リスクをどこまで許容するかという議論が成り立つ。

遊びの価値として，比較的明らかになっているのは，身体能力開発という点である。小林寛道によれば，幼児の遊びや運動を成立させている基本的な運動動作を80数種類に分けて分析した結果，「発育期に高い体力水準を獲得した人たちでは，中高年期にあっても比較的高い体力水準を維持し，発達期に体力水準のピークが低い人では，中高年期にあっても低い水準で推移し，比較的早期に低体力の状態に陥ってしまう傾向がある[13]」と指摘している。さらに，運動と脳の働きにも言及し，「身体を動かすことが筋肉や心臓循環系の発達を促すばかりでなく，脳・神経系の発達に深い関わりをもっていることに関心が高まっている[14]」としている。

また，逆説的になるが，自由な遊びが制限された環境にある病気の子どもたちに対し，遊びの機会を提供したり，遊びの力を用いて治療活動に役立てるというホスピタル・プレイという取組みから，子どもにとっての遊びの価値が示唆される。英国でホスピタル・プレイを学び，我が国でホスピタル・プレイ・スペシャリスト養成を行っている松平千佳によれば，病児に対し遊びを用いることで，病気や怪我への恐怖心に打ち勝ち，治療への前向きさを発揮させたり，子どもに理解し難い手術や治療の方法を人形や絵本を用い遊びながら伝えることで理解を可能にするなど，多くの効果があることを，多くの実践例をあげて

---

(13) 小林寛道（2009）「子どもの運動について」『小児内科』第41巻第8号，1100頁。
(14) 同上論文，1100頁。

示唆している[15]。

「遊びは子どもにとって，価値あるものである」という遊び観は，その他多くの研究で示されており，2002年に国土交通省から出された遊具の安全に関する指針「都市公園における遊具の安全確保に関する指針（解説版）」（以下「国交省安全指針」と記載する）の「まえがき」にも，「本指針は，都市公園において子どもにとって安全な遊び場を確保するため，子どもが遊びを通して心身の発育発達や自主性，創造性，社会性などを身につけてゆく『遊びの価値』を尊重しつつ，子どもの遊戯施設の利用における安全確保に関して，公園管理者が配慮すべき事項を示すものである[16]」と記載されている。そして，用語の解説として「遊びの価値」とは，「遊びは，子どもが生きていくために必要な身体的，精神的，社会的能力などを身につけるために不可欠なものであるということ[17]」と明記されていることから，本書においても，この指針にならい，遊びとは，「子どもの様々な成長にとっての必要不可欠なもの」とすることを確認しておく。

さらに，子どもにとっての遊びの重要性から，遊びは子どもの権利であるとした国際的な運動があることも付記しておく。

国連子どもの権利条約第31条は，「1．締約国は，休息及び余暇についての児童の権利並びに児童がその年齢に適した遊び及びレクリエーションの活動を行い並びに文化的な生活及び芸術に自由に参加する権利を認める。2．締約国は，児童が文化的及び芸術的な生活に十分に参加する権利を尊重しかつ促進するものとし，文化的及び芸術的な活動並びにレクリエーション及び余暇の活動のための適当かつ平等な機会の提供を奨励する」と規定している。この規定は子どもにとっての遊びが，権利であると明記されたという点で画期的なものであると評価されている[18]。

かかる規定を条約に盛り込むために尽力したのが IPA（International Play

---

(15) 松平千佳編著（2012）『実践ホスピタル・プレイ』創碧社，2-15頁。
(16) 国土交通省（2002）「都市公園における遊具の安全確保に関する指針（解説版）」1頁。
(17) 同上資料，47頁。
(18) IPA 子どもの遊ぶ権利のための国際協会・日本支部（2011）『子どもの遊ぶ権利に関する世界専門家会議報告書（日本語版）』5頁。

Association：子どもの遊ぶ権利のための国際協会）[19]である。IPA は，子どもの遊ぶ権利が明文化されたにもかかわらず，その認知度は低く，遵守が進まないことを憂い，2010年に，東京を含む世界８カ国８都市（ヨハネスブルグ，メキシコシティ，ムンバイ，ベイルート，ソフィア，ナイロビ，東京，バンコク）で子どもの遊ぶ権利に関する専門家会議を開催した。その会議では，発展途上国，先進国を問わず，子どもにとっての遊びの重要性への認識の欠如が最大の課題であるとされ，発展途上国の児童の労働問題から，先進国の子どもの遊びのハイテク化と商業化問題まで幅広く討議され，国連子どもの権利条約第31条の重要性の再認識とその理念の実現を訴えている[20]。

子どもの成長にとって遊びは，必要不可欠なものであり，その機会を得ることは権利でもあることが提起されながら，その実，世界の多くの国々で，この権利を保障するための政策を掲げることもなく，あたかも忘れられたかのような扱いでしかない。おそらくそれは，大人の思い描く「遊び」のイメージが，余暇というような付加価値的なものであるために優先順位が低いのであろうが，ここまでで述べてきたとおり，遊びは，子どもの健康や教育という重要な分野との間に密接な関連性があり，それらの改善に遊びが良い影響を与え得るものである。豊かな遊びの機会と場所を国の政策として保障していくことは，国際的な課題であるといえるだろう。

②遊び場の定義

子どもは，道路やショッピングセンターなどでも遊んでおり，日々の暮らしのあらゆる場所が子どもにとっては「遊び場」といえなくもない。1960年代以前は，ごく当たり前の情景として，子どもは地域の路地裏で遊んでいた。それが，自家用車の激増という社会変化により，「飛び出すな！車は急に止まれない！」という標語の下，道路から子どもは締め出され，道路は子どもの遊び場とは認められなくなった。現在でも，最も身近な子どもの遊び場として道路を

⒆ 1961年，北欧で，冒険遊び場造りなどの子どもの遊びに関する活動を行っていた人たちが設立させた NGO。1976年にユネスコの諮問団体として認可される。日本支部は1979年に発足している。

⒇ IPA 子どもの遊ぶ権利のための国際協会・日本支部（2011），前掲資料，22-51頁。

取り戻そうとする動きもある。[21]

しかし，本書では，広義に遊び場を捉えてしまうことは議論の焦点が拡散してしまうため，さしあたり国交省安全指針で提示されている「遊具とその周辺の，子どもの遊びに供することを目的とする一体の空間[22]」を遊び場の定義とする。具体的には，公園，幼稚園・保育所の園庭，小・中学校の校庭，大型ショッピングセンター・競技場・動植物園などの遊具コーナーがこれにあたる。

このうち，「公園」と一般的に認識されている遊び場空間をさらに詳しく定義しておくと，公園はその管理者によりいくつかに分類されている。国土交通省関連（地方自治体でいえば，緑地課，都市整備課などの名称）が「都市公園」と呼ばれ，厚生労働省関連のものが「児童遊園」と呼ばれている。これは基本的に，設置の根拠となる法律の違いにより管理者が異なるだけで，設置要件などは二者の間に大きな差異は見られない。これら二種類の公園の他にも，一般には公園と認識されている遊び場が複数ある。地方自治体，UR 都市機構，民間が管理する集合住宅や企業が自社の社員向けに設けている集合住宅（社宅）にある遊び場や，寺社の敷地内に設置された遊び場などである。また，児童遊園と同様の法的位置づけの下で設けられた屋内遊び場である児童館，児童センターといった屋内遊び場もあり，近年では，公共施設内や商業施設内などに大型遊具などが設置された屋内の遊び場が増加傾向である。

道路や野山，そして個人宅内を除いたにしても，子どもの遊び場は，このように，子どもの生活空間の中に，様々な形態，管理の下に存在している。これが，遊び場での事故防止対策の立ち遅れと困難さの要因の一つでもある。

③遊具の定義

遊具は，国土交通省安全指針では，「都市公園法施行令第５条第３に示された遊戯施設のうち，主として子どもの遊びに供することを目的として，地面に固定的に設置されるもの。（ぶらんこ，すべり台，シーソー，ジャングルジム，ラ

---

(21)　英国の子どもが遊ぶことの大切さを訴えている任意団体 London Play では，道路を子どもの遊び場として開放しようというイベント Street Play や，自動車のための空間である道路を人のための空間とするために，歩車分離や車のスピードを緩めさせる縁石などの工夫を施した町づくり Home Zoom の普及などを行っている。

(22)　国土交通省（2002），前掲資料，47頁。

ダー，複合遊具，その他これらに類するもの[23]）」と定義されている。都市公園法は国土交通省が所管していることから，この定義では遊具は「都市公園法施行令第５条第３に示された遊戯施設」と狭く限定されているが，本書では，「都市公園法に示された場所」以外にも，先に定義した遊び場全般に設置されている遊戯施設を含めて考察対象としている。また，近年，成人を対象とした健康器具系（懸垂運動用のぶらさがり器具，肩回し運動器具など）が増加傾向にあり，それらが子どもにも使用可能な公園に設置されている以上，これらも遊具に含む必要があるだろう[24]。そこで本書では，「遊び場に設置された，地面に固定的に設置されるもの」を遊具と定義する。なお，これには，エンジンなどの動力で動く，遊園地の遊戯施設（ジェットコースター，メリーゴーラウンドなど）は含めない。

表序－2に示したとおり，遊び場には様々な器具がある。ここに示した名称は汎用性の高いものを選んでいるが，遊具の名称は実際には様々で，統一されたものはない。これが，しばしば遊具事故の情報収集や，注意喚起の際に障害となっている。その形状が多岐にわたるために困難であることは理解できなくもないが，今後は名称の統一化が必要であろう。

加えて，遊具に関わる問題として指摘しておかなければならないことは，遊具の監督省庁についてである。遊具は，遊具メーカーの団体である日本公園施設業協会（JPFA）の監督省庁である国土交通省が主務省庁であり，安全に関する指針も同省から出されている。しかし，先に示したように，設置されている場所は多岐にわたる。管理者はそれぞれに異なり，それを監督する省庁も，幼稚園，小学校，中学校は文部科学省，児童遊園，保育所，児童館などは厚生労働省と複数にわたる。

ところで，遊具と同様に，子どもの遊びに供する器具として玩具があるが，これは経済産業省が管轄している。したがって，同省所管の製品に関する事故防止情報を提供している製品評価技術基盤機構（NITE）が事故など製品の不

---

(23) 国土交通省（2002），前掲資料，47頁。
(24) 2014年に改訂された国土交通省安全指針改訂第２版には，健康器具に関する記載が書き加えられている。

表序－2　遊具の種類

遊びの系統	遊具の形状など			日本語での名称	英語での名称
揺動系	ブランコ	一方向ブランコ	座板型	ブランコ	Swing
			バケツ型	バケツブランコ	Tot Swing/Full Bucket Seat Swing
			イス型	椅子ブランコ	
		全方向ブランコ	タイヤ型	タイヤブランコ	Multi-Axis Swing
			ボール型	ボールブランコ	
			皿型	バスケットブランコ	Arch Swing
	スプリング遊具	着座型	全方向	スプリング遊具	Spring Rocker
			一方向		Rocking
		立ち乗り型			Spring　Rocker
上下動系	シーソー	支点支持型		支点シーソー	Fulcrum See-saw
		スプリング支持型		スプリングシーソー	Spring-Centered See-saw
		ぶら下り型		ぶら下りシーソー	
回転系	回転遊具	ぶら下り型		回旋塔	
		着座型		回転遊具	Merry-go-round
		立ち乗り型			
		回転ジャングルジム		回転ジャングルジム	
滑走系	ターザンロープ	ぶら下り型		ターザンロープ	Cableway
		着座型			
滑降系	すべり台	単体型		すべり台	Free-Stnading Straight Slide
		二連型・多方向型			
		チューブ型			Tube Slide
		斜面利用型		斜面すべり台	Embankment Slide
	ローラーすべり台	単体型		ローラーすべり台	Roller Slides
		高低差のある斜面利用型			Embankment Roller Slide
懸垂運動系	うんてい	直線型		うんてい	Monkey Bar/Horozontal Ladder
		ハンドル型			Overhead Rings/Overhead Loop Ladder
	鉄棒			鉄棒	Horizontal Bar
登はん系	ジャングルジム	矩型（くけい）		ジャングルジム	(Jungle Gym)
		ドーム型			(Dome Climber)
	ロープ・ネットクライマー			ザイル（ネット）クライマー	Rope Net Ladder
	太鼓はしご			太鼓はしご	Arch Climber
	肋木（ろくぼく）			肋木	
	クライミングボード			クライミングボード	Climbing Wall
	登り棒			登り棒	Climbing Pole
バランス系	平均台			平均台	Balance
複合系	RC			複合遊具	Combination
	ステンレス，スチール製				
	木製				
	人研ぎコンクリート製				
砂遊び系	砂場	サンドピット型		砂場	Sandpit
		サンドボックス型			Sand Box
迷路	迷路			迷路	

（出所）　日本語での名称は，国土交通省安全指針，JPFA-S：2008，国内遊具メーカーカタログなどを参考にし，英語での名称は，CPSC 指針，EN1176，海外遊具メーカーホームページなどを参考にして筆者作成。

具合に際しては調査・分析を行っている。しかし，遊具はここで扱われることはない。それは，遊具が「消費生活用製品」ではないためである。「消費生活用製品」とは，消費生活用製品安全法第２条第１項において定義された「主として一般消費者の生活の用に供される製品」のことをいう。遊具は，「一般消費者の生活の用に供される目的で，市場で一般消費者に販売されている製品」ではなく，そのため，経済産業省や NITE の所管とはならないのである。玩具も遊具も使用者は同じ子どもであるが，購入するかしないかで対応が異なるわけである。ちなみに，米国の CPSC（Consumer Product Safety Commission：米国消費者製品安全委員会）は，玩具と遊具を同じ扱いとしている。

第２節　先行研究の概観

（1）　遊び場の事故防止に関する先行研究と課題

20世紀の半ば頃まで，事故というような招かれざる出来事は，宗教や迷信，運命というような次元で扱われており，それが研究の対象になるという考え方は希薄であった。しかし，この40年間で事故の解釈は大きく変わっている。それは，大型ジェット旅客機の就航が本格化した1960年代以降の世界各国での航空機事故の多発や，1979年のスリーマイル島原子力発電所，1986年のチェルノブイリ事故などの社会的に甚大な影響を及ぼした原発事故の発生，加えて，社会の自動車化の進展に伴う交通事故の激増などにより，事故を運命論で片づけられなくなったためである。

事故が社会的関心の中心となり，それらの事故の研究も分野毎に様々に進められた。しかし，多くの資材や人知が投入され進められたものの，それらの研究は一様ではなく，実際に法整備や施策への反映が行われている分野もあれば，エアポケットに入ったかのように，忘れ去られた分野もある。本書のテーマである子どもの事故，その中でも子どもの遊び場における事故防止は，遅れが著しい分野である。

学術研究データベース・リポジトリで子どもの事故に関係する用語をキーワードにして検索した結果が**表序－3**である。子どもの事故，特に事故防止に関

表序－3　学術研究データベースに登録されている研究論文数

キーワード	ヒット件数	学位論文	家政学文献	日本建築学会文献	社会学文献	経済学文献	民間助成金研究	その他
事故	1,955	283	231	78	66	208	560	529
事故／子ども	63	3	24	1	0	3	18	14
事故／遊び	19	1	3	2	0	0	9	4
事故／遊び場	4	1	1	1	0	0	1	0
事故／遊具	5	1	3	0	0	0	1	0
事故防止	142	18	24	10	5	5	57	23
事故防止／子ども	13	1	9	0	0	0	3	0
事故防止／遊び	6	1	1	2	0	0	2	0
事故防止／遊び場	3	1	1	1	0	0	0	0
事故防止／遊具	2	1	1	0	0	0	0	0

（出所）学術データベース・リポジトリを検索した結果より筆者作成（https://dbr.nii.ac.jp/infolib/meta_pub/G9200001CROSS　2014年８月１日アクセス）。

する研究は，事故や事故防止全般から見ても１割にも満たない。その中でも，「遊び」「遊び場」「遊具」は20に満たないヒット件数しかない。学位論文はそれぞれに１件がリストアップされているが，全て荻須隆雄の論文である[25]。

荻須は，1990年代に厚生省児童家庭局厚生技官として児童遊園などに関わる立場であったことから子どもの事故に関心を持ち，大学教員に転じた後も，遊び場での子どもの事故とその防止に関しての研究に取り組んだという[26]。遊具の事故防止に関しての数少ない書籍である『遊び場の安全ハンドブック』[27]を2004年に出版し，それ以外にも，子どもの健康問題などを研究テーマとする『小児保健』や公園緑地の業界団体の機関誌である『公園緑地』などに論文を寄稿している。

『遊び場の安全ハンドブック』には，共編著者に教育学の立場から子どもの事故防止や安全教育などの研究を行っている齋藤歆能，関口準が名を連ねる他，

---

(25)　荻須隆雄（2008）「遊び場遊具による子どもの事故防止に関する研究：母親クラブによる安全点検調査を中心として」博士論文，千葉大学。
(26)　同上論文，208頁。
(27)　荻須隆雄・関口準他（2004）『遊び場の安全ハンドブック』玉川大学出版部。

遊具の事故防止に取り組む市民団体代表の大坪龍太，遊具メーカーの丸山智正などがそれぞれの立場から論考を寄せている。教育学者と実務者とが協力して書き上げた貴重な研究書である。その大要は，固定遊具が設置されている旧称・児童公園（街区公園）や保育所・幼稚園などの園庭を研究対象とし，事故の実態とその原因，事故防止対策の現状・課題，海外の事故防止対策，そして，保守点検のポイントなど実務的なものまで網羅している。荻須による「おわりに」には，遊具の安全管理という問題が社会的な関心を集め始めた1998年頃から執筆にとりかかったが，2002年に国土交通省から「都市公園における遊具の安全確保に関する指針」が出されるという大転換を経たために，「脱稿までに約６年の歳月を費やしてしまった[28]」とある。実際に，荻須は，2002年の国交省安全指針の作成にも関わっている[29]。当時の安全規準の是非を巡る議論の渦中にあり，安全規準慎重論から数年で規準誕生となったという事情を知る研究者である。

荻須と同様に，国交省安全指針の作成に大きな影響を与えたのは大坪龍太である。先に示した『遊び場の安全ハンドブック』の共同執筆者でもあるが，1989年に米国ニューヨーク大学大学院に留学し，米国の遊具の安全指針であるCPSC 指針の作成者であるフランシス・ウォーレック（Frances Wallech）に師事し，遊び場のマネジメントを研究した経歴を持つ。遊び場の事故防止に関する国際的な動向を記した論文は全て大坪によるものであるといっていいだろう。大坪の研究に関しては，第２章でも言及する。

遊具の事故防止を扱った書籍は，この他に，筆者が2006年に公刊した『遊具事故防止マニュアル[30]』がある。これは，新聞データベースなどからピックアップした13種の遊具の事故事例をあげ，それぞれの遊具の事故防止対策を提示したものである。

遊具の事故防止を扱った著作としては，現状ではこの２冊しか国内には見当

---

(28) 荻須隆雄・関口準他（2004），前掲書，267頁。

(29) 建設省都市局公園緑地課（1999）「新しいニーズに対応する公園緑地化施設の検討調査報告書」。

(30) 松野敬子・山本恵梨（2006）『遊具事故防止マニュアル：楽しく遊ぶ安全に遊ぶ』かもがわ出版。

たらないが，子どもの遊び場のあり様という視点で書かれた『もっと自由な遊び場を[31]』にも触れておきたい。

同書が出版されたのは1998年であり，当時は，遊具の事故防止に関わる規格・指針も全く整備されておらず，子どもの遊びや遊び場への関心がさらに希薄であった時代である。この著作は，1996年に開催されたIPA 世界大会での遊び場と遊具の安全規準を巡る問題提起を受け，子どもの豊かな遊び場つくりに関わる有志により書かれたものである。執筆者は，主に冒険遊び場[32]などに関わる先駆的に子どもの遊びに関わってきた人たちである。遊びの価値，そして自由な活動を重視しており，「日本でも，自己責任を考えるよりも管理責任を追及する風潮が強まっています。もちろん，遊具の支柱が腐食して倒壊するなどといった事故は防がなければなりません。しかし，事故防止を重視し過ぎると，遊び場がたいくつになり，自由な遊びや，危険とつきあう機会まで奪うことになりかねません[33]」との主張を行っている。同書は，子どもたちにとって，冒険遊び場よりも実際にはずっと身近な遊び場である公園や幼稚園・保育所に設置されている遊具に関して，我が国の現状が分析されないまま，遊具の安全規準が整備された欧米での弊害のみを論じているという限界もあるが，遊びにおけるリスクの便益を訴えた著作としては示唆に富んでいる。

次に論文・報告書に目を転じると，遊具の安全に関する指針が国土交通省から示された2002年以降，注目すべきいくつかの研究成果が発表されている。

まず，安全工学の立場から，「失敗学」という新たな視点からの実践的研究を提唱した畑村洋太郎らによって一連の研究成果が公表されている。畑村らは，危険学プロジェクト[34]と名づけた専門家有志による私的な事故調査委員会といったものを立ち上げ，エレベーターやエスカレーター，遊具などの事故を，ダミ

---

(31)　遊びの価値と安全を考える会（1998）『もっと自由な遊び場を』大月書店。

(32)　1943年，第二次世界大戦さ中のコペンハーゲン市郊外に造られた廃材などを利用した遊び場。「自分の責任で自由に遊ぶ」をモットーに，自由でリスキーな遊びが提供されている遊び場。プレイリーダーと呼ばれるサポーターがいることも特徴的である。

(33)　遊びの価値と安全を考える会（1998），前掲書，3頁。

(34)　ホームページも立ち上げており，子ども向け，保護者向け，専門家向けなど内容の濃い情報が発信されている（http://www.kikengaku.com/public/　2014年8月1日アクセス）。

ー人形を用いて再現実験を行い，また，コンピューターや各種計測器具を用いての計測実験といった科学的実証を行っている。その成果に基づいて，「失敗学」をさらに「危険学」という考え方に進化させ，子どもたちの遊びの中での事故にも，こういった科学的な検証による事故防止対策を講じるべきだと主張している。この危険学プロジェクトメンバーによる論文は数々あり，産業技術総合研究所デジタルヒューマン工学研究センターの西田佳史，及び本村陽一，小児科医の山中龍宏などが，製品工学の技術開発という視点から，コンピューターグラフィックスを用いるなど画期的な実験，分析を行っている[35]。

また，ランドスケープの立場から公園などの遊び場の安全を論じた研究もある。建築家でもある仙田満，桑原淳司らによる研究で，その特徴は園庭の設計に際して，「より楽しく安全に」という視点を導入したという点で斬新である。

このように，徐々にではあるが様々な分野から遊び場の安全と事故防止に関する研究が進みつつある。しかしながら，これらの研究に欠けている，または触れられてはいても充分に検討されていないと思われるのは，子どもにとっての遊びにおけるリスクと便益の関係である。リスクも善でありむしろ必要とされるという，「子どもにとっての遊び」という特殊な場面で，リスクをどのように理解し，どこまで許容し，それをいかにマネジメントしていくかという根幹に関わる議論が充分ではないために，結果的に，様々な立場からの提言が生かせず，「安全でも面白くもない遊び場」から抜け出せていない。

しかしながら，海外に目をやると，遊び場の事故防止の先進国である欧州や米国では，遊びの価値の尊重と事故防止のバランシングが中心テーマであり，見るべき先行研究は多数存在している。これらの文献研究は進んでおらず，本書で取り上げていくつもりである。

（2） 多様な分野での事故防止研究の歴史的概観

①産業災害分野の事故防止：ハインリッヒの法則とドミノ連鎖モデル

ここで，事故防止全般に関しての先行研究として，産業災害，製品事故，組

---

(35) 西田佳史・本村陽一・北村光司（2010）「子どもの日常行動の科学に基づく遊具のデザイン」『オペレーションズ・リサーチ：経営の科学』第55巻第8号，466-472頁など。

織事故といった分野における事故防止の理論と実践の歴史，そして，公衆衛生の課題として取り組まれている傷害防止の理論と実践の歴史を概観しておく。

まず，最も早くから社会問題として，事故防止対策を講じようとしていたのは，産業（労働）災害分野である。米国では，不景気にみまわれた1900年代初頭，労働者たちの労働環境は劣悪なもので，労働災害も多発していた。そのような中，“Safety First”という標語を掲げ生産性よりも労働者の安全を第一に据えた企業が結果的に生産性も向上したという。その動きが世界的にも広がり，産業安全への関心が高まっていった[36]。当時，産業災害の防止研究は，災害統計分析として進められており，最も代表的なのは，米国の損害保険会社で技術・調査部門の幹部であったハーバート・W・ハインリッヒ（Herbert W. Heinrich）である。彼は，1931年に出版した*Industrial Accident Prevention*で，労働災害の発生比率に関する興味深い試論を提示した。後にいわゆる「ハインリッヒの法則」といわれるもので，ある工場で発生した労働災害5000件余を統計学的に調べ，労働災害の発生確率を分析して導き出した「1：29：300」（一つの重大災害が発生したとき，軽い傷害を受ける災害が29，傷害のない災害が300発生）の比率である。さらに，発生因果の理論として「ドミノ連鎖モデル」を示した。これは，災害発生が傷害に至るまでには五つの要因があり，それがドミノ倒しのように倒れ，最終的に傷害に至るというもので，その五つの要因の中央にあり中心的要因であるのが，人の「不安全行動」や「不安全な状態への曝露」であるという理論である。

ハインリッヒは，災害の結果生じる傷害の重い・軽いではなく，傷害を起こす潜在要因全てに注目すべきであるとし，重大な傷害を起こした災害にのみ注目していると，無駄なことをしたり，貴重なデータを無視したり，統計上の摘出が必要以上に制限されるなど弊害がおきると主張した。災害防止対策上の観点からは，むしろ最大の傷害グループである軽い傷害にこそ災害因果の重要な手がかりが隠されているというものである。また，傷害の潜在要因を取り除きさえすれば，ドミノ倒しの連鎖は断ち切られ傷害はけっして起こることはない

(36)　斉藤信吾（2011）「産業安全運動100年の歴史」『予防時報』第244巻，15頁。

として，産業災害の98％は予防可能であると主張した。さらに，その原因は88％までが労働者の不安全行動であるといい，機械の改善などの物理的な対策よりも，人の行動への介入が予防策として重要であるとしている[37]。

ハインリッヒのこの著書は，改訂を重ねながら，米国のみならず世界の産業界に長く影響を与え続けた[38]。我が国でも，日本語翻訳版が20年を経て，1951年に日本安全衛生協会から『災害防止の科学的研究』という書名で出版され，多くの企業に影響を与えた。それは，労働災害の防止対策として「従業員の安全意識の高揚を図る」という意識高揚型の対策を重視した，ヒューマンエラー低減対策として広まっている。現在でも，ハインリッヒの法則は「ヒヤリ・ハット」という名称で，様々な場面でインシデントへの注意喚起を促す言葉として用いられている。

②交通事故への疫学的アプローチ：ハッドンのマトリックス

産業災害と同様に，1960年代以降，爆発的な自動車の増加により，社会問題として急浮上したのが交通事故対策である。

交通事故の防止分野では，米国国家道路安全管理局の初代長官であるウィリアム・ハッドン・ジュニア（William Haddon, Jr.）によりハッドンのマトリックス（Haddon's Matrix）というフレームワークが提唱されている。ハッドンは，もともとは米国ニューヨーク州保健省（New York State Health Department）での実績を持つ疫学研究者である。

ハッドンは，疫学研究の手法である感染症対処モデルを応用し，事故への対処をマトリックスに整理した（**表序－4**）。事故は，三つの要因（人 host・動作主 agent・環境 environment）により発生し，それらは三つの時相（事故前 pre-event・事故時 event・事故後 post-event）により対策を考えていくというものである。これにより事故発生の要因を人の注意のみに求めるのではなく，

---

(37) Heinrich, H. W., and Petersen, D. (1981), *Industrial Accident Prevention* (5th ed.)／総合安全工学研究所訳（1982）『ハインリッヒ産業災害防止論』海文堂出版，57頁。

(38) 現在第５版まで出版されている。第４版改訂から，労働者個人の問題から社会環境の問題へと論点が広げられており，ハインリッヒの死後，1981年に，ハインリッヒの弟子であるダン・ピーターセン（Dan Petersen）とネスター・ルース（Nestor Roos）により出された第５版は，マネジメント理論などが書き加えられている。

表序－4　ハッドンのマトリックス表を用いた交通事故の例

	人（host） 子ども	動作主（agent） 自動車	環境（environment） 道路
事故前 （pre-event）	交通安全教育	安全設計	道路の整備
事故時 （event）	チャイルドシート	衝突被害軽減ブレーキなど 安全設計	道幅を広げるなどの 道路の整備
事故後 （post-event）	救急医療体制	事故後に引火の可能性を最 小にするガソリンタンク	AED設置個所の増加

（出所）　Haddon, Jr., William（1980）, “Advances in the Epidemiology of Injuries as a Basis for Public Policy,” *Public Helth Report*, 95(5), pp. 411-421 を基に筆者作成。

事故を起こした要因となるもの（交通事故なら自動車の性能など），さらに環境にも目を向ける必要があるとした[(39)]。また単に事故という出来事（event）の発生を防止することだけではなく，それ以前と以後にも目を向けることが必要であると指摘するなど，それらは画期的な概念として受け入れられた。世界交通事故委員会（Commission for Global Road Safety）により2005年に発表された報告書『MAKE ROADS SAFE—道路を安全なものに—持続可能な開発に向けた新しい優先事項』には，1970年以降の先進国での交通安全面での進歩の多くは，「犠牲者に責任を負わせる」という姿勢をあらためさせた，ハッドンのマトリックスの成果であると書かれている[(40)]。

③製品安全・安全工学からのアプローチ：人への注意喚起から物への安全設計へ

ハッドンのマトリックスに当てはめれば動作主（agent）に該当するのは，主には製品の安全設計である。ハインリッヒが主張するように，人（host）への指導や監視を徹底すれば傷害は減らせるという考え方は現在でもまだまだ根強いが，それのみに傷害予防を求めることは非現実的であるというのが，現在では多くの研究者が指摘するところである。むしろ，動作主（agent）や環境（environment）への有効な対処が，傷害予防に有効であると考えられている。

---

(39)　Haddon, Jr., William（1980）, “Advances in the Epidemiology of Injuries as a Basis for Public Policy,” *Public Helth Report*, 95(5), pp. 411-421.

(40)　JAF 翻訳・編（2006）『MAKE ROADS SAFE—道路を安全なものに—持続可能な開発に向けた新しい優先事項』Commission for Global Road Safety（世界交通安全委員会），13頁。

図序－4　受動的対策と能動的対策

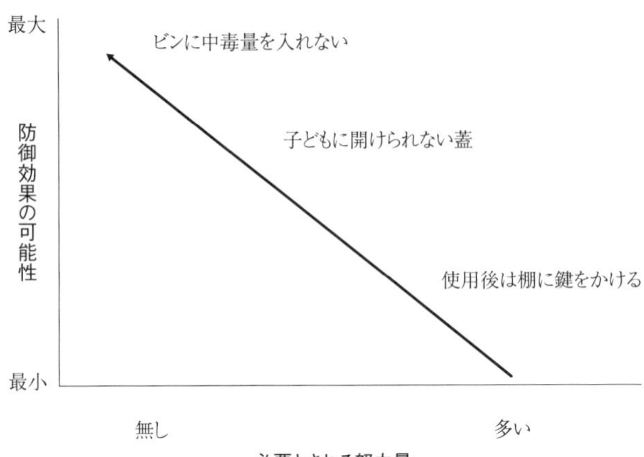

（原出所）　Baker, S. P. (1981), "Childhood injuries: The community approach to prevention," *J Public Health Policy*, 2(3).
（出所）　Wilson, Modena H., Baker, Susan P., and Teret, Stephen P. (1991), *Saving Children: A Guide to Injury Prevention* (Oxford University Press; 1 edition) p. 9.

人（host）の行動へのアプローチと動作主（agent）や環境（environment）へのアプローチとの傷害予防に対する有効性の比較を，スーザン・ベイカー（Susan P. Baker）は**図序－4**のように図式化している。これは，人の行動とは無関係にどんな場合でも防護が働くという対策を，「受動的（passive）」または「自動的（automatic）」対策と呼び，個人の行動の修正を常に必要とする対策よりも，傷害を防護できる可能性は高いということを示している[41]。例えば，子どもが誤飲するおそれのあるシロップ剤に対して，誤飲による傷害予防の方策として，①人（host）：子どもの手の届かない場所におく，鍵のかかったケースに入れる，②動作主（agent）：ビンに中毒をおこす量を入れずに販売，ビンを子どもに開けられない構造にする，といった対策がある。最も予防効果があるのは，仮に飲んだとしても中毒にならない量しかもともと入れないという方法である。他方，人の注意力に依る薬ビンの保管対策は，うっかりミスを完全に無くすことにはかなりの努力を要する。ビンの形状を子どもに開けられない構

(41) Wilson, Modena H., Baker, Susan P., and Teret, Stephen P. (1991), *Saving Children: A Guide to Injury Prevention* (Oxford University Press; 1 edition), p. 9.

造にすることは，部分的な自動的対策（partially automatic）という。ビンの蓋を開けたままにする可能性や子どもが蓋を開ける方法を学んでしまうという可能性は残るが，人の注意力にのみ頼るよりは人への負担は少ない。このように，傷害防止にとって，物への安全設計は，ミスを犯しやすいという人の特性を考えたとき，人にミスをしないように努力を求めるよりも効果的である。

以上のように，傷害予防のために，製品の安全性能を高めていかなければならないという社会的なニーズは，労働現場で使用される機械も含め，多くの工業製品が暮らしの中で利用されるようになった1970年代に高まっている。そして同時に，製品安全は，グローバル化に伴い，製品の流通を国外にも広げたいという経済活動という側面からも重要となっていった。

④流通のグローバル化と製品安全

工業製品の輸出入が盛んになり始め，安全に関しての関係国間での調整が必要となったのは1950年代である。1957年には，欧州経済共同体条約（ローマ条約）が締結され，欧州市場統合のため，製品を規制する指令の制度が誕生する。技術基準を細部にわたって規定し，それを守ることで製品安全を図ろうというもので，これはオールドアプローチと呼ばれている。

これに対し，1985年，欧州閣僚理事会において，さらなる貿易障壁の除去を目的とした決議が採択されたものを，「ニューアプローチ決議」と呼んでいる[42]。これは，欧州域内で流通を円滑にするために，製品が備えるべき安全性を規定していこうというもので，製品の具体的な技術上の規定を示すのではなく，備えるべき性能を安全要求事項として規定するのみに留めたという点で，画期的なものであった。技術的な規定は，欧州統一規格であるEN規格を参照するなどし，要求に合致することが証明できればよい。そのために，検査や認証制度を構築し，製品の本質要求事項が満たされているかを認証することになる。つまり，規制と規格の関係を見直し，最低限の必須要求事項と任意規格の活用により，より柔軟で技術変化に対応しやすく高い水準の製品流通を可能にしたものである。この決議に大きな影響を与えたのは，1972年に英国で出されたいわ

(42) Council Resolution 85/C 136/01 of 7 May 1985 on a new approach to technical harmonization and standards.

ゆる「ローベンス報告（Safety and Health at work, Report of the committee 1970-72)」だった。これは，労働安全政策が時代の変化に追いつかず，新たな安全衛生に向けた政策ビジョンが必要とされていた英国が，その打開策を探るために2年をかけ調査を行い，ローベンス卿（Lord Robens, Chairman）を委員長とする委員会により提出されたものである。報告には，①法律が多過ぎる，②法規制が本質的に不満足である，③行政管轄が細分化され過ぎている，という三点が指摘されており，制定法の強制規格では，技術革新が著しい時代についていけないため，自主的な任意規格の活用と自主的な安全活動の促進を求めたものだった。ここにいう自主的な安全活動の促進とは，現在のリスクアセスメントに通じる概念であるといわれている[43]。つまり，ローベンス報告は，労働安全政策への提言に留まらず，技術革新の著しい製品の安全確保の手法として，法規制と規格の関係の新しい枠組みを提示したというわけである。製品の安全を，国などの公的機関が細かく決め，それを守ってさえいればいいという思考から，自ら安全確保のために，リスクアセスメントを行い，規格にのっとり製作され，認証を受けることで安全性が担保されるという仕組みへ転換したということである。

このようなEUの動きは，さらに，1994年のWTO/TBT協定（WTO Agreement on Technical Barriers to Trade：世界貿易機構／貿易の技術的障害に関する協定）の締結により，世界へ波及していく。世界の主要国のほとんどが加わったWTO/TBT協定は，加盟国に対して，強制規格が必要な場合には，ISO（International Organization for Standardization：国際標準化機構）などの国際規格を基準として用いることなどを義務づけたのである。これにより，各国の国内規格を国際規格に整合させ，国際規格で貿易を行うことがルールとなった。

そのような製品安全のあり方を端的に示したものが，ISO/IEC規格の要ともいえるISO/IEC Guide51: *Safety aspects — Guidelines for their inclusion in standards* である。これは先にも述べてきたが，規格に安全に関する規定を導入するために1990年に初版発行されたもので，製品の安全の「規格が満たすべ

---

(43) 製品評価技術基盤機構企画管理部参事官である長田敏による，2014年度製品安全講座で配布された資料。

きこと」を示したものである。この指針の画期的な点は,「安全」という,文化や分野により概念が異なる言葉を,まずは明確に定義づけ,その定義に基づき,それを達成するための方法論を示している点である。Safety（安全）を「受容できないリスクがないこと」と定義し,絶対安全はあり得ず,その上で安全とは,「許容可能にまでリスクを低減することにより達成される」としている。「許容可能リスク」とは,製品,使用者の利便性,目的適合性,費用対効果,並びに関連社会の慣習のように諸要因によって満たされるべき要件とのバランスで決定される。つまり,製品の背景により,許容可能なリスクは異なるわけで,ハザードの同定とリスクアセスメントが重要となる。

そして,事故防止の低減方策として,三つのステップが示されている。

(1)「本質安全設計」:ガードや保護装置を使用しないで,機械や製品の設計段階で危険源を除去・低減する。

(2)「保護装置」:本質安全設計方策によっても,合理的に除去できない危険源,低減できない危険源から人を保護するための防護対策を講じる。

(3)「使用者への情報提供」:信号などで,残された危険源に関しての情報を提供する。

さらに,使用者の誤使用についても,「予見可能な誤使用」までは,製造者の責任として,製品の設計上で対処することも明記されている[44]。じつに手厚く,労働者や使用者への事故防止対策を,機械や製品の製造者に求めていることが理解できる。

このガイドが国際規格であるということは,安全に対する認知の統一を目指したことを意味し,WTO/TBT協定加盟国は,安全に関する文化自体が問われているといってもいいだろう。我が国も,1995年,WTO（World Trade Organization）発足と同時に加盟し,協定を批准しており,2004年,JIS Z 8051：2004「安全側面――規格への導入指針」として,ISO/IEC Guide51とほぼ同じ内容で発行されている。

本書第1節第1項で取り上げた,ISO/IEC Guide50は,よりリスクの高い存

(44) ISO/IEC（1999）, "ISO/IEC Guide51: 1999: *Safety aspects — Guidelines for their inclusion in standards,*" p. 3.

在として子どもを据え，特性に配慮した指針である。高齢者・障害者に対応したGuide71もつくられており，世界レベルでの製品安全は，特別なニーズを持つ者への配慮を行うことが標準化されているということである。

⑤組織事故へのアプローチ：リーズンの安全文化

1990年代になると，原子力産業や運輸産業といった，ひとたび事故がおきると組織全体のみならず社会全体へ多大な影響をもたらす，いわゆる「組織事故」と呼ばれる事故に関しての研究が盛んになる。

認知心理学者のジェームス・リーズン（James Reason）により，潜在的な危険性を有する組織に起きた事故の原因を，事故を引き起こした当事者の個人的な問題ではなく，その組織に潜む欠陥に目を向けることが必要であると提唱され，事故の再発防止を目的とした事故調査のあり方や，事故防止対策に大きな転換をもたらした。個人のエラーのみに問題解決を求めることの不毛さを指摘し，組織の持つ潜在的原因に目を向けることこそが事故防止への道であるとした著書 *Managing the Risk of Organizational Accidents*（邦訳『組織事故』）は，事故防止のバイブル的な存在となっている。日本語版の監訳者の塩見弘は「ともすると事故の責任を個人のエラーに押しつけがちなカルチャーに対し，ヒューマンエラーをゼロにすることはできないが，組織的にリスクの潜在的原因を（条件）を変えることはできるという立場から安全文化論を展開するなど，どの章をとっても読みごたえのある構成となっている[45]」と「監訳者のことば」に記している。

リーズンは，本来は充分に人間や資産に損害を与えないための対策は講じられている組織や交通機関などで，めったに起こらないはずの事故が発生した場合の視点の据え方を，明快に示している。リスクは小さいものの「潜在的な危険性」を有する事故発生源があり，何層にも防護しているにもかかわらずほんの少しの穴からすり抜け，それがやがて損害を与える事態となることを，「スイスチーズモデル[46]」を使って説明している。何層もの防護をすり抜けてしまっ

(45) リーズン，ジェームス／塩見弘監訳『組織事故――起こるべくして起こる事故からの脱出』日科技連出版社，iv-v頁。

(46) Reason, J. T. (1997), *Managing the risks of organizational accidents* (Ashgate) xvii, p. 9.

た原因，穴がなぜ生じたのかを見極める視点が必要だというものである。人の不安全行為ももちろん穴の一つではあるが，損害を与えるにはそれだけでは足り得ない。事故原因となる不安全行為は，組織要因から局所的現場要因を経由して，個人あるいはチームの中から発生する。直接的にはその不安全行為により損害が生じることになったため，不安全行為にのみ原因を探そうとしがちだが，視点を逆転させる必要がある。つまり，事故調査は，何が起きたかを明らかにすることから始まり，防護がいつ，どのように破壊されたかに進むべきなのである。破壊された防護に対し，どのようなエラーや潜在原因が関与していたかを明らかにするのである[47]。

リーズンは，もともと心理学の研究者であったが，人への教育や注意喚起によるハインリッヒの事故防止論とは視点が異なる。リーズンは，事故の80〜90％がヒューマンエラーにより引き起こされるという考えは真実であるが，どのようにして，何故組織事故が起きるかについての理解には役に立たないという[48]。エラーは結果であり原因ではないからである。リーズンの事故防止への視点を，ごく簡易にまとめると，人の矯正や注意喚起による対策にあけくれたり，事故の責任の所在を問うたりするのではなく，組織自体が「安全文化」を持ち，それを醸成させていくことこそが枢要だというものである。

このリーズンの視点が，その後の事故原因究明や事故防止活動へ与えた影響は多大であった。例えば，航空分野の国際機関であるICAO（International Civil Aviation Organization：国際民間航空機関）が2000年代初頭に加盟各国に配布した事故調査マニュアル第Ⅲ部調査編は，リーズンの組織事故論を全面的に導入しており，加盟国である我が国にもそれはもたらされている。JR西日本福知山線事故調査に関わる不祥事問題の検証を行った「福知山線列車脱線事故調査報告書」に関わる検証メンバー・チームも，ICAOの事故調査マニュアルは検証の物差しとして有効だとし，リーズンの組織事故論を導入して事故調査のあるべき姿を提言している[49]。

---

(47)　Reason, J. T. (1997), *op. cit.*, pp. 11-13.
(48)　*Ibid.*, p. 61.

⑥理論から実践へ：セーフコミュニティ認証制度

ユニセフの調査によれば，子どもの事故による死亡率が世界で最も低い国は，スウェーデンである。[50] 子どもの人口10万人あたり5.2人で，日本の8.4人と比べると4割程度低い。その要因の一つに，スウェーデンが世界に先駆けて取り組んだ傷害予防の実践活動，セーフコミュニティ活動があるといわれている。[51]

「セーフコミュニティ」とは，「誰もが安全で安心して暮らせる町づくりに取り組んでいるコミュニティ」の意で，WHOとスウェーデン・カロリンスカ研究所の協働機関であるWHO Collaborating Center on Community Safety Promotion（WHO地域の安全向上のための協働センター）が推進し，認定を行うコミュニティベースの実践活動である。この「セーフコミュニティ」の認証第1号となったのが，スウェーデンのファルショッピングという小さな町である。認証第1号といっても，正確にいえば，ファルショッピングで1973年から実験的に実施された傷害予防プログラムが，地域の傷害抑制に効果が見られたため[52]に，ここでの実践をモデルとして，セーフコミュニティ活動として世界へ波及させていったというものである。つまり，スウェーデンで効果のあったプログラムを，交通事故を中心に傷害予防に取り組む必要性を感じていたWHOが，傷害予防の新しい試みとして協働したということである。

ファルショッピングの傷害予防プログラムの概要を**表序-5**のようにまとめた。傷害を生じさせた事故に関して徹底した調査を行い，ハイリスクグループを見極め，地域の様々な立場の者が連携して防止のための実践活動を行う。そ

---

(49) 福知山線列車脱線事故調査報告書に関わる検証メンバー・チーム（2011）「JR西日本福知山線事故調査に関わる不祥事問題の検証と事故調査システムの改革に関する提言」70頁。

(50) Unicef (2001), “A league of child deaths by injury in rich nations,” pp. 2-4. OECD加盟国のうち26カ国を，1991年から1995年に調査したもの。詳しくは次章を参照。

(51) 今井博之（2010）「セーフティプロモーション—基本的な考え方，及びセーフコミュニティとしての展開—傷害制御の基本的原理」『日本健康教育学会誌』第18巻第1号，38頁。

(52) ファルショッピングはプログラム開始3年で，交通事故が27.7%，労災事故が27.6%，家庭内での傷害が26.7%減少し，とりわけ就学前の子どもの傷害は43%減少したと報告されているという（白石陽子（2007）「セーフコミュニティ前史：スウェーデンにおける安全なまちづくり活動モデル形成」『政策科学（立命館大学）』第14巻，108頁）。

表序－5　ファルショッピング傷害防止プログラムの概要

活動主体者	・関連分野の連携 ・住民の主体的な関与 ・地域のあらゆるアクターの参加
活動領域	不慮の外傷
アプローチ	「予防」活動に重点を置く。
活動の方法	**外傷サーベイランスシステム** 外傷により受診する外来および入院患者すべてと地域の全医療機関を対象とした外傷に関する登録を行う。「誰が」「いつ」「どこで」「どのような（種類）」を記録。
	外傷予防プランの実施 60以上の異なる公的機関や組織，住民個人から構成された実践グループを結成し，情報提供や話し合いを行った後に，ワーキンググループとリファレンスグループを設置。リファレンスグループは，地域と連携し，予防活動のキーパーソンとしての役割を担う。
	プログラムの評価 外傷予防プログラムの効果を，外傷サーベイランスシステムにより得られた外傷による医療機関の受診率によって評価する。
活動の重点	医療的側面が中心（外傷予防）
活動の基準や指標（取組み8ステップ）	①疫学的マッピング ②リスクグループ・環境の選択 ③部門・職種を超えたワーキンググループ，リファレンスグループの設置 ④介入プログラムの作成 ⑤介入プログラムの実践 ⑥介入プログラムの評価 ⑦介入プログラムの改善 ⑧他の計画への適応

（出所）　白石陽子（2007）「セーフコミュニティ前史：スウェーデンにおける安全なまちづくり活動モデル形成」『政策科学（立命館大学）』第14巻，107-109頁。白石陽子（2007）「WHO セーフコミュニティモデルの普及に関する研究：予防に重点を置いた安全なまちづくり活動が世界的に普及する要因に関する考察」『政策科学（立命館大学）』第15巻，36頁。上記の論文を参照し筆者作成。

して，定期的な評価をした後，修正・改善を行っていくという手法である。リスクアセスメントを実施した後，Plan（計画）→ Do（実行）→ Check（評価）→ Act（改善）の PDCA サイクルを回すというマネジメントの手法だともいい換えることができる。

現在，世界中で336，日本では13のコミュニティが認証を受けている(53)。経済

(53)　11の自治体と二つの区（東京都豊島区，横浜市栄区）。

的にも安定し，福祉大国として人々の安全意識の高い北欧で始まったこの活動も，安全という意味においては発展途上ともいえる国々が認証を受ける傾向が顕著である。それは，すでに高い安全性が確保されていることにより認証されるわけではなく，安全な地域をつくっていくためのシステムを構築し，それを動かし得るネットワークができていることが評価されるためである。「安全」はけっして「完成」という状態になるものではないというのは正論であり，「安全」は「常にそれを目指す」システムを持つことこそが価値あることだという考え方に拠るものである。認証制度として広がっている現状を見るとき，認証を取ることが目的となるという弊害は否定できないにしても，少なくとも，こういったWHOの取組みにより，「安全は誰かから与えられるものではなく獲得していくものである」ということ，そして，「傷害はけっして偶発的で不幸な出来事ではなく，予防可能な健康問題である」という認識が世界に広がったことは大きな成果である。

第1章
子どもの事故の概観

第1節　子どもの事故の概要

（1）　データから見る子どもの事故と傷害

①国際的なデータ：WHO とユニセフ

WHO とユニセフは，2008年に世界の子どもの傷害予防についての共同レポート“World Report on Child Injury Prevention”を発表した。これによると，毎年およそ95万人の子どもが，交通事故，溺水，中毒，火災，転落などの不慮の事故で死亡し，死亡に至らないまでも数千万人が病院に運ばれ，その多くは，後遺症が生涯続いているという。これらの95%は，発展途上国で起きているが，先進国でも未だに子どもの死亡原因の40%は不慮の事故である，とも報告されている[(1)]。

2001年にも，先進国に限った子どもの死亡事故に関する報告書“A league of child deaths by injury in rich nations”が，ユニセフから出されている。OECD の当時の26の加盟国（スウェーデン，イギリス，イタリア，オランダ，ノルウェー，ギリシャ，デンマーク，スペイン，フィンランド，ドイツ，アイルランド，日本，フランス，ベルギー，オーストリア，オーストラリア，スイス，カナダ，ハンガリー，チェコ，ポーランド，ニュージーランド，アメリカ，ポルトガル，メキシコ，韓国）を対象にした調査で，子ども（1歳から14歳）の人口10万人あたりの死亡人数を示し，各国の死亡率を比較している。最も安全な国は，先にも示したようにスウェーデンで5.2人，日本は第12位の8.4人，最悪は韓国の25.6

(1)　WHO/Unicef (2008), “World Report on Child Injury Prevention,” p. xx.
　対象の子どもは18歳未満。調査は2004年実施。

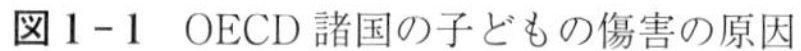

図1-1　OECD 諸国の子どもの傷害の原因

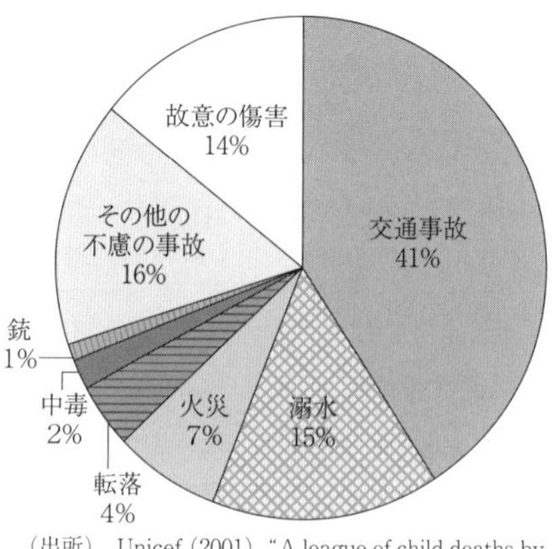

（出所）Unicef (2001), "A league of child deaths by injury in rich nations," p. 9.

人となっている。OECD 加盟国の全てが，最も死亡率の低いスウェーデンと同レベルの死亡率となれば，少なくとも1年間に1万2000人の子どもが死ななくてもすむとも指摘している[(2)]。ちなみに，韓国では，この調査結果に衝撃を受け，国をあげての子どもの事故防止対策に乗り出したという[(3)]。

この報告書で「不慮の事故」としてあげられているのは，交通事故，溺死・溺水，火災，転落，中毒などであるが，交通事故が最も多く41％にも及ぶ。本書で関連の深い転落事故は4％である。なお，14％の「故意の傷害」は虐待やネグレクトなどであり，故意（intentional）か不慮（unintentional）かの境界が曖昧でその判断は慎重にすべきだとしている[(4)]（**図1-1**）。

先進国でも年間2万人以上の子どもたちが不慮の事故で亡くなっており，事故やそれに伴う傷害は重大な健康問題であることが示されたわけであるが，同時に，1970年から1995年の25年間で死亡率が大幅に減少したという事実も示さ

---

(2)　WHO/Unicef (2008), *op. cit.*, pp. 3-4.

(3)　韓国生活安全連合／文錦花訳（2007）「『全国子ども公園安全モニタリング事業を通じた自治体別子ども遊び場安全文化指数開発』のための子ども遊び場モニタリングマニュアル」1頁。

(4)　日本語の感覚だと，交通事故や溺死などは虐待による傷害や自殺などとは全く異なるものとの印象だが，WHO など小児外傷の分野では，injury には，故意による傷害である虐待などを含んだ言葉として使われている。

れており，適切に対処さえすれば不慮の事故は防ぐことができるということが強調されている。すなわち，25年間で，ODCE 平均では事故件数は50%減っており[(5)]，最も大きく減らしたドイツは，28.4人から8.3人へと，70%減少している[(6)]。これは，傷害予防は国をあげての重要課題とされ，様々な事故のデータが収集され，分析され，事故防止の対策が講じられた結果である。具体的な対策として報告されているのは，交通事故では飲酒運転を取り締まる法律の整備，車のデザイン，チャイルドシート，自転車のヘルメットの改良など，火災事故では電気安全法規準や難燃性パジャマの普及，転落事故では安全ガラス，窓柵，階段ゲートなどであり，立法と技術革新により被害の軽減が可能となったという[(7)]。しかし，報告書は，まだ多くの傷害予防に効果があると証明された戦略が充分に実行されておらず，各国におけるさらなる努力が必要であるとしている。

②厚生労働省人口動態統計

OECD 加盟国であり，経済大国に分類される我が国においても，子どもの傷害予防は重大な社会的課題であることに変わりはない。

厚生労働省より発表された2012年度の人口動態統計によれば，子どもの死亡原因のうち，先天性の要因の大きい０歳児を除けば，５～９歳は第１位，１～４歳と10～14歳は第２位であり，子どもの死亡原因の上位を不慮の事故が占めている（**表1-1**）。死亡原因全体との割合でいえば，不慮の事故は29%にあたる（**図1-2**）。これは，1960年以降一貫して続いており，赤痢などの感染症を克服して以後ずっと，子どもの死亡原因の上位を占めている[(8)]。

「不慮の事故」の内訳は，交通事故が31%と最も多く，ついで不慮の窒息27%，溺死など23%，転倒・転落ならびに火災の７%と続いている（**図1-3**）[(9)]。交通事故と大差ない数の窒息事故が発生していることは驚きであるが，第２章で取り上げる遊具によって発生する事故は，転倒・転落事故と窒息事故が多い。

---

(5)　この比較には，ポルトガルと韓国が入っていない。
(6)　WHO/Unicef (2008), *op. cit.*, p. 8.
(7)　*Ibid.*, pp. 12-13.
(8)　厚生労働省（2012）「人口動態統計　第７表　死因順位別にみた年齢階級・死亡数」。
(9)　厚生労働省（2010）「平成22年度　人口動態統計　不慮の事故の種類別にみた年齢別死亡数」。

表1－1　1～14歳の年齢階層別死因順位（第1～5位）

年齢階級	第1位		第2位		第3位		第4位		第5位	
	死因	死亡数 割合	死因	死亡数 割合	死因	死亡数 割合	死因	死亡数 割合	死因	死亡数 割合
1～4	先天奇形等	177 4.2	不慮の事故	123 2.9	悪性新生物	101 2.4	心疾患	60 1.4	肺炎	48 1.1
5～9	不慮の事故	102 1.9	悪性新生物	84 1.6	先天奇形等	35 0.7	その他の新生物	32 0.6	肺炎	28 0.5
10～14	悪性新生物	110 1.9	不慮の事故	94 1.6	自殺	75 1.3	心疾患	25 0.4	脳血管疾患	18 0.3

（出所）厚生労働省（2013）「平成24年人口動態統計月報年計／統計表　第7表　死因順（1～5位まで）別死亡数・死亡率（人口10万人対），性・年齢（5歳階級）別」（http://www.mhlw.go.jp/toukei/saikin/hw/jinkou/geppo/nengai12/　2014年9月10日アクセス）を基に筆者作成。

図1－2　1～14歳の死亡原因の割合

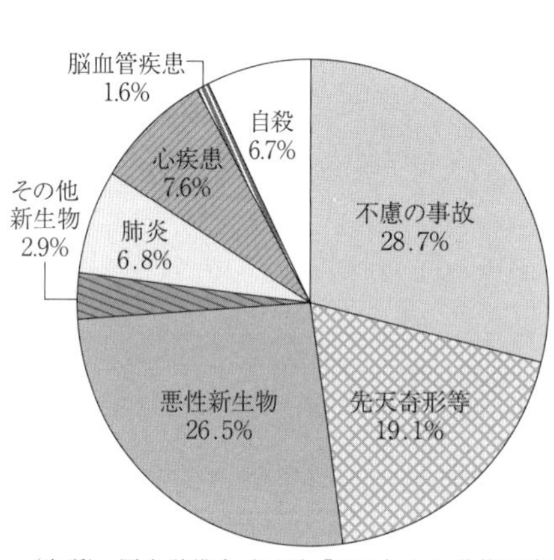

（出所）厚生労働省（2013）「2012年人口動態調査　上巻　死亡　第5.31表」(http://www.e-stat.go.jp/SG1/estat/List.do?lid=000001108739　2014年9月10日アクセス）を基に筆者作成。

図1－3　1～14歳の不慮の事故の内訳

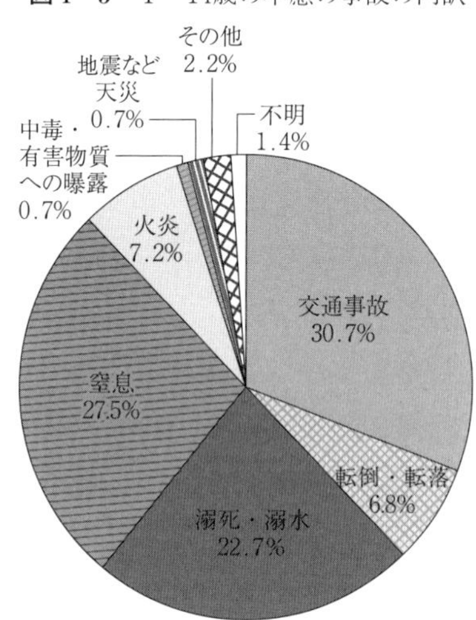

（出所）図1－2と同じ。

また，主な事故の種類別に1960年から10年ごとの死亡人数を見ると，まず交通事故については，1960年から1970年にかけて大幅に増え，70年から80年の10年間で半減している。その後，若干増加した時期もあるが，2010年までにまた3分の1に減少している（**図1－4**）。その他の事故では，窒息や溺水などが90年以降増加傾向にある。2000年から2012年を，さらに詳しく見ていくと，窒息，

図 1－4　1960～2010年の10年ごとの不慮の事故死亡数

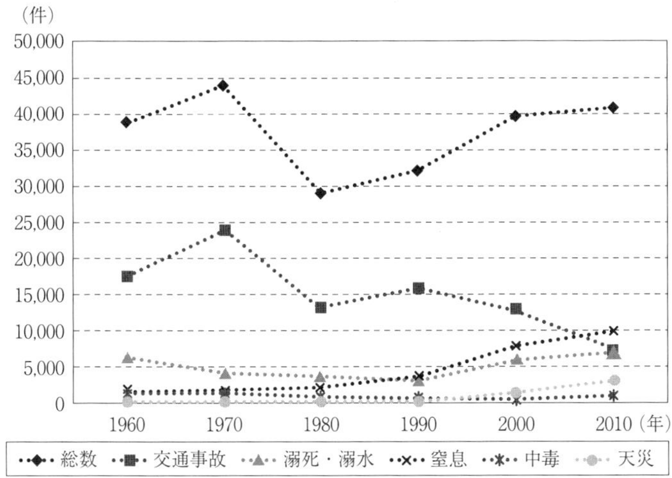

（出所）　厚生統計協会（2009）「不慮の事故死亡統計／人口動態統計特殊報告」36-37頁。厚生労働省（2013）「2012年人口動態統計　上巻　死亡　第5.30表　不慮の事故の種類別にみた年次別死亡数及び率（人口10万対）」（http://www.e-stat.go.jp/SG1/estat/GL08020103.do?_toGL08020103_&listID=000001108739&requestSender=estat　2014年 9 月10日アクセス）を基に筆者作成。

図 1－5　2000～2012年の不慮の事故種類別死亡数推移

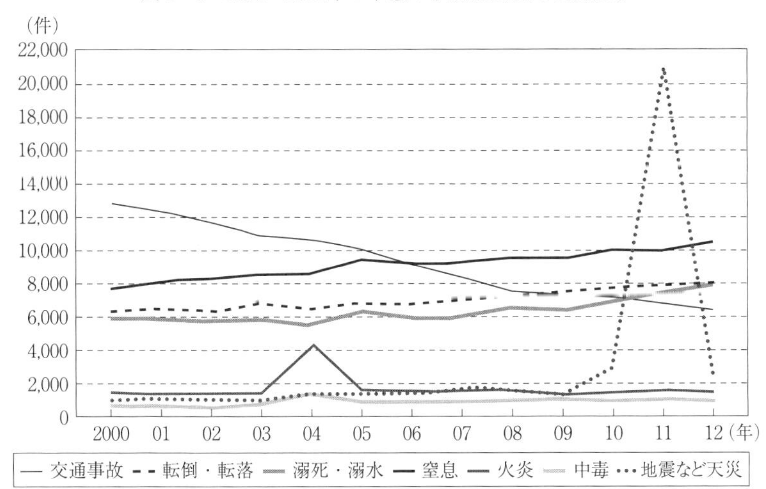

（出所）　厚生統計協会（2009）「不慮の事故死亡統計／人口動態統計特殊報告」54-71頁。厚生労働省（2013）「2012年人口動態統計　上巻　死亡　第5.31表　不慮の事故の種類別にみた年齢別死亡数」（http://www.e-stat.go.jp/SG1/estat/GL08020103.do?_toGL08020103_&listID=000001108739&requestSender=estat　2014年 9 月10日アクセス）を基に筆者作成。

転倒・転落，溺水などが微増傾向にあることが分かる（**図1－5**）。要するに，50年間の不慮の事故による死亡数の年次推移を見ると，交通事故対策の成功とそれ以外の事故対策の遅れが浮かび上がってくる。

なお，事故は死亡数だけを見ていてもその実態を見たことにならないことも指摘しておかなければならない。死亡に至るという最悪のケースでなくとも，長期の入院を要し，その子どもの人生を左右するような障害を生じさせた事故は，子どもやその家族にとっての負担も重く，併せて重視されるべき事故である。

国立保健医療科学院の「母子保健事業のための事故防止指導マニュアル」の中で，田中哲郎が人口動態統計及び患者調査により算出した死亡事故，入院事故，外来事故の割合を提示している。それによると，死亡１に対する入院を必要とした事故，外来受診事故の割合は，０歳では死亡：入院：外来の割合は１：30：1750，１～４歳では１：65：5850，５～９歳では１：105：6850となっている[10]。これを2012年の統計にあてはめると，入院事故はおおよそ3700～１万700件，外来事故ならば20万～70万件になると推定される。ちなみに，米国では，遊具による事故だけで，毎年20万人余の子どもが救急治療を受けていると報告されている[11]。

③災害共済給付制度

子どもの事故防止を論じるにあたり，我が国では，事故データの不足が重大な障害であると指摘され続けてきた。しかし，充分に利用されてこなかったが，貴重なデータの蓄積も実は存在している。日本スポーツ振興センター（旧学校安全会）が，災害共済給付制度の一環として蓄積したデータがそれである。1960年から毎年「学校管理下の死亡・障害事例と事故防止の災害」として公表されており，最新の2010年の共済給付件数は209万5079件である。加入者は幼稚園・保育園児から高等学校の生徒までの96.1％にもなるため，子どもと定義

⑽　田中哲郎（2004）「母子保健事業のための事故防止指導マニュアル」国立保健医療科学院（http://www.niph.go.jp/soshiki/shogai/jikoboshi/public/pdf/manual-all.pdf　2014年８月10日アクセス）。

⑾　U.S. Consumer Product Safety Commission (2008), "Public Playground Safety Handbook," p. 3.

される大半の人口をカバーしていることになる。ただし，学校の活動範囲内となるため，余暇時間，家庭内での事故に関してはカウントされておらず，また，逆に，活動中の心不全や食中毒など疾病も含めるために，事故による死亡や傷害に限定されていない。以上のような問題があるにしても，子どもの事故の実態を知るための貴重な疫学的データであることは間違いない。では，なぜ，この貴重なデータが生かされなかったのだろうか。

もともと，この制度は，学校等において発生してしまった事故への見舞金支払いを目的とした共済給付制度である。この制度の成り立ちは，次項でも述べていくが，この制度の副産物として蓄積された膨大な事故情報データが充分に活用されてこなかった理由に触れておく。一言でいえば，この共済制度が誕生した1960年代には事故を防止するという発想自体がなかったのである。その後も，この共済給付制度のあり方を含め，学校災害を巡り，国会や地方自治体で様々な議論が重ねられているが，そこで議題となっているのは，共済給付金額の妥当性や過失相殺の是非といった金銭的な問題である[12]。事故防止という視点で学校安全が捉えられるようになるのは，2008年の東京の小学校で発生した天窓からの転落死亡事故[13]以降のことで，これを契機に学校の施設の安全性確保が課題となり，事故防止対策が検討されるようになった。それに伴い，この災害共済給付金制度により収集された膨大なデータの活用が求められるようになり[14]，2008年に災害共済給付事業を運営している日本スポーツ振興センターに，「学校災害防止調査委員会」が設置された。2008～2009年度は課外指導における事故防止，2009～2010年度は学校の管理下における食物アレルギー，そして，2010～2011年度には学校における固定遊具に関する事故防止をテーマとした調査研究が行われている。固定遊具に関する事故防止対策の調査報告に関しては，第 2 章で改めて取り上げる。

さて，災害共済給付制度による給付状況を，年代別の医療費給付件数の推移

---

(12)　喜多明人（2010）『学校安全ハンドブック』草土文化，65-73頁。
(13)　2008年 6 月に，東京都内の小学校の 3 階屋上で行われていた授業中，男子児童が屋上にある天窓に乗ったところ，天窓が割れ，1 階の床に転落し全身を強打し死亡した事件。
(14)　日本学術会議臨床医学委員会出生・発達分科会（2008）『事故による子どもの傷害の予防体制を構築するために』6 頁。

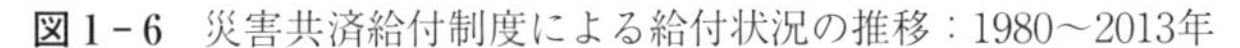

図1-6 災害共済給付制度による給付状況の推移：1980～2013年

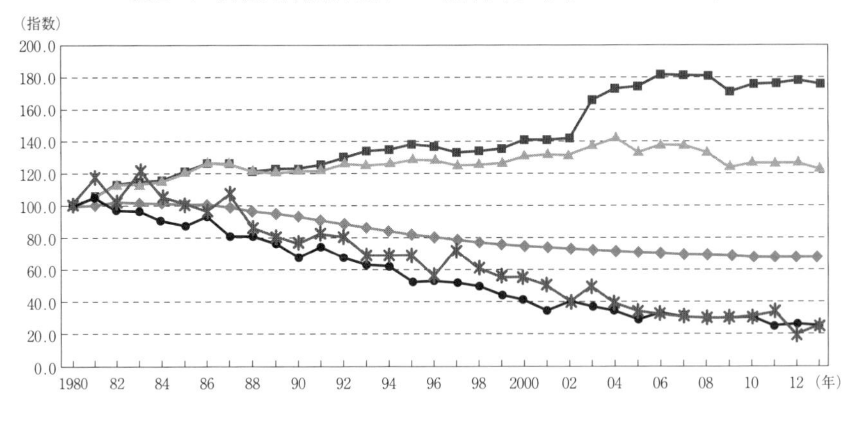

（注） 1：グラフ中の指数は，1980年度を100として表している。
2：平成15年度における給付件数の増加は，件数の積算方法を変更し，当該月数ごとに1件とした影響が強い。
（出所） 日本スポーツ振興センターホームページ「学校安全 Web」災害共済給付の給付状況等について（http://www.jpnsport.go.jp/anzen/Portals/0/anzen/kyosai/pdf/kyufusuii_graph25.pdf 2014年8月10日アクセス）を筆者一部修正。

から見てみると，**図1-6**のように少子化により，加入者数の減少と足並みを揃えて死亡件数，障害件数は着実に減少しているが，医療費給付件数としては右肩上がりを続け，200％に迫るような状況にある。深刻な事故は減っているものの，事故件数は増加の一途をたどっているということができるだろう。

1970年代は，文部科学省の『教育白書』によれば，学校における災害発生件数が増加していることが指摘されており，1992年度版には1960年から1991年までの死亡件数と障害件数が示され，「学校管理下における児童生徒等の災害の推移を見ると，負傷・疾病件数は年々増加してきたが昭和60年代に入ってからはほぼ横ばい傾向である」と報告されている[15]。

---

(15) 文部省（1992）『我が国の文教施策』（教育白書），第1編／第2部／第2章／第3節（http://www.mext.go.jp/b_menu/hakusho/html/hpad199201/hpad199201_2_021.html 2014年8月10日アクセス）。

④東京消防庁救急搬送データ

1300万人都市の生活を守る東京消防庁によれば，1年間の救急活動件数は約74万件，救急搬送人数は65万人におよぶ（2012年度）。かかる膨大な活動実績により得た事故情報を，東京消防庁は，事故防止を目的とし，乳幼児や高齢者といった対象別，エレベーター事故，遊具事故など事故要因別など，様々な調査・分析を実施している。2006年に発表された「子供の事故防止対策検討委員会検討結果概要」は，2005年4月1日から同年11月30日までに，東京消防庁管轄区域内で発生した救急搬送された事故（全年代6万8038人）のうち，子どもに係るもの1万90人について事例調査したものである[16]。さらに，2012年には，2007年から2011年中に救急搬送された0～5歳の子ども4万3309人分のデータを分析し，報告書「子どもの事故を減らすために　救急搬送データからみる乳幼児の事故」が，同庁から出されている[17]。より新しいデータである2012年の報告書の概要を，以下に記していく。

「子どもの事故を減らすために　救急搬送データからみる乳幼児の事故」によると，2012年度の1年間で，約72万人が医療機関に救急搬送され，うち，約12万人が自宅などでの日常生活の中で受傷している。0～5歳児はそのうち約8600人，1.2％にあたる。救急搬送全体数から見れば，さほど高い割合ではないが，日常生活で発生した事故に限って見れば乳幼児の事故は多く，特に1歳児は，5年間の平均搬送人数は約2300人になり，どの年齢よりも多くなっているという[18]。

事故の発生場所では，住宅内が3万84件と飛び抜けて多く，70％にも達する。公園・広場（2359件），幼児関係施設（901件），遊園地・遊戯場（291件），体育館・運動場（289件）など子どもの遊び場である可能性の高い施設では，合計

⒃　東京消防庁子供の事故防止対策検討委員会（2006）「子供の事故防止対策検討委員会検討結果概要」（http://www.tfd.metro.tokyo.jp/hp-seianka/kojiko/index.html　2014年11月1日アクセス）。

⒄　この報告書は，当初，東京消防庁ホームページ上に公開されていたが，現在は，ホームページ上からは削除されている。同じものが，東京防災救急協会から「子どもの事故を減らすために　救急搬送データからみる乳幼児の事故」として発行されている。

⒅　東京消防庁防災部防災安全課（2012）「救急搬送データからみる乳幼児の事故」5頁。

図1－7　場所別救急搬送人数（n＝43,309件）

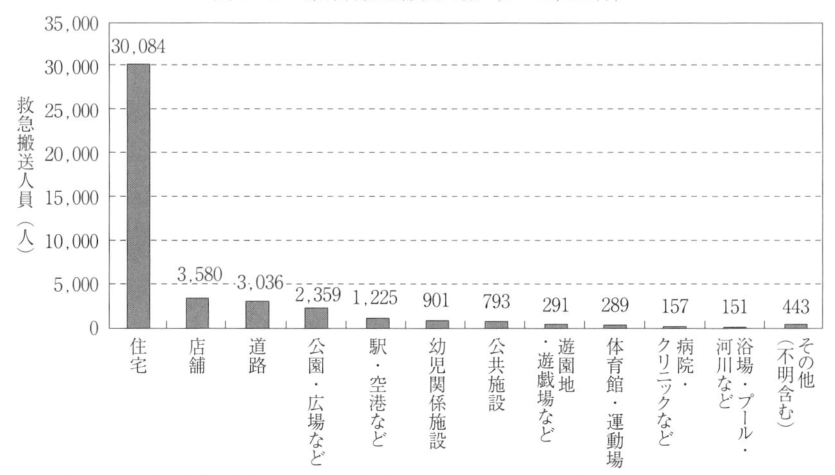

（出所）東京消防庁防災部防災安全課（2012）「救急搬送データからみる乳幼児の事故」6頁。

図1－8　0～5歳年齢別・場所別救急搬送人数の割合

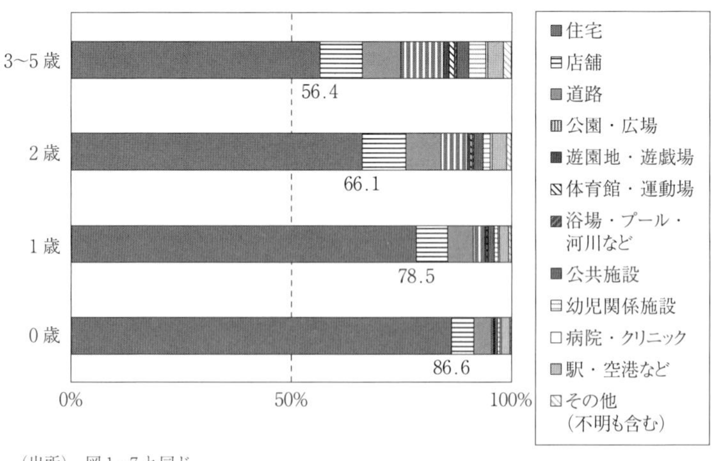

（出所）図1－7と同じ。

でも4000件に満たず，９％程度である（**図1－7**）。年齢別では，０歳が住宅での事故の比率が最も高く，年齢が上がるにつれて住宅が減り，３～５歳になれば，住宅以外の場所での事故も43.6％となり住宅での事故件数とも大差はなくなってくる（**図1－8**）。子どもの発達による活動範囲の広がりを勘案すれば自然な結果だといえ，子どもの事故発生は，子どもの日常的な活動と密接であり，常に事故発生の可能性があるといえるだろう。事故の種類別で見ると，「落ちる」「ころぶ」と分類されている事故が53％（1万2343件，1万694件，合計2万3037件）を占め，次いで「ものがつまる，ものが入る，誤って飲む」が13％（5739件），「ぶつかる」が11％（4645件）である（**図1－9**）。

子どもの事故は，日々の暮らしの中にその危険性が常に付いてまわっているが，事故発生件数と同様に重要なのは，事故による受傷程度である。初診時程度が中等症以上[19]と診断される割合は，「おぼれる」が57.7％と格段に高い（図1－9）。発生自体は多くはないが，深刻度が高く死亡に至る可能性の高い事故であることが分かる（**図1－10**）。溺れた状況として，浴槽が151件と段違いに多く，第2位のプール14件の10倍以上となっている。年齢別では，0歳と1歳で全体の60％以上を占めているが，中等症以上になる割合は3～5歳の方が高くなっている（**図1－11**）。報告書の分析では，3～5歳の方が親や保護者の目が行き届かないところで事故が発生し，救出に時間がかかっていることが要因の一つと指摘されている[20]。

一方，発生頻度の高い「落ちる」については，初診時の受傷程度は90.6％が軽症である（**図1－12**）。しかし，比率は低いといっても，発生頻度が高いため，死亡事故（1人）も含め，5年間で1161人もの子どもが入院治療の必要な怪我を負っていることになる。年齢別には，1歳児が最も頻度は高いが，中等症以上となる割合は年齢が上がるとともに増加傾向にあり，4，5歳児は0～2歳

---

(19)　東京消防庁の傷害の程度の定義
　　軽症：入院の必要がないもの
　　中等症：生命に危険はないが，入院の必要があるもの
　　重症：生命の危険があるもの
　　重篤：生命の危険が切迫しているもの
　総務省消防庁が行う救急年報に統一されている傷病程度区分として
　　死亡：初診時において死亡が確認されたもの
　　重症：傷病程度が3週間の入院加療を必要とするもの以上
　　中等症：傷病程度が重症または軽症以外のもの
　　軽症：傷病程度が入院加療を必要としないもの
　が用いられてきたが，2009年に「救急業務統計作業部会報告書（案）」で，重症度という尺度よりは，緊急性の高さにより区分した方が良いという意見が出され，上記のような区分に変更されつつある。

(20)　東京消防庁防災部防災安全課（2012），前掲資料，29頁。

図1-9　東京消防庁に救急搬送された0～5歳（事故種別ごとの救急搬送人数と中等症以上の割合）（n＝43,309）

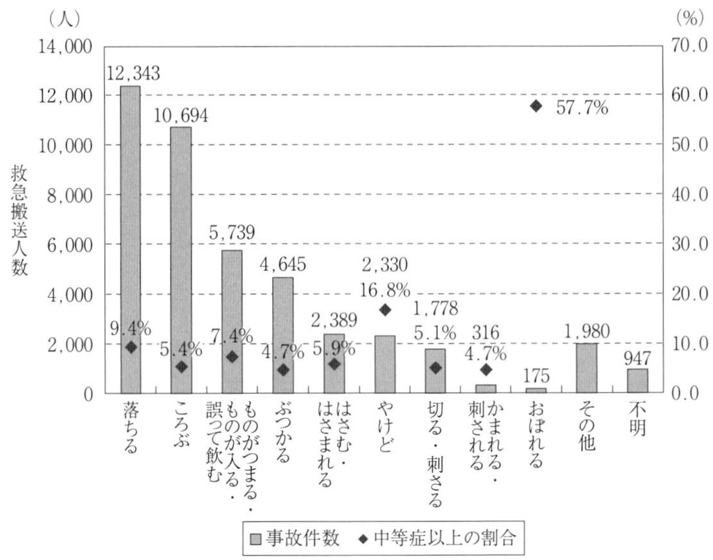

（出所）　図1-7と同じ。

図1-10　東京消防庁に救急搬送された「おぼれる」の初診時受傷程度

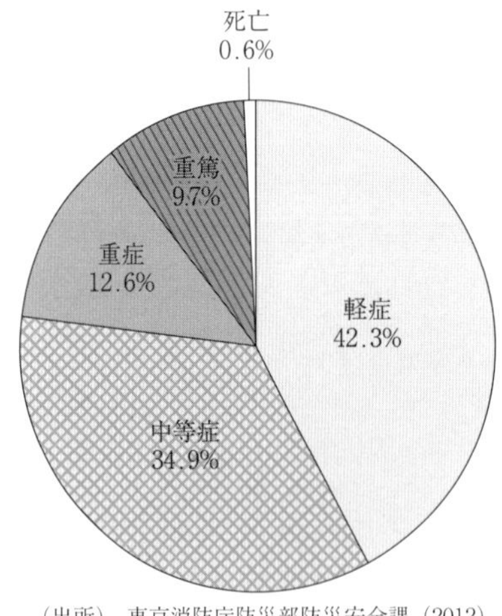

（出所）　東京消防庁防災部防災安全課（2012）「救急搬送データからみる乳幼児の事故」29頁。

図1-11　東京消防庁に救急搬送された「おぼれる」の年齢別人数と中等症以上の割合（n＝175人）

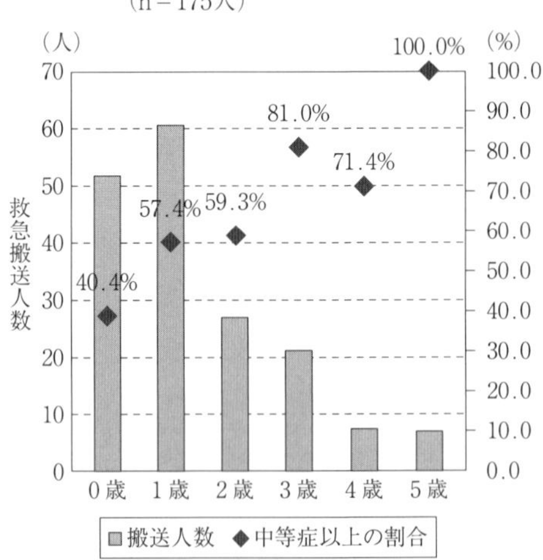

（出所）　図1-10と同じ。

図 1 - 12　東京消防庁に救急搬送された「落ちる」の初診時受診程度

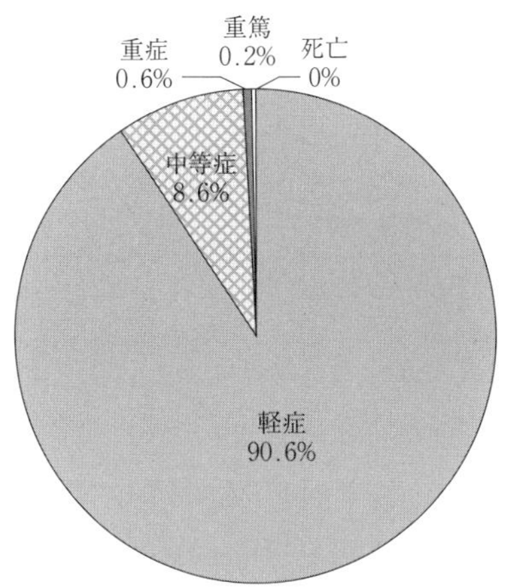

（出所）　東京消防庁防災部防災安全課（2012）「救急搬送データからみる乳幼児の事故」13頁。

図 1 - 13　東京消防庁に救急搬送された「落ちる」の年齢別の人数と中等症以上の割合（n = 12,343人）

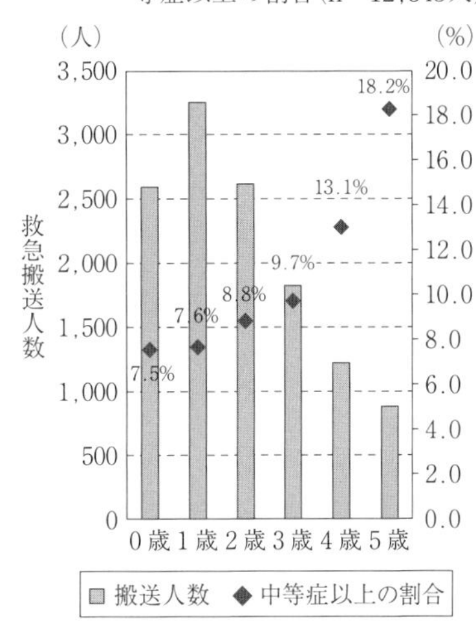

（出所）　図 1 - 12と同じ。

児の 2 倍近い（**図 1 - 13**）。発生状況は，階段からが最も多い（2489件）が，遊具・玩具からも1250件と 3 番目に多くなっている。

東京消防庁からは，遊具の事故に関してもデータが公表されており，それに関しては第 3 章であらためて取り上げる。

（2）　子どもの事故防止に関する制度と施策

①消費者政策の概観

子どもの事故に関しては，社会的な関心はけっして高いとはいえず，事故のデータ収集とその分析も，きわめて限定的なものしかないことをここまで述べてきた。とはいえ，経済大国である我が国が，子どもの事故防止に関して何の法整備も制度設計もないということはあり得ず，実際には様々な制度と施策が実施されている。ここではそれらを確認しつつ，子どもの事故防止対策として有効に機能していない要因があるとすれば何であるのかを検討する。

まず，消費者政策が事故防止に果たす役割を概観する。

我が国の消費者政策の基本となるのは「消費者基本法」（1968年制定，2004年改正）である。消費者施策の基本理念や方向性を示すこの法律は，1968年に制定された「消費者保護基本法」を36年ぶりに改正・改名したもので，消費者と事業者の間の情報の質や量，交渉力等の格差を埋め，消費者の権利の尊重と自立支援を行うことを基本理念に定めている。改正前は，消費者は，事業者に対して絶対的に弱者であるため「保護される者」であると捉えていたが，改正により，消費者を「自立した主体」として捉えていこうという，意識転換を図ろうとしたといわれている。[21]

この法律では，まず，行政・事業者・消費者の三者の責務を明らかにしている。行政は消費者政策を推進し，消費者の権利の尊重と自立支援を行う責務があり（第３・４条），事業者には基本理念にのっとり，供給する商品や役務について消費者の安全と公正を確保し，情報提供や苦情処理の義務，そして，自主行動基準の作成を求めている（第５・６条）。一方，消費者にも，自ら必要な知識の修得や情報収集により，自主的かつ合理的行動をとる努力義務などが規定されている（第７条）。国をあげての産業振興政策に邁進していた時代には，その歪みとして消費者が被る不利益はあくまでも「被害者的」な位置づけがされていたが，経済大国としての成熟と共にクローズアップされた安全・安心な暮らしへの要求は，より自発的な消費者からのアプローチが必要とされるということだろう。情報の収集・分析・発信，そしてそれを受信できるだけの消費者の成熟を図ることが法律に盛り込まれたわけである。その背景として，2000年前後に，三菱自動車リコール隠し，雪印食品などの牛肉偽装事件，パロマ工業の瞬間湯沸器一酸化炭素中毒事故など，情報の隠蔽や情報分析の未熟さによる重大な事件・事故が相次いだことがあげられるが，社会的に注目を集める事故が多発し，ようやく実効性のある事故防止対策を求める社会的要求が高まったことが見て取れる。

そして，この法の理念を実現するために，消費者庁という新たな行政組織がつくられることになった。2009年５月に消費者庁関連３法（「消費者庁及び消費者委員会設置法」「消費者庁及び消費者委員会設置法の施行に伴う関係法律の整備に

---

(21) 日本弁護士連合会編（2009）『消費者法講義［第３版］』日本評論社，28-29頁。

関する法律」「消費者安全法」）が成立し，同年９月に消費者庁は発足している。その任務は，設置法第３条によると，「消費者庁は，消費者基本法（昭和43年法律第78号）第２条の消費者の権利の尊重及びその自立の支援その他の基本理念にのっとり，消費者が安心して安全で豊かな消費生活を営むことができる社会の実現に向けて，消費者の利益の擁護及び増進，商品及び役務の消費者による自主的かつ合理的な選択の確保並びに消費生活に密接に関連する物資の品質に関する表示に関する事務を行うことを任務とする」とある。具体的には，消費者のための政策の企画・立案であるが，その中でも，消費者の安全のために，消費者事故情報を一元的に集約し，調査，分析を行うことが大きな特徴である。事故防止には，その情報の収集，調査，分析の必要性が長い間懸案となっていたことを思うと，消費者庁の誕生は大きな転機となったことは間違いない。

消費者庁では，よりリスクの高い子どもへの目配りが重点課題とされ，庁発足直後に，子どもの事故防止を目的とした「子どもを事故から守る！　プロジェクト」を立ち上げている。プロジェクト発足時，2009年12月17日の記者会見で福島瑞穂担当大臣（当時）は，消費者目線での施策を任務とする消費者庁として，社会的な弱者である子どもに焦点をあてて，取組みの加速化と重点化を狙ったものだと，このプロジェクトの意義を語っている[22]。そこにある視点も，予防が重視されており，そのために製品や規格の改善を明言していることは評価できる。

そして，消費者庁と同プロジェクトの発足から既に５年が経過したが，その成果は徐々に現れている。事故情報の一元的収集とその公表は着実に行われており，こんにゃく入りゼリーによる窒息事故や使い捨てライターによる火災といった，子どもが被害者となった重大な事故に関して，当該製品への規制の強化などがそれにあたる。ただし，事故情報の一元的収集で集められた情報は，その内容も精査されないままに公表されている感は免れず，例えば，「飲食店で走っていた子どもと鍋を持った従業員がぶつかり内容物がかかり火傷をした」「アレルギー除去を依頼したにもかかわらず出された食事でアレルギー反

---

(22)　消費者庁ホームページ「大臣等記者会見」より確認できる（http://www.caa.go.jp/action/kaiken/fukushima/091217d_kaiken.html　2014年８月20日アクセス）。

応が出た。店員が謝らない」といった，当事者間で折衝すべき苦情に近いものなども多く含まれ，溢れるような情報をただ漫然と流しているという印象は免れない。一元化された情報の適切な情報提供のあり方や，検証手法など残る課題は多い。

一方，2012年度には，消費者安全法の一部改正を行い，様々な製品事故に関する事故原因の究明，再発・拡大防止を目的とした「消費者安全調査委員会」が発足している。運輸安全委員会の調査対象である鉄道や航空機などによる事故を除き，生命・身体に損害を与える事故全般を取り扱い，被害の発生・拡大等や被害の軽減を図るために原因究明を行う機関である。多岐にわたる製品事故に対応できるよう，調査対象ごとの専門家招集による委員会形式を取り，必要な限度において，調査権限を行使することが可能であり，調査結果を内閣総理大臣や関係行政機関の長に対して勧告・意見具申などを実施する権限を持つ。調査対象が，これまでの省庁の枠組みに縛られることもなく，いわゆる「すきま事案」にも対応可能であり，調査目的も，責任の所在を判断するためではなく，再発防止，拡大防止を目指すためだと明確にされているという点で期待は大きい。

②製品安全４法

消費者の安全に関する法律をさらに詳細に見ていくと，基幹法である消費者基本法を核にしつつ，様々な個別法が連なる複合型の法体系を成している。それは，以下のように三つの分野に分けることができる。

⑴経済的安全（例：消費者契約法・特定商取引法など）

⑵身体的安全（例：消費生活用製品安全法・製造物責任法など）

⑶精神的安全（例：個人情報の保護に関する法律・特定電子メールの送信の適正化等に関する法律など）

この中でも，子どもの事故に関わりが深いのは「身体的安全」である。先に述べたハッドンのマトリックスでいえば，agent にあたるのが製造物でありその安全対策は事故防止において重要な課題である。

消費生活用製品[23]の安全確保に関する法律は，一般法である「消費生活用製品安全法」（1973年制定。以下，「消安法」と記載する）と，三つの特別法「ガス事

図1－14　製品安全4法の仕組み

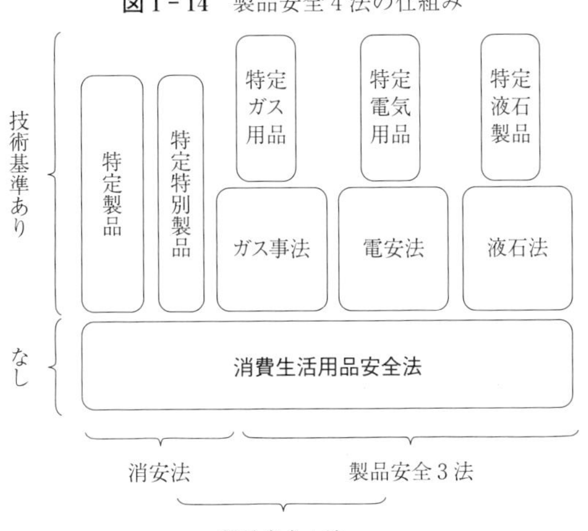

（出所）　製品評価技術基盤機構（2007）「平成18年度製品安全基準の整備（製品安全規格体系の調査）報告書」を参考に筆者作成。

業法」(1954年制定。以下,「ガス事法」と記載する),「電気用品安全法」(1961年制定。以下,「電安法」と記載する),「液化石油ガスの保安の確保及び取引の適正化に関する法律」(1967年制定。以下,「液石法」と記載する), 合計四つの法律で規制されており, これを「製品安全4法」と呼んでいる（**図1－14**）[24]。一般法である「消安法」は, 広く消費生活用製品による人の生命や身体への危害を規制するに留まり, 技術基準は定められていない。そのため, 三つの特別法で規制されている, ガス製品, 電気製品, プロパンガス製品以外にも, 構造, 材質, 使用状況等から見てより一般消費者の生命や身体に危害をおよぼすおそれがある製品を「特定製品」と「特別特定製品」に指定し, 国の定めた技術上の基準に適合させることが義務づけられている。製造元による自己確認が義務づけられているのが「特定製品」であり, 現在は6品目（圧力鍋, 乗用車用ヘルメット,

---

(23)「主として一般消費者の生活の用に供される製品」と定義されている。

(24) 自動車（道路運送車両法), 食品（食品衛生法), 医薬品及び化粧品等（医薬品, 医療機器等の品質, 有効性及び安全性の確保等に関する法律＝旧薬事法）は, 他の既存の法律で安全性が規制されており, 消費生活用製品から除外される。

表1－2　子どもの消費生活用製品の規制

法規制	消安法「特別特定製品」	乳幼児用ベッド	PSC
自主規制	製品安全協会	乳母車，歩行器，ぶらんこ，すべり台，幼児用鉄棒，幼児用三輪車，足踏式自動車，（乳幼児用ベッド），子守帯，乳幼児用ハイチェア，こいのぼり用繰り出し式ポール，パイプ式子守具，クーハン，乳幼児用移動防止さく，一人乗り用ぶらんこ，乳幼児用いす，プレイペン，乳幼児用テーブル取付け座席，幼児用ベッドガード，乳幼児用ハイローラック，乳幼児用揺動シート	
	日本玩具協会	玩具	
	日本煙火協会	花火	
規制なし	その他の製品		

（注）下線部の遊具は，公園などに設置してあるものではなく，一般家庭で使用する小型の可動式タイプ。
（出所）筆者作成。

登山用ロープ，石油給湯機，石油ふろがま，石油ストーブ）が指定されている。一方，第三者機関の検査が義務づけられているものを「特別特定製品」といい，４品目（乳幼児用ベッド，携帯用レーザー応用装置，浴槽用温水循環器，ライター）が指定されている。換言すれば，「消安法」で法規制がかけられているのは，わずか10品目でしかない。それ以外の消費生活用製品については，技術基準は定められておらず，事業者の自主規制に委ねられている。そのうち，乳幼児用製品は21品目に製品安全協会の自主基準があり，玩具は，日本玩具協会，花火は日本煙火協会が自主基準を定めている。これらの製品以外は，規制なしということで，消安法では，技術基準が定められているもの，民間機関による自主規制に任されているもの，全く規制のないものとで３層構造になっている（**表1－2**）。なお，製品安全協会の自主規制品目になっているぶらんこやすべり台は，公園などに設置してある遊具ではなく，一般家庭で使用する小型の可動式タイプである。先にも述べたが，公園などに設置してある遊具は，消費者が購入することはないため消費者生活用製品ではないと規定されており，消安法の対象外となっている。

以上のとおり，我が国の製品安全規制は，国が指定した一部の製品を厳しく規制する一方で，その他の製品に関しては事業者の自主規制に委ねるというダブルスタンダードになっている。こうした事態を生じさせている背景には，1954年に制定され，世界に先駆けて製品安全に取り組んできた「ガス事法」の成功例はあるものの，技術革新が著しくなった1970年代以降，無数に存在し，増え続ける消費生活用製品に対して，行政がその対応に追いつけていないという現実がある。こういった品目指定方式では，新製品が市場に出たときには，当然ながら規制の対象外品目で，事故がある程度発生した後でなければ規制の対象となることはない。必然的に事故対応は後手に回ってしまう。つまり，事故の再発防止には有効かもしれないが，想定外の危険源や事態に対しては防止するシステムにはなり得ないということである。実際に，特定特別品目に指定されているものは，重大な製品事故が発生したために規制対象となったものが多いが，その被害者はよりリスクを受けやすい子どもである場合も少なくない。

例えば，浴槽用温水循環器は，浴槽用温水循環器付き風呂（いわゆるジェット噴流バス[25]）に入浴中の女児が溺死する事故が2002年に起きたことが契機となり注目を浴びた。しかし，この事故の発生以前にも，1990～2000年に，髪の毛を吸い込まれた事故が20件（うち溺死・溺水３件），足など体の一部を吸い込まれた事故が10件発生していた[26]。これらの事故が繰り返された背景には，様々な要因があると考えられるが，その一つとして，事後対策の不徹底があげられる。各メーカーは，それぞれに事故の通報を受け，改良や回収などを実施していたが，その対応はメーカーによりまちまちであった。この事故が使用者の誤使用であり，製品の欠陥ではないと判断したメーカーがあり，そうしたメーカー毎の判断の差が対応の違いを生んだのだった[27]。先にも述べたが，ISO/IEC Guide51では，「合理的に予見可能な誤使用」に関しては事業者側で対処することが求められている。しかし，2000年前後のこの時期，我が国では未だに誤

---

(25) ジェット噴流バスは，浴槽の壁面の数箇所の噴出口から噴き出す気泡混じりの湯を入浴者の背中や足腰などにあてる装置で，1980年代に登場し一般家庭にも普及した。

(26) 国民生活センター（2001）「『ジェット噴流バス』入浴中に子どもが事故！」『消費者被害警戒情報（危害情報システムから）』第７巻，1－8頁。

使用を想定して安全性に考慮した製品づくりが必要であるという認識には至っていなかった。

そこで，2010年にライターが特定特別品目に加えられたことは，我が国の製品安全に対する認識の変化を象徴する事例の一つと見ることができる。ここで，この問題に言及しておく。

子どもの事故防止に対する欧米の関心は，我が国よりも格段に高い。そのような欧米で，子どもの製品事故対策として広く用いられてきた手法は，CR（Child Resistance）機能である。CR 機能とは，子どもにとって危険がある製品を，容易には扱えなくする装置や工夫のことで，薬や洗剤などのキャップや使い捨てライターなど着火製品に付加されている。

米国では，1980年代に，5歳未満の子どもが家庭で火遊びにより死亡する事故が多発し，その原因にライターが関わっているのではないかとの危機感が持たれていた。1986年から87年にかけて全米で大規模調査が実施され，その結果をうけ，CPSC がライターの規制に乗り出した。そして，1994年には CR 機能のないライター販売への規制が開始された。2002年に，その成果に関しての報告書が公表されているが，それによると規制前の1985～1987年と，規制後の1997～1999年の子どものライターのいたずらによる火災件数は，大きく減少している。特に，規制前はライターによる火災事故の71％が5歳未満の子どもによるものであったが，規制後は48％になったという[(28)]。米国のこの動きをうけ，EU も2006年から同種の規制を義務化した。

我が国でも，2009年から使い捨てライターの規制の是非が検討され始めた。

---

(27) 2000年に発生した，東京都調布市の6歳女児が溺死する事故をうけ，株式会社ノーリツの社長は「調布市の女児の事故を受けて調べた結果，類似の事故があったことが分かった。現場は偶発的な事故と思い，本社へ報告しなかったと思われる。認識が甘かった」などとコメントをしている。湯船の床に座って浸かるという使用方法であれば，体の小さい子どもであってもジェット噴流で押し流されることはないが，潜ると容易に流されてしまい，髪の毛などが吸い込まれてしまったために発生した場合が多く，誤使用だと認識したと報告されている（「失敗百選——ジェットバスで女児が溺死」より[http://www.sydrose.com/case100/129/　2014年8月29日アクセス]）。

(28) Smith, Linda E. (2002), "Study of the effectiveness of the US safety standard for child resistant cigarette lighters," *Injury Prevention*, 8, pp. 192-196.

2010年には使い捨てライターや多目的ライターを特定特別品目として規制対象とすることが決まり，翌2011年９月から，CR 機能などの安全基準を満たしたことを示す PSC マークを表示したライター以外は，販売することができなくなった。

もともと我が国では，事故は個人の不注意によるものという考え方が根強く，子どもの火遊びは家庭でのしつけや火の元の管理の問題として捉えられてきた。子どもによる，使い捨てライターによる火遊びだとしても，その対策は子どもとその保護者の問題であると片づけられてきたわけである。しかしながら，ようやく欧米の規制状況を見て，使い捨てライターという製品の持つべき本質安全設計の問題であり，合理的に予見可能な誤使用として対応すべき課題との認識が我が国においても芽生え始めたといえるだろう。

とはいえ，CR という考え方は，我が国ではほとんど認知されておらず，法改正に至るまでの記録を見ていても，その必要性への懐疑的な空気感が見て取れる[(29)]。しかし，2009年12月に最初の審議会が開催されてから，わずか１年で規制に向けての法改正がなされたことは，画期的なことである。かくも迅速な対応を可能にした要因として考えられるのは，一つには，Guide51 などの国際規格を強く意識したことにあるだろう。さらに，ライターによる事故が「火災」であったことも大きい。つまり，火災事故に関しては，経年的，広域的で，信頼性の高いデータが存在しているからである。

火災の発生原因などの調査・検証は，消防法により定められており，消防機関により実施される。そのため，その蓄積されたデータは，信頼性が高い。これまでも，このデータを基に多くの火災予防対策が提言されてきた。そして，使い捨てライターによる子どもの火遊び火災への警鐘も，欧米各国の規制への動きを背景に，東京消防庁管内で蓄積されたデータを裏づけとし，東京都商品等安全対策協議会から提言されたものであった。事故の情報がデータとして存在することは，事故防止対策を行う上でいかに重要であるかということを，この使い捨てライターの事例は物語っている。規制実施にあたってのパブリック

(29)　経済産業省「ライター規制関係の会議資料及びプレス発表資料等について」（http://www.meti.go.jp/policy/consumer/seian/shouan/index.htm　2012年11月26日アクセス）。

コメントにも，やはり「規制の前に親のしつけの問題だ」という声があった。そういった価値観や文化といったものを変える力となり得るには，世界の流れが本質安全設計を基本とした規格化の時代に入っていることの認知をひろめることである。それと同時に，自国のデータによる客観的なアセスメントこそが必要不可欠であることを，このライター規制問題から見ることができる。

③製造物責任法

消費者の身体安全に関する法律としてもう一つ重要なものは，「製造物責任法」（以下，PL 法と記載する）である。消安法が事故の未然防止を目的としているのに対し，PL 法は，欠陥製品による被害発生後の消費者の救済を目的とした法律である。

PL 法は，1994年に成立し，1年あまりの周知期間を経て1995年から施行されている。消費者に販売される製品が複雑で専門的知識が必要となり，消費者と事業者との間に製品情報に関する格差が拡大したことから，製品の安全性確保は事業者側の責任となることを，法律で定めたものである。これは，民法上の一般原則の過失責任主義を無過失責任主義へと変換させたもので，今までは加害者に故意や過失があったことを被害者側が証明できなければ損害賠償を請求できなかったが，PL 法により過失の証明を被害者（消費者）が負わなくてもよいこととなった。つまり損害賠償責任を追及しやすくすることで，ひいては事故防止にも寄与するのではないかと期待された[30]。

しかし，PL 法が施行されて20年経過したが，子どもが巻き込まれた事故で PL 法による訴訟となった事例はわずかに23例である（**表1-3**）。うち3例で争われているこんにゃく入りゼリーによる窒息事故を巡る訴訟の経緯を見ていても，1998年の最初の訴訟により製造者への責任追及が一定程度行われ，製品の回収，改良を促したが，その後も，こんにゃく入りゼリーの窒息事故は発生しており，1998年以降にも9件の死亡事故が発生している（**表1-4**）。事故防止という観点から見た場合には，PL 法は必ずしも効果的な結果をもたらしたとはいい難い。特に，遊具など子どもが自由に使用することが前提の製造物は，

(30) 大羽宏一（2009）『消費者庁誕生で企業対応はこう変わる』日本経済新聞出版社，252-254頁。

表 1 - 3　PL 法で訴訟となった子どもが関わる事故一覧

年	内容	原告	被告	結果
1994年	家電販売店に設置された机の横転による死亡事件	両親	家具製造業者 家電販売店	請求棄却（控訴）
1993年 1996年	混合ワクチン（MMR）予防接種禍事件	各両親	各ワクチン製造者 国	一部認容 総額 1 億6932万円の賠償
1996年	テレビ出火炎上事件	両親	テレビ製造業者 販売業者	請求棄却（控訴）
1997年	学校給食 O157 食中毒事件	両親	地方自治体	一部認容 4537万円の賠償
1998年	こんにゃく入りゼリー死亡事件(1)	両親	食品製造販売会社	和解
1999年	子ども靴前歯折損事件 （靴が不意にぬげ転倒，前歯を折った）	当該女児	子ども靴 製造販売会社	請求棄却（確定）
1999年	給食食器破片視力低下事件(1)：東京	当該女児 （ 8 歳）	輸入加工会社 米国製造会社	米国製造会社と和解 輸入加工会社は訴訟取り下げ
2000年	プール消毒液皮膚炎事件	当該小学生	地方自治体 塩素系剤製造販売会社	一部認容 120万円の賠償
2000年	給食食器破片視力低下事件(2)：奈良	当該女児 （ 8 歳）	食器製造会社 食器販売会社 国（国家賠償法）	一部認容 1037万円の賠償
2002年	幼児用自転車バリ裂挫傷事件	当該女児	自転車製造会社	一部認容 122万円の賠償
2002年	収納箱児童窒息死事件	両親	輸入会社から営業等の譲渡を受けた会社 輸入業者	請求棄却（控訴）
2003年	踏切電車衝突死亡事件	両親	踏切設置所有者	一部認容 総額1364万円の賠償
2003年	チャイルドシート着用乳児死亡事件	両親	チャイルドシート製造販売会社と加害者の相続人	一部認容 （製造物責任については棄却）
2003年	24時間風呂死亡事件	遺族	24時間風呂製造会社	和解
2004年	家具転倒頭蓋骨骨折事件	当該女児 両親	家具製造販売業者	和解
2006年	カプセル玩具誤飲高度後遺症事件	当該男児	玩具等製造販売会社	和解
2006年	おしゃぶり歯列等異常事件	女児と母親	ベビー用品販売会社	和解

2007年	こんにゃく入りゼリー７歳児死亡事件(2)	両親	和洋菓子製造販売会社，地方自治体（国家賠償法）	和解
2008年	花火爆発やけど事件	当該男性女児	煙火，玩具煙火の販売，各種イベント企画会社	和解
2008年	公営住宅エレベーター戸開走行による死亡事件(1)	両親	エレベーター製造販売会社，保守管理会社，設備管理会社，地方公共団体，公共賃貸住宅管理会社	業務上過失致死罪に関しては保守点検会社の幹部ら有罪 エレベーター製造販売会社無罪
2008年	スキービンディングの非開放による受傷事件	当該男子学生	スポーツ用品輸入・販売等会社	一審　請求棄却 二審　控訴棄却
2009年	こんにゃく入りゼリー１歳児死亡事件(3)	両親	こんにゃく製品製造販売会社	一審　請求棄却 二審　控訴棄却
2009年	トイレブース開き戸型ドア親指切断事件	保険金を支払った保険会社	建具製品の製造販売業者	請求棄却（控訴）

（出所） 消費者庁ホームページ「製造物責任（PL）法による訴訟情報の収集」を基に筆者作成（http://www.caa.go.jp/safety/index19.html　2015年10月６日アクセス）。

その使用方法に関しての「誤使用」であるか否かの判定が難しく，また，第５条（期間の制限）には「その製造業者等が当該製造物を引き渡した時から10年を経過した場合には時効となる」という規定が壁となって適用された例はない。つまり，誰の責任かを問うという性質のPL法だけでは，事故を防止するためには十分ではないといえる。

④保健政策としての事故防止

2001年から10年間の取組みとして，厚生労働省，文部科学省，その他関係団体が主体となり「健やか親子21」と称する母子保健の国民運動計画が実施されてきた。2000年の基礎値と10年後の2010年に達成すべき目標値を掲げ，思春期の保健対策，妊娠・出産，育児といった子どもの健全な成長に関わる課題に集中的に取り組もうという施策である。四つの主要課題と61の指標（数値目標）が設定されており，主要課題の一つである「小児保健医療水準を維持・向上させるための環境整備」の中で，「子どもの不慮の事故死亡率の半減」が目標とされている。この目標達成の方向性としては，以下の二点が示されている。

ａ．事故防止対策を家庭と地域に浸透させるために都道府県と市町村レベル

表1-4　国民生活センターが公表したこんにゃく入りゼリーによる死亡事故一覧

事故発生年月	被害者の性別	事故時の被害者年齢	都道府県名
1995年7月	男児	1歳6カ月	新潟県
1995年8月	男児	6歳	大阪府
1995年12月	女性	82歳	茨城県
1996年3月	男性	87歳	鳥取県
1996年3月	男性	68歳	静岡県
1996年3月	男児	1歳10カ月	長野県
1996年6月	男児	2歳1カ月	埼玉県
1996年6月	男児	6歳	茨城県
1999年4月	女性	41歳	東京都
1999年12月	男児	2歳	京都府
2002年7月	女性	80歳	秋田県
2005年8月	女性	87歳	愛知県
2006年5月	男児	4歳	三重県
2006年6月	男性	79歳	兵庫県
2007年3月	男児	7歳	三重県
2007年4月	男児	7歳	長野県
2008年7月	男児	1歳9カ月	兵庫県

（出所）国民生活センターホームページのデータを基に筆者作成（http://www.kokusen.go.jp/pl_l/index.html　2014年8月25日アクセス）。

で協議会を設け，事故防止対策の企画・立案，推進・評価を行う。

b．保健所等に事故防止センターを設置して，

(i)　家庭や児童の施設関係者に事故事例を紹介し，事故防止教育を実施する。

(ii)　事故防止センターでは事故事例を医療機関から把握して原因の分析等を行い情報提供する。

(iii)　家屋や施設の構造上の安全環境を確保する。

子どもの事故の半減という目標の実現に向け，各自治体に上記のような施策の実行を求めたわけである。これらの取組みの成果は，2004年と2008年の2回

図1-15　0～19歳の不慮の事故による死亡率の推移

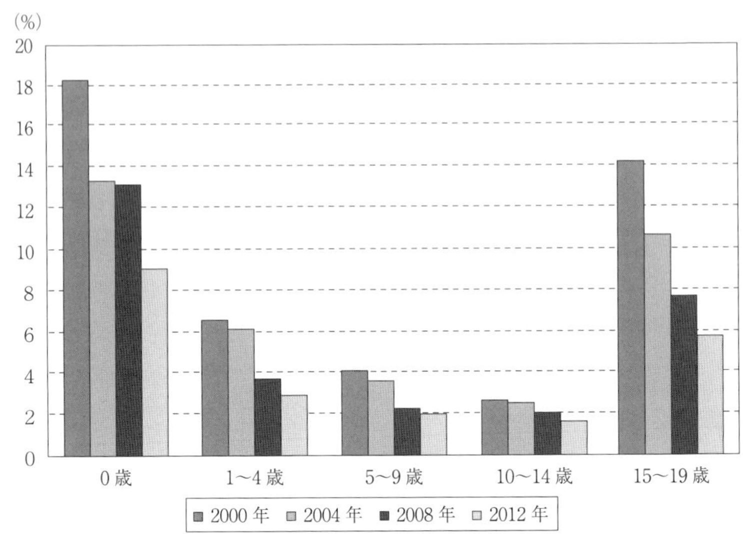

（出所）厚生労働省（2006）「『健やか親子21』中間評価報告書」，厚生労働省（2014）「『健やか親子21』最終評価報告書」を基に筆者作成。

の中間報告として出され，最終報告は当初の計画から4年延長され2014年に出されている。

図1-15に示したように，不慮の事故による死亡率の目標値達成度は，10～14歳以外はほぼ達成という結果になっている。10～14歳に関しても，もともと死亡率が低く，改善の限界に達しているためであるとするなど，全ての年齢で目標達成できたと最終報告では結論づけている。図1-15から分かるように，この大きな成果は，第2回中間報告以降の改善によるものであり，2008年の第2回中間報告書には，「家庭や地域における取組みの推進や方法は十分とはいえない[31]」と厳しい指摘がされていた。その理由として，多くの自治体の事故防止対策がパンフレット等の配布による啓発に終始し，具体的な取組みとなっていなかったためだと指摘している。これを改善するために，さらなる自治体の実効性のある取組みを求めるとともに，建築・土木，菓子・遊具・玩具などの企業を含む幅広い関係者の支援を取り付け，事故事例の原因分析のための

(31)　厚生労働省（2006）「『健やか親子21』中間評価報告書」49頁。

データベースの構築，ハイリスクグループへの効果的な支援などを行うように求めている[32]。

2006年から2012年で上記の指摘がどれほど実施されたかは，残念ながら，最終報告に詳しい記述はなく不明である。数字の改善は事実であろうが，改善に資した要因を明確にすることこそが，今後さらに進めていかなければならない事故防止対策に有効な知見となるはずである。例えば，事故防止の方向性として示されていた「保健所などに設置した事故防止センターで，医療機関事故事例を収集し情報提供」（b-ⅱ）が実施されていたとするなら，各自治体で得られた事故事例を吸い上げ，全国規模の事故事例データベースの構築も可能であろう。

また，事故防止の成果を図る尺度として「不慮の事故による死亡率の推移」を用いているが，子どもの事故は死亡件数のみに注目していては現実的な対策を打ち出すことはできず，死亡事故の減少のみで楽観視できるものではない。我が国には，死亡率以外には全国的な事故データを収集するシステムもないために，このデータを指標としたのであろうが，むしろこの機会に，受傷事故全般のデータ収集に，国をあげて取り組むべきだったのではないだろうか。「健やか親子21」という政策は，先に示したように非常に広範囲な課題を盛り込んだものである。各自治体で市民の健康推進を担う保健師を中心とした保健行政は，子どもから成人，高齢者までの健康問題全てを担い，多忙を極める仕事である。子どもの問題だけでも，増え続ける虐待への対応といった深刻な課題をかかえている。そのような中，果たして事故防止がどの程度の位置づけで取り組まれたのかは疑問が残る。死亡率の低下をもって目標達成とするのではなく，事故が子どもの健康問題として重要な課題であるかどうかの判断をするためにも，事故の全容が分かるデータ収集システムの構築が必要であろう。

⑤学校での事故防止

次に，子どもが日常の多くを過ごす場である学校で，どのように事故防止対策が取られてきたかを概観する。

---

(32)　厚生労働省（2006），前掲資料，49頁。

文部科学省及び，その前身の文部省（以下，総称して文部科学省と記載する）の『文部科学白書』及び『教育白書』[33]を年代で追ってみると，学校現場での事故（災害）[34]がどのような位置づけで，どのように取り組まれてきたかがある程度見えてくる（**表1－5**，章末に掲載）。

白書第1号は1953年度版である。同年度版において学校の安全という項目として大きく取り上げられているのは結核の予防であった。それから数年は，特段の記載はなく，1964年度版に保健管理として健康診断の重要性と共に，初めて事故に関連した記述が現れる。ここでは，「学校管理下における児童生徒の災害が増加しており，学校における安全教育および安全管理の徹底が叫ばれている」とあり，1959年に誕生した学校災害の災害共済給付制度について記載がある。

学校災害の災害共済給付制度とは，幼稚園，小・中・高等学校の児童・生徒の学校管理下における負傷，疾病等に対する災害共済給付のことを指す。1958年に学校における児童生徒等及び職員の健康の保持増進と安全確保を目的とした「学校保健法」が制定され，翌年には「日本学校安全会法」も制定された。後者を根拠に誕生したのが本制度である。運営は，同法に基づき設立された日本学校安全会が担っている。

この制度誕生の契機となったのは，1954年から1955年にかけて，修学旅行中の多数の中学生と小学生が被害者となった海難事故が相次いだこと[35]，そして自動車の急増により交通事故が大きな社会問題となったことである。多くの子どもたちが犠牲になったことから，事故防止対策，その中でも補償問題が社会的

---

(33) 文部省時代は『教育白書』，文部科学省になってから『文部科学白書』となっている。各年の出版に際しては，『わが国の教育の現状』（1953年度），『わが国の教育水準』（1959年度）などの名称がついているが，総称として『教育白書』『文部科学白書』と呼ぶ。

(34) 学校現場では，事故を，「災害」と呼んでいる。

(35) 1954年「内郷丸遭難事件」：神奈川県相模湖で起きた海難事故。定員の4倍以上の客を乗せた遊覧船の内郷丸が運航中に浸水によって沈没。乗り合わせていた修学旅行中の中学生22名が犠牲となった。

1955年「紫雲丸事件」：香川県高松港から岡山県宇野港を結ぶ，日本国有鉄道の宇高連絡船紫雲丸が大型貨車運航船と衝突し，修学旅行中の小学生などを中心に死者168名を出した。9年間で5度目の事故で，事故防止の観点から様々な課題を社会に投げかけた。

な関心を集めるようになったのである。この災害共済給付制度の普及は目覚しく，1964年度版『教育白書』によれば，加入率は小・中学校児童・生徒のほとんど，幼稚園児，高等学校生徒でも約80％であり，給付件数も1963年度には44万6000件（義務教育）で，1960年度に比べて３年間で1.4倍になったという。事故対策として，万が一の場合の補償制度が確立されたこと，そしてそれが有効に運用されているという意味で特筆に価する。

しかし，ハッドンのマトリックスにあてはめれば，事故の補償とは，事故への対策の三つの時間軸（事故前，事故時，事故後）のうち，事故後対策にすぎず，リスクトリートメント対策として通常あげられる四つの対策（除去，回避，転嫁，保有）のうち「転嫁」に過ぎない。事故防止という観点からいえば，対策としてまだ十分とはけっしていえないものである。

この災害共済給付事業の運用母体である日本学校安全会は，1964年から，補償活動に伴い収集された事故情報を発信するための機関誌『学校安全』を出版している。さらに，1972年度からは災害事例集が刊行されるようになり，事故後対策にあたる事故データの収集，分析，発信が徐々に行われるようになったのだが，前述したように，それが十分に活用され，事故予防に有効活用されるようになったのは，ごく最近のことである。1970年以降の『教育白書』には，学校における災害発生件数が増加している旨の報告がされている。1992年度には1960年から1991年までの死亡件数と障害件数が示され，「学校管理下における児童生徒等の災害の推移を見ると，負傷・疾病件数は年々増加してきたが昭和60年代に入ってからはほぼ横ばい傾向である」とある。

『教育白書』で報告されている内容を見ても，交通事故に関しては二輪車の実技指導の実施など具体性のある対策が多少は実施されているが，子どもに対して事故に遭わないような行動を促す「注意喚起」型の対策に終始したものがほとんどである。共済制度がいち早く導入されたのも，関係者の間で事故は不可抗力な出来事，不幸な出来事という考え方が根底にあり，「仕方がない」こととされていたため，その補償の充実が必要という認識が生まれたからではないだろうか。

さらに『教育白書』『文部科学白書』を見ていくと，学校で子どもたちの安全を守っていくということには，じつに多岐にわたる問題があるということが分かる。

1995年の阪神・淡路大震災の発生により，学校での防災教育と心のケアがクローズアップされ，またこの頃からエイズが社会問題化しており，エイズ予防教育も行われるようになった。1997年には学校給食を原因とした腸管出血性大腸菌（O-157）食中毒事件が発生し，5人の死亡，7000人以上の有症者を出した。そのため，学校給食の衛生管理が重要な課題となった。

2001年度版では，初めて「不慮の事故」が子どもの死亡原因の第1位であることが問題視され，学校における安全管理と安全能力の育成の必要性が明記されている。ただし，その中心は，学校に不法侵入する不審者対策である。これは2001年の大阪教育大学附属池田小学校（以下池田小事件と記載する）で多数の児童が侵入者により殺傷された事件の影響であろう。財政措置付きで安全管理に関する対策を講じることが各都道府県教育委員会に通知されている。

2002年度版では，学校の施設面への保守管理の必要性が強調されている。1995年の阪神・淡路大震災以降，懸案だった耐震化と老朽化問題への取組みが詳しく記載されている。また，「屋外教育環境整備事業」として校庭の芝生化や自然体験広場（学校ビオトープ）などへ補助金が国庫から支出されるようになり，校庭での怪我の防止として芝生化が進められるなど，設備面からの事故防止対策がようやく取られるようになってきた。ただし，各自治体は財政難であえいでおり，それが実際に実施されるのはなかなか困難であったようだ。2001年度以降の白書には，その必要性が繰り返し記載されているが，耐震化などはなかなか進まない状況が報告されている。

そして，2008年になって「学校保健法」が「学校保健安全法」へと大幅に改正された。1958年に制定されてから50年ぶりの大幅改正である。名称が表すように，従来の法律に「学校安全」という項目が新たに加えられている。上述したように，2001年の池田小事件を契機に，その被害者遺族による文部科学省への強い要望や，池田小事件以後も繰り返し様々に発生した下校時の誘拐殺人事件[(36)]などによる学校現場の危機感から，ようやく国が動いたもので，学校への侵入者や登下校時における防犯対策に法的な裏づけを持たせようとしたものである。したがって，ここでいう「学校安全」は「学校防犯」という意味合いが色濃い。しかも，その責務は学校長に一任され，事件に備えての安全計画案の策定を学校毎に求めるなど，いわば各学校に「丸投げ」することを前提にした法律であった。

そうした中，2009年に小学校の採光用天窓から児童が転落死する死亡事故が発生し[37]，学校施設の安全性へも関心が高まった。もちろん，この1件の事故だけではなく，遊具による重大事故の多発，吸排水口が塞がれていなかったために起きたプールでの死亡事故などを契機に，2000年頃から子どもが巻き込まれる事故への社会的な認識が変わっていたことも背景にある。いわゆる「不慮の事故」防止への認識が，「子どもの不注意」という子どもへの責任転嫁論や「仕方がない」という運命論では済ませられなくなってきたのである。

こうして，文部科学省は2008年に，専門家による学校施設のあり方及び指針の策定に関する調査研究を行い，報告書「学校施設における事故防止の留意点について[38]」を取りまとめている。これは，幼稚園，小，中，高等学校など学校種別に，それぞれの施設における事故発生防止の留意点を示したものである。しかし，その内容は，「児童等の学習のための場であるのみならず，生活の場として，ゆとりと潤いのある施設づくりとすることが重要である[39]」というような漠然とした内容であり，具体性に欠けている。これでは丸投げされた学校現場での実効性は期待できない。

学校での災害に詳しい喜多明人も『学校安全ハンドブック』で，2008年の「学校安全法」改正に向けてそれまでの同法に内在した問題点を二点あげている。第一は，学校安全についての責任主体の不明確さである。すなわち，学校

(36)　2001年10月長崎県小1殺害事件，2004年3月群馬県小1殺害事件，2004年11月奈良県小1殺害事件，2005年11月広島県小1殺害事件，2005年12月栃木県小1殺害事件など。

(37)　2008年6月に，東京都内の小学校で，3階屋上で行われていた授業中，男子児童が屋上にある天窓に乗ったところ，天窓が割れ，1階の床に転落し全身を強打し死亡した。

(38)　文部科学省「学校施設の在り方に関する調査研究協力者会議による報告書」(http://www.mext.go.jp/a_menu/shisetu/seibi/main7_a12.htm　2014年8月20日アクセス)。

(39)　文部科学省「第1章　総則　第2節第2-2　健康に配慮した施設」「小学校施設整備指針」より抜粋 (http://www.mext.go.jp/a_menu/shisetu/seibi/main7_a12.htm　2014年8月20日アクセス)。

安全は基本的には学校長がその責を負う場合が多いが，実際には教職員に分担させる傾向が強く，学校現場のみに安全管理責任を負わせ，学校現場依存を増長させがちとなっているという点である。第二には，学校施設設備の安全点検を義務づけたとはいえ，設置や点検に必要な学校安全基準が不在であるという点である。既存の建築基準法や消防法レベルでの防災基準しかなく，学校現場に注意を促す通知や要項・手引き・マニュアルなどを示すに留まっている。これでは，適切な安全管理は不可能であると喜多はいう[40]。

問題は，法改正後にこれらの問題点が改善されたのか否かだが，喜多は，「今回の政府改正案では，『第３章　学校安全』（第26条～第30条）を独立させて，学校保健安全法として体裁は整えたといえるが，学会案のような第三者調査機関や災害救済機関など新たな制度構想が欠落しており，現行学校保健法の枠組み内における『一部改正』にとどまっているということができる[41]」と，学校現場への過剰な責任負担を改善するには不完全であると指摘している。また，安全点検の義務をあげながらも目安や基準が不在であることに関しても，「学校安全基準についてはまったく不問に付されており，従来型の学校保健法の域を超えていないといわざるを得ない[42]」としている。保健行政の現場と同様に，学校現場でも多様な課題が山積する中，事故防止に優先順位をつけられてこなかったことが見て取れる。

第２節　子どもの事故防止対策の現状と課題

未だに，子どもの事故に対しては，子どもの身体機能や注意力の未熟さ，保護者の監督不足といった個人的な問題に過ぎないとの見方は根強く，社会的な課題としての優先順位は高いとはいい難い。したがって，その対策も「○○に気をつけましょう」という注意喚起をアナウンスするに留まるものが散見される。

---

(40)　喜多明人（2010），前掲書，140-141頁。
(41)　喜多明人・橋本恭宏他（2008）『解説学校安全基準』不磨書房，171頁。
(42)　同上書，172頁。

しかし，本章では，様々な分野の事故に対し，「事故は予測可能であり，予防可能である」と認識され，法整備も含めた多様な施策が打ち出されていることを確認してきた。事故から教訓を得るために事故情報を収集し分析するシステム，真の事故原因を見極めるためにその背景要因にまで切り込む手法，絶対安全はあり得ないことを認識し，だからこそ万が一に備えることで事故は起こっても被害を軽減するという視点の重要性などを取り上げた。このような，すでに有効であることが証明されている事故防止の知見はじつに多い。そこから教訓を得て，立ち遅れた感のある子どもの事故防止対策にも生かせることは多々あるだろう。

しかしながら，子どもの事故対策が進まない要因を検討していかなければならないが，一つには子どもの事故は被害が個人レベルに留まるものが多く，しかも，多くの場合ミスをした本人のみが被害者となる，きわめて個人的な事故だとされるためではないかと思われる。実際には，組織事故と同様に，子どもがミスをして事故が起き，受傷するに至る過程には，多くの防御壁があるはずである。そこに課題があることに目を向けなければならないが，そうさせるだけの社会的関心が子どもの上に注がれてこなかったのが，これまでの子どもの事故をめぐる現実であろう。

とはいえ，少子化が我が国の将来に無視できないほどの脅威だと認識される昨今，子どもの事故に対する社会的認識が部分的には変わってきたことも，本章で取り上げた様々なデータから見て取れる。その顕著な例としてあげられるのは，使い捨てライターなどの製品事故防止における CR 機能である。これは，危険源から子どもを遠ざけ，容易に扱えなくする装置や工夫のことであり，子どもを「守るべき存在」と捉えた事故防止対策の典型例である。製品安全を中心に，この視点からの事故防止には目指す道筋や方法論が見えてきた感がある。

一方，子どもの遊びは，高い所へ登ったり，大きく揺らしたりと，危険性の内在する行為を行うことで成り立っているという性格上，危険源から子どもを遠ざけるという手法は使いようがない。こういった分野の事故防止の方法論は，まだまだ手つかずといってもいい状況である。

子どもにとって遊びは生活そのものであり，学びの場として価値あるものである。だからこそ，子どもが主体的に遊ぼうとするには楽しさが不可欠であり，それはチャレンジによるワクワクやドキドキといった感情から想起されるものであることが多い。つまり，遊び場面では，成長の糧となるようなチャレンジとしての危険を残しつつ，致命傷となる怪我を起こさせないという，相反する目的を実現するということが必要である。換言すれば，便益は受容しつつ，受容可能レベルを超えるリスクを排除していくための効果的なリスクマネジメントの方法論が求められているということだろう。

表1－5　文部省『教育白書』及び文部科学省『文部科学白書』に報告された学校安全に関する記載

年度	学校安全に関する記載
1953年 S28	〈保健管理〉　・結核の予防
1958年 S33	**学校保健法施行**
1959年 S34	記載なし。
1962年 S37	記載なし。
1964年 S39	第３章　教員の確保と教育条件の整備 ４－(2)　保健管理 ・健康診断についての記載。 ・事故関連 安全会の災害共済給付の状況は発足以来増加。 1963年度：給付件数44万6000件（義務教育）。1960年の約1.4倍。 加入率　小学校，中学校の児童生徒はほとんど。高等学校生徒，幼稚園児は約80％。
1970年 S45	第２章　教育内容・方法の改善 ４－(2)　学校保健および学校安全 ・健康診断，健康相談，疾病の予防，学校施設の安全点検等を行っている。 ・事故関連 学校施設の安全の確保については，最近，学校における災害発生件数が増加していることから安全点検の実施の徹底を図る必要がある。 交通安全については，通学路の指定，交通規制の実施等の諸施策を講じているが，最近における急激な交通環境の悪化により，今後いっそうこれらの充実を図っていくことが必要である。
1975年 S50	記載なし。
1980年 S55	第１章　戦後30年の教育の推移 ５－４－(2)　学校保健・学校安全 ・災害共済給付の給付状況の推移 負傷・疾病に対する医療費の給付件数は年々増加。 児童・生徒100人あたりの給付件数では中学校が最も高く，次いで高等学校，小学校の順。 廃疾見舞金の給付件数は，1974年度までは400件前後で推移していたが，その後は歯牙障害の認定基準を緩和したこともあり増加。 一方，死亡見舞金の給付件数は発足以来200件台で推移している。 ・交通事故による死傷者数の推移 年々増加してきたが，1971，1972年を境に減少。 1979年は小・中学校の児童，生徒の死者は397人，負傷者は５万1451人。 ・このような状況への対処として，手引書の作成，教職員の研修会の開催，教材・教

	具の整備などによる安全教育及び安全管理の充実とともに，災害共済給付制度の改善の努力が行われている。
1988年 S63	第6章　体育・スポーツ及び健康教育の振興 　5－3　学校安全の充実 　　・災害共済給付制度（運営団体は，日本体育・学校健康センターに名称変更）の給付内容の充実に努めている。1988年度に障害見舞金の引上げ，共済掛金の額の改定等を行った。 　　1985年度の災害共済給付状況の分析。 　　小学校：休憩時間中の事故が53%， 　　高等学校：課外活動中の事故が47%（その大部分が体育活動中）， 　　学校管理下の事故全体のうち約4分の1が骨折事故。 　　・交通事故について 　　1975年以来減少傾向にあったが増加へ。 　　1987年15歳以下の死者数：前年比　35人増の600人。 　　16～18歳の死者数：前年比41人増の1098人。 　　事故の状態別　16～18歳：二輪車乗車中の死者が728人。 　　　　　　　　　13～15歳：自転車乗車中の死者が41人。 　　交通安全教育については，学校，家庭，地域が一体となって取り組む交通安全教育推進地域事業や二輪車の実技指導を含めた交通安全教育指導者養成講座を実施。 　　日本交通安全教育普及協会に調査研究を委嘱し，その研究成果に基づき「高等学校交通安全指導の手引」等を取りまとめる。 　　教育課程の基準の改善にあたっては，交通安全に関する内容の充実を図る。
1989年 H1	第Ⅰ部　初等中等教育の課題と展望 　第2章　初等中等教育充実のための施策の展開 　　6－3　学校安全の充実 　　　・「安全教育」に関する記載あり。 　　　学校においては，安全な生活を営むのに必要な事柄について理解させ，安全な行動ができる態度や能力を身に付けさせることをねらいとして，学級指導，学校行事等の特別活動を中心に，各教科，道徳など学校の教育活動全体を通じて安全教育を行うとともに，学校安全計画を策定し，これに基づき施設・設備の安全点検や通学路の選定と点検，避難訓練などの安全管理を行い，学校安全の充実に努めている。 　　　具体的には，安全指導の手引の作成，各種の研修会の開催。 　　　・災害共済給付制度に関しては，1988年記載内容と同じ。 　　　・交通安全教育の推進 　　　交通事故による死者数は，1980年以来再び増加。1988年1万344人（13年ぶりに1万人突破）。 　　　1988年の年齢階層別死者数 　　　15歳以下：対前年比68人減（11.3%減）の532人， 　　　16～18歳：対前年比67人増（6.1%増）の1165人， 　　　うち，二輪車運転中の死者が711人（61.0%）。 　　　・対策：学校・家庭・地域が一体となって取り組む交通安全教育推進地域事業。 　　　二輪車の実技指導を含めた交通安全教育指導者養成講座の実施。 　　　日本交通安全教育普及協会に調査研究を委嘱し，その研究成果に基づく「高等学校交通安全指導の手引」「高等学校における二輪車に関する安全指導の手引」等を

	作成，配布。 1989年３月告示「新学習指導要領」において 中学校及び高等学校においても，新たに交通事故の防止について取り上げ，交通安全教育の充実を期した。
1990年 H２	第Ⅱ部　文教施策の動向と展開 第６章　体育・スポーツ及び健康教育の振興 ５－３　学校安全の充実 ・学級活動，学校行事等の特別活動を中心に，道徳など学校の教育活動全体を通じて安全教育を行うとともに，学校安全計画を策定し，これに基づき施設・設備の安全点検や通学路の選定と点検，避難訓練の実施などの安全管理を行い，学校安全の充実に努めている。 ・交通安全教育の推進 死者数は1980年以来再増加傾向。1989年には１万1086人（15年ぶりに１万1000人突破）。1986～1989年の校種別死者数の推移表の掲載あり。 1989年の児童生徒死者数　小学生：対前年比48人増（30.8％増）204人， 中学生：8人増（9.3％増）94人， 高校生：66人増（13.5％増）556人， うち二輪車運転中の死者366人（65.8％）。 ・対策：交通安全意識と交通マナーの向上を目指した交通安全教育の実施。 安全な道路交通環境づくりの促進に努めている。
1991年 H３	第Ⅱ部　文教施策の動向と展開 第７章　体育・スポーツ及び健康教育の振興 ６－３　学校安全の充実 ・安全教育の実施 安全な生活を営むのに必要な事柄についての理解。安全な行動ができる態度や能力を身に付けさせる。 ・学校安全計画を策定 これに基づき施設・設備の安全点検，通学路の選定と点検，避難訓練。 ・交通安全教育の推進 1990年　１万1000人を突破。 児童生徒の死者数　小学生：対前年比21人減（10.3％減）の183人， 中学生：対前年比６人減（6.4％減）の88人， 高校生：対前年比16人減（2.9％減）の540人， 高校生：二輪車乗車中の死者が383人（70.9％）。 ・対策：前年と同様の記載。
1992年 H４	第Ⅰ編　スポーツと健康　第２部　健康教育の充実 第２章　健康教育の充実のための施策の展開 ３　学校安全の充実 子どもの事故防止の重要性の記載あり。 「安全な生活を営むのに必要な事柄について理解させるとともに，安全な行動ができるような態度や能力を身に付けさせることが大切である。具体的には，児童生徒が事故の原因をよく理解し，日常生活の中に潜む危険をわきまえて，的確な判断の下に，適切に対処したり，事故や災害が起こった際に適切な行動がとれるような能力を身に付けさせる必要がある」。 ・児童生徒の事故の状況の分析

	児童生徒等の災害の推移：傷・疾病件数は年々増加してきたが，昭和60年代に入ってからはほぼ横ばい。死亡件数は年間200～300件の間を推移してきたが，1988年以降は減少。障害件数は昭和50年代に入って急増したが，1981年をピークに減少傾向。 1991年度の死亡の状況　死因別：急性心不全等。 障害種別：歯の障害が約46%， 眼の障害が約16%。 負傷発生の状況　小学校：休憩時間。 中学校・高等学校：課外指導の時間が最多。 ・交通事故 道路交通事故死者数　1970年には１万6765人であったが，それ以降減少し，1979年には8466人。 近年増加傾向に転じ，1991年には１万1105人。 1988年以降４年連続して１万人を突破（第２次交通戦争）。 1992年は，1974年以降最悪。 しかし，小・中学校の児童生徒の死者数はおおむね減少傾向。 1991年　小学生の死者：171人， 中学生：72人， 高校生：483人， （依然として多く，うち約７割が二輪車乗車中）。
1993年 H５	第Ⅱ部　文教施策の動向と展開 第８章　体育・スポーツ及び健康教育の振興 ６　健康教育の充実 ・学校安全の充実 安全教育の改善，充実のために　教師用の手引を作成。 1992年度：「小学校安全指導の手引」を改訂。現在，「中学校安全指導の手引」の改訂作業中。教員対象の研修会等を実施し，指導力向上へ。 教員対象の研修会等を実施し，指導力向上へ。 ・交通安全教育の充実 交通安全意識と交通マナー。 新学習指導要領で，中・高校「保健体育」に交通安全に関する事項を充実。 ・応急処置研修の充実 交通事故の増加等に伴い，傷害や急病の際の応急処置の知識が必要。高等学校の新学習指導要領「保健体育」科目「保健」に「応急処置」を新たに項目として取り上げた。 ・災害共済給付制度 学校教育の円滑な実施に資するため災害共済給付制度を実施している。
1994年 H６	第Ⅱ部　文教施策の動向と展開 第３章　初等中等教育のより一層の充実のために ４－２　心とからだの健康を保つために (1)　健康教育の充実 近年の都市化，情報化，核家族化，少子化など社会環境の急激な変化は，子どもの心身の健全な発達に様々な影響を与えているため，健康の保持増進を図るために必要な知識・態度の習得に関する教育である健康教育が一層重要になっていると指摘し，保健，安全，給食の各分野にわたる指導が，教育活動全体を

	通じて実施されているとしている。 (2)　当面する健康問題への対応 ・エイズ教育 ・喫煙・飲酒・薬物乱用防止教育に関する指導 ・健康診断の見直し (3)　安全教育の充実 新学習指導要領では，保健体育において交通安全や応急処渡に関する内容を充実させている。「小学校安全指導の平引」を改訂し，安全指導の一層の充実を図る。 交通安全に関しては・高校生の二輪者運転に関する指導に重点。 応急処置については，各都道府県において，高等学校の保健体育の担当教諭を対象に心肺蘇生法等の技能研修を行った。 (4)　給食指導の充実
1995年 H 7	第Ⅱ部　文教施策の動向と展開 第 3 章　初等中等教育のより一層の充実のために 4 - 2　心とからだの健康を保つために 当面する健康問題への対応として，エイズ教育，健康診断の見直しに加えて，心の健康相談活動の充実が記載されている。 安全教育に関しては，前年と同様に，交通安全は高校生の二輪車運転の指導や応急処置の技能研修の実施。
1996年 H 8	第Ⅱ部　文教施策の動向と展開 第 3 章　初等中等教育のより一層の充実のために 5 - 2　心とからだの健康を保つために 当面する健康問題への対応として，「被災地における児童生徒の心の健康について」が追加されている。 阪神・淡路大震災により被災した児童生徒の心への影響等を明らかにし，学校における対応の在り方を検討するため調査研究を実施。調査結果に基づき，学校に対し，子どもたちの心の健康への支援体制を確立しておくこと等を要請した。 その他は，前年とほぼ，同様の記述。
1997年 H 9	第Ⅱ部　文教施策の動向と展開 第 3 章　初等中等教育の一層の充実のために 6 - 2　心とからだの健康を保つために 当面する健康問題への対応として，「薬物乱用防止教育の充実」と「学校給食における衛生管理の改善充実」が追加されている。 ・児童生徒の薬物乱用の実態は極めて憂慮すべき状況にあると指摘し，薬物乱用防止教育の充実に努めている。 ・1996年，学校給食による腸管出血性大腸菌（O157）による食中毒が発生。7000人以上の有症者が発生し，5 人の児童が死亡したことを受け，学校給食の衛生管理を詳しく取り上げている。 その他は，前年度と同様の記述。
1998年 H10	第Ⅰ部　心と体の健康とスポーツ 第 2 章　健康教育の充実のために

	6　学校安全の充実 ・1995年1月の阪神・淡路大震災以降，災害時の学校の役割，教育委員会や学校における防災体制，学校施設の防災機能や耐震性，防災教育（災害安全に関する教育）のあり方などについて大きな課題を残した。 ・交通環境は，「第2次交通戦争」と称され，厳しい状況にある。 交通事故死者数　1997年　小学生：102人， 中学生：51人， 高校生：309人。 ・防災教育の充実 1995年発足させた「学校等の防災体制の充実に関する調査研究協力者会議」の報告・提言が記載されている。 ・交通安全教育は例年どおり。
1999年 H11	第2編　文教施策の動向と展開 第7章　心と体の健康とスポーツ 1－3　学校安全の充実 ・事故に関しては交通事故のみ触れており，高校生の二輪車運転教育を重視。 ・防災教育の充実 教師用の防災教育のための参考資料，児童生徒用の防災教育教材を作成。 ・誘拐など防犯対策 1998年度　自分の身を守るための普及啓発教材を作成し，全国の小学生全員に配布。
2000年 H12	第2部　文教施策の動向と展開 第7章　スポーツ振興と健康教育の充実に向けて 5－3　学校安全の充実 ・事故に関しては交通事故に関してのみ。 2000年度：自転車・二輪車などに関する交通安全の指導内容・方法等について，実践的な調査研究を行う交通安全教育実践地域事業実施。 ・防災教育 2000年度：小学校（1・2・3年生）用の教材を作成し，各学校に配布。
2001年 H13	**〈文部省から文部科学省に〉** 第2部　文教・科学技術施策の動向と展開 第8章　スポーツの振興と青少年の健全育成に向けて 5－3　学校安全の充実 **不慮の事故が死因別順位の第1位であることの記述あり。** 「安全管理及び児童生徒などの安全能力の育成を目指す安全教育によって構成される学校安全の充実を図っていくことが必要」 ・学校における安全管理の徹底 不審者からの安全確保について　教師用指導書「安全指導の手引」において，警察署の協力を得て行うよう指導。2000年1月には各都道府県教育委員会などに対して，外部からの侵入者による事件・事故などへの対応などの学校の安全管理に関する点検項目を例示し，家庭や地域との連携の下に取り組みを充実させるよう要請。 〈しかし2001年6月　大阪教育大学附属池田小学校事件発生〉 文部科学省では，学校の安全管理について，各学校などに緊急の再点検。また，類似の事件の再発防止の観点から，学校の出入口での確認や校内の巡回など，各学校などにおいて緊急に構ずるべき対策の実施を求めた。

	2001年7月 「幼児児童生徒の安全確保及び学校の安全管理に関する緊急対策例」 各都道府県教育委員会等に通知。対策に必要な財政措置を行う。 ・学校における安全教育の充実 2001年度：「交通安全に関する危険予測学習教材」（小学校4・5・6年生用）を 作成，全国の小学校に配布する。
2002年 H14	第1部　新しい時代の学校—進む初等中等教育改革— 第4章　信頼される学校づくりに向けて 3－1　安全な学校施設の整備 ・昭和40年代から50年代の児童生徒急増期に建築された建物の老朽化問題。 ・大規模な地震発生の可能性による，耐震設計問題。 3－2　学校における危機管理と安全対策 ・学校における安全管理の徹底。 2002年度 「子ども安心プロジェクト」実施。 ・危機管理マニュアルの作成・配布 ・学校，家庭，地域の関係機関・団体等が連携して，地域社会全体で児童生徒の安全を守るための実践的取組みの促進と普及。 ・PTSD（外傷後ストレス障害）などの児童生徒の心のケアを行う際に活用できる人材のデータベースの作成。 ・学校施設における防犯対策 教室・職員室等の配置を換えることや門やフェンスの設置など，学校における安全管理対策の工事について，国庫補助の対象とした。 ・学校における安全教育の充実 「生きる力をはぐくむ学校での安全教育」を作成し，各都道府県・市町村教育委員会に配布。 第2部　文教・科学技術施策の動向と展開 第2章　初等中等教育の一層の充実のために 10－1　公立学校の施設の整備 ・老朽校舎の改築や補強事業を中心に，設置者の行う整備に必要な予算を確保した。 ・防犯対策の徹底を図る観点から，低学年の教室の配置換え，門・塀（フェンス）の設置など，安全管理対策に関連する工事に国庫補助（補助下限額：1000万円）。 ・校庭の芝生化や自然体験広場（学校ビオトープ）などを推奨する「屋外教育環境整備事業」補助年限を2006年度まで延長。
2003年 H15	第2部　文教・科学技術施策の動向と展開 第2章　初等中等教育の一層の充実のために 11－1　公立学校の施設の整備 ・老朽化と耐震化を強く推奨 ・ゆとりとうるおいのある学校施設の整備推進 校庭の芝生化や自然体験広場（学校ビオトープ）などを推奨する「屋外教育環境整備事業」の実施。校庭の芝生化により，スポーツ時の怪我の軽減対策にもなる。 国庫補助の対象となり，1997年度から2002年度までに243校。 第8章　スポーツの振興と青少年の健全育成に向けて 6－3　学校安全の充実—安全・安心な学校づくり— ・安全な学校施設の整備充実と教材の整備 (1)　公立学校施設の耐震化・老朽化対策 (2)　ゆとりとうるおいのある学校施設の整備推進

	教育内容・方法の多様化などに対応した施設の整備も重要。 校庭の芝生化，自然体験広場（学校ビオトープ）。 ・学校安全の充実―安全・安心な学校づくり― 「学校への不審者侵入時の危機管理マニュアル」（2002年12月）。 「学校の安全管理に関する取組事例集」（2003年６月）。 「学校施設の防犯対策について」（2002年11月）の報告に基づき学校施設の計画・設計上の留意事項を示した「学校施設整備指針」における防犯対策関係規定を改訂（2003年８月）するなど，ハード・ソフトの両面から様々な施策を実施。 ・学校における安全教育の充実 学校安全参考資料「生きる力をはぐくむ学校での安全教育」など。
2004年 H16	第１部　創造的活力に富んだ知識基盤社会を支える高等教育―高等教育改革の新展開― 第１章　子どもの心と体の健やかな発達のために ４-３　安全・安心な学校づくり ・「子ども安心プロジェクト」の継続 防犯対策重視。 財政面の支援（国庫補助）：管理諸室や低学年教室等の再配置。門やフェンスの設置等の整備。 ・非常災害時の子どもの心のケア ・学校における安全教育の充実
2005年 H17	第１部　教育改革と地域・家庭の教育力の向上 第２章　地域・家庭の教育力の向上 ４-４　安全・安心な学校づくり 学校における安全管理の推進（大阪教育大学附属池田小学校の事件の影響） ・防犯対策：地域ぐるみで実施していく。 学校で巡回・警備等に従事する学校安全ボランティア（スクールガード）の養成・研修。防犯の専門家や警察官 OB などの協力の下，地域学校安全指導員（スクールガード・リーダー）による各学校の巡回指導と評価。モデル地域における実践的な取組み。 ・財政面の支援：継続 学校における安全教育の充実。 ・寝屋川市立中央小学校の事件による対策（卒業生による教師殺害事件） 「各学校の安全対策の再点検のポイント」 「学校と警察の一層の連携の推進」 ・登下校時における児童殺害事件を受けた緊急対策 通学路の要注意箇所の把握。 安全な登下校方策の策定等を実施すること。 危険予測能力や危険回避能力を身につけさせるための実践的な安全教育。
2006年 H18	第２部　文教・科学技術施策の動向と展開 第８章　スポーツの振興と心身の健やかな発達にむけて ６　子どもの健康と安全 ・食育　朝食欠食状況などを示し，食育の重要性を重点的に取り上げている。 ・心と体の健康問題 心のケア，薬物，インフルエンザなどの感染症　など。 ・登下校時を含めた学校における子どもの安全確保 地域社会全体で子どもの安全を見守る体制の整備　など。

	・実践的な安全教育の充実 「防災教育教材」の作成，「通学安全マップ」づくりの紹介あり。
2007年 H19	第２部　文教・科学技術施策の動向と展開 第８章　スポーツの振興と心身の健やかな発達に向けて ６　子どもの健康と安全 前年とほぼ同様の報告。
2008年 H20	**「学校保健法」を大幅改正し，「学校保健安全法」に（施行は2009年４月）** ・改正点：学校における児童生徒の保健管理の強化 第26条：学校設置者の責務 第27条：総合的な学校安全計画の策定 第28条：学校環境の安全の確保 第29条：危険などの発生時の対処要領の作成 第30条：地域の関係機関との連携
	第２部　文教・科学技術施策の動向と展開 第６章　スポーツの振興と心身の健やかな発達に向けて ６　子どもの健康と安全 前年と同様の報告：食育，心と体の健康問題，登下校時の安全確保など。 第10章　安全で質の高い学校施設の整備と防災対策の充実 １　安全・安心な学校施設の整備 ・公立学校施設の安全・安心の確保対策 耐震化。 エコスクールの整備や地域材等の木材利用の推進。 バリアフリー化，アスベスト対策，老朽化への対応。 特別支援学校の教室不足の解消。 学校統合への対応，廃校や余裕教室の有効活用など。 ・文教施設の室内環境対策 シックハウス対策。 ・文教施設の維持保全 外壁モルタルのひび割れやはく落。 国旗や校旗の掲揚ポールの腐食。 手すりのぐらつき。 ・学校施設の防犯対策
2009年 H21	**〈「学校保健安全法」施行により，施設の安全確保に関しての内容充実〉** 第２部　文教・科学技術施策の動向と展開 第10章　安全で質の高い学校施設の整備 学校施設の整備に役立てるための指針や事例集などを作成。 耐震性不足や老朽化し危険となった建物に対して，国庫補助の実施。 ・耐震化の推進 ・老朽化対策 建築後30年以上を経過した公立学校施設が約５割あるなど，児童生徒急増期に建設された施設の老朽化が深刻な状況にある。地震発生時や日常の安全安心を確保し，施設の長寿命化を図るため，老朽化した学校施設の戦略的な再生整備を推進。 ・室内環境対策 アスベスト対策。

	・事故防止・防犯対策 天窓落下などの事故を防止し，安全で質の高い教育環境を確保するため，調査研究を行った。その結果，学校施設内の様々な場所で起こる事故全般（転落や衝突，転倒，挟まれ，落下物，遊具）を対象に，学校施設を計画・設計する際の事故防止に関する留意事項等について，報告書「学校施設における事故防止の留意点について」（2009年３月）を取りまとめるとともに，学校施設整備指針を改訂した。 児童生徒などが事故に遭う事を防ぐために必要となる施設整備について国庫補助を行う。
2010年 H22	第２部　文教・科学技術施策の動向と展開 第９章　安全で質の高い学校施設の整備 「学校施設は基本的な教育条件の一つであり，発達段階に応じ，教育水準の維持向上の観点から安全で質の高い学校施設を整備する必要がある」と明記。 詳細については，前年と同様の報告。 第10章　防災対策の充実 東日本大震災をうけ，児童生徒などの安心・安全を確保するため，災害対策基本法などに基づき「文部科学省防災業務計画」を策定し，防災教育の充実や学校施設の防災機能強化などの災害予防の推進をおこなっている。
2011年 H23	第２部　文教・科学技術施策の動向と展開 第10章　安全で質の高い学校施設の整備 東日本大震災を経験し，耐震化されていた学校施設が，地震による建物の倒壊から児童生徒などの命を守り，地域住民の応急避難場所となるなど，学校施設は，地域の拠点としても重要な役割を果たすものだとしている。 学校施設の整備に役立てるための指針や事例集などを作成し，耐震化や老朽化対策をはじめとする学校施設の整備に対して国庫補助などを行っている。 さらに，地球温暖化対策として，環境負荷の少ない学校施設の整備を推進するとしている。 ３　学校施設の事故防止・防犯対策 教職員をはじめとする関係者が危機管理意識を持って緊密に連携し，安全対策を行う必要がある。また，施設・設備面（ハード面）に関する対応のみならず，管理運営など（ソフト面）の対応も含め，組織的・継続的に実施する必要がある。
2012年 H24	第１部　特集 特集２　安全・安心な教育環境の構築 安全をテーマに，いじめ・体罰等の課題から，学校施設の耐震化，老朽化問題，通学路の安全，東日本大震災を受けた防災教育の見直しなど，広範囲なテーマで報告されている。 第２部　文教・科学技術施策の動向と展開 第11章　安全で質の高い学校施設の整備 「学校施設整備指針」などが策定された。 学校施設に関しては，「学校トイレ改善の取組事例集」など，安全で豊かな施設環境を確保という視点が色濃い。
2013年 H25	第２部　文教・科学技術施策の動向と展開 第12章　安全で質の高い学校施設の整備 前年とほぼ同様の報告。
2014年	第２部　文教・科学技術施策の動向と展開

H26	第12章　安全で質の高い学校施設の整備 　長寿命化改修の推進 　　2013年「学校施設の老朽化対策について～学校施設における長寿命化の推進」を取りまとめると共に，地方公共団体向けの手引「学校施設の長寿命化改修の手引～学校のリニューアルで子供と地域を元気に！～」を2014年に公表。 　　老朽化対策の国庫補助を増額。 　その他は，前年と同様の報告。

（出所）文部省『教育白書』及び文部科学省『文部科学白書』より筆者作成（http://www.mext.go.jp/b_menu/hakusho/hakusho.htm　2014年 8 月30日アクセス）。

第2章
遊び場・遊具管理のあり方

第1節　遊び場・遊具の概観

（1）遊び場の誕生・発展と遊具の安全規準制定

①欧米における歴史

(a)遊び場の黎明期と発展期

最初に，欧米における遊び場としての公園及び遊具の誕生，及び，そこでの事故防止対策の流れを概観しておく。

子どもの遊び場の歴史は，欧米では19世紀に始まるといわれている[(1)]。19世紀は，産業革命による都市化，つまり人口の都市への集中が，様々な弊害を生み出した時代である。工場から吐き出される煤煙や廃棄物による公害問題，衛生環境の悪化，住宅不足，犯罪の増加，さらに児童労働も横行していた。産業革命の陰の部分は，より弱い立場である労働者階級の子どもたちに過酷な暮らしを強いていたにもかかわらず，そのような子どもたちの不道徳な行いや犯罪行為を中産階級の者たちは社会の害悪だと見なしていた。しかし，犯罪を起こした子どもたちを刑務所へ送るよりも，救済し，教育していくべきだとする動きが起こり，子どもの遊び場の創設へとつながっていく[(2)]。

---

(1) Frost, Joe L. (2012), “Evolution of American Playgrounds,” *Scholarpedia*, 7(12), p. 30423. (http://www. scholarpedia. org/article/Evolution_of_American_Playgrounds 2014年9月5日アクセス) 厳密に「子どもの遊び場」といえるかどうかは議論があるが，ドイツでは，19世紀初頭には，チューリンゲン州（Schnepfenthal）に，子どもの身体発育のための鉄棒や平均台などを備えた体育施設が初めてつくられている。また，室内遊びや自然体験が中心だが，1837年には，幼児教育者フレーベルにより世界で初めて子どもが自由に遊べる場として「子ども園（kindergarten）」がつくられた。

当時，ドイツで，子どもたちの遊び場の必要性を唱えたのが，ライプチヒ市の医師，ダニエル・G・M・シュレーバー（Daniel G. M. Schreber）である。クラインガルテン（Kleingarten）という小さな菜園を作り，子どもたちに農園作業を行わせた。それは，子どもの身体的な成長にプラスとなるのみならず，大人たちにとっても公共心を育てる場になるというのがシュレーバーの根本理念であった。[(3)]彼のこの思想は大きな支持を得，ドイツ全土に広がっていき，現在でもクラインガルテンは，ドイツ人の余暇の過ごし方の一つとして定着している。[(4)]1870年には，クラインガルテンに子どもの遊び場が付設され，そこに砂場やブランコがあったという。砂場の研究者である笠間浩幸によれば，子どもが自由に遊ぶことのできる砂場は，教材を使い大人の指導の下に遊ばせるいわゆるフレーベル主義の幼児教育へのアンチテーゼとして支持を集め，19世紀末にドイツで普及していった。その源流ともいえるのがこのクラインガルテンの遊び場だ，と笠間は指摘する。かかる砂場は，1880年代になれば，ベルリンの公園にもつくられ，多くの子どもたちが嬉々として遊んでいたという。[(5)]

また，英国でも，遅くとも1875年には，貧しい子どもたちのためにつくられた公園にブランコやシーソーがあり，いつも人気だったと記録されている。[(6)]こういった遊具や砂場のある公園が，子どもたちの教育上有効であることが報告され，19世紀の終わりには欧州の多くの国に見られるようになっていった。

一方，米国では，ドイツ・ベルリンの砂場を訪れた米国人女性医師マリア・E・ツァケルツェウスカ（Maria E. Zakrzewska）が，子どもたちの様子に感銘を受け，米国の子どもたちのために砂場をつくることに尽力した。1886年に，

---

(2) Frost, Joe. L. (2012), *op. cit.*, p. 30423. 及び Maurick, Edmund (1875), "London Playgrounds for Poor Children," *The Herald of Health* (59-60: Wood & Holbrook), pp. 107-110. 及びヴァレンタイン，ギル／久保健太訳（2009）『子どもの遊び・自立と公共空間：「安全・安心」のまちづくりを見直すイギリスからのレポート』明石書店，10-15頁。

(3) 高橋理喜男（1991）「造園学用語解説（18）：クラインガルテン（Kleingarten）」『造園雑誌』第54巻第3号，243-244頁。

(4) 笠間浩幸（1997）「〈砂場〉の歴史（4）：〈砂場〉の起源をドイツに探る」『日本保育学会大会研究論文集』第50巻，120-121頁。

(5) Eriksen, Aase (1985), *Playground Design: Outdoor Environments for Learning and Development* (Olympic Marketing Corp), pp. 9-10.

(6) Maurick, Edmund (1875), *op. cit.*, p. 106.

「砂庭園（sand garden）」と呼ばれる砂場がボストンでつくられたが，これは米国で初めて組織的に管理された公園だといわれている[(7)]。その後，1980年には，ニューヨーク市にも初めての子どもの遊び場ができるなど，多くの都市に遊び場づくりが広がっていく。1906年には，テオドア・ルーズベルト（Theodore Roosevelt）大統領を名誉会長とする，子どもたちの遊び場の普及を図るための組織，Playground Association of America（アメリカ遊び場協会）が立ち上げられ，また1909年には，公共の遊び場を設置するよう求める法律（Massachusetts Playground Act）が国民投票により40の都市と町で採択されるなど，1900年初頭は米国公園運動（The American Playground Movement）と呼ばれるほど公園設立への機運が高まっていった[(8)]。1930年代になると，安全な遊び場づくりを使命とした組織 NRA（National Recreation Association，後の NRPA：National Recreation and Park Association）が誕生し，1931年には回旋塔の危険性を訴え，禁止を提言している[(9)]。写真に残されている当時の遊具を見ると[(10)]，現在とは比較にならないほど高さのあるブランコや登はん遊具，回旋塔に鈴なりになって遊ぶ子どもの姿が残されており，多くの深刻な事故が起きていたと想像される。とはいえ，この時代に遊具の安全を目的とした団体が設立されていたことは驚きである。

その後，第二次世界大戦が勃発し，スチール製遊具の生産が止められるなど，遊び場づくりは停滞するが，1945年に第二次世界大戦が終結し，再び子どもの遊び場は新たな歴史を刻み始める。特に，欧州では，多くの都市が戦火に見舞われたため，その復興の過程で遊び場の整備も本格化した[(11)]。

国際遊び場協会（International Playground Association）の副会長であるアービッド・ベンソン（Arvid Bengtsson）は，1970年に出版した *Environmental*

---

(7) Wortham, Sue C. (1996), “Abrief History of Playgrounds in The United States,” *Play It Safe, An Anthology of Playground Safety*, pp. 3-4.

(8) Frost, Joe L. (2012), *op. cit.*, p. 30423.

(9) Tompson, Donna (1996), “Organizational Influences on Playground Safety,” *Play it safe: An anthology of playground safety*, pp. 15-16.

(10) Play Scapes (http://www.play-scapes.com/history-category-all/　2014年９月５日アクセス).

(11) Eriksen, Aase (1985), *op. cit.*, pp. 28-29.

planning for children's play で，1950〜1960年代の世界各国の公園や子どもたちが遊ぶ様子を数多くの写真と共に紹介している。それによると，大規模なニュータウンが多くの国に出現したこの時期，同時に自動車も激増していた。それにもかかわらず，子どもたちは，依然として家の周辺の街路を遊び場としており，街路は既に子どもの遊び場としては危険過ぎるものとなっていた。換言すれば，代替となる子どもの遊び場の整備が急務となったのである[12]。1958年には，国際連合の主催で，遊び場の課題を討議するために遊び場問題に関する欧州会議（the European Seminar on the problem of playground）がストックホルムで開催されており，この報告書の冒頭には「今日の子どもや若者が直面しているきわめて重要な問題，特に，住宅密集地域で，若者が道路の危険にさらされているという問題が，今，注目される時期になった」という国連技術援助局長の言葉が記されていた，とベンソンはいう[13]。都市化による人口集中と自動車の急増による交通事故対策という社会的要因を背景にし，多くの国々で子どもの遊び場としての公園がつくられ，そこに砂場やブランコ，すべり台などの設置が求められたのである。

また，デンマークを発祥とした冒険遊び場（Adventure Playground）が，第二次世界大戦後，欧州の国々で爆発的に広まっている。冒険遊び場とは，廃材や古タイヤなどを子どもが自由に使い，遊具を手作りし，自由に遊ぶことを推奨した遊び場である。ブランコやすべり台といった既成の遊具を設置した遊び場とは対極にある遊び場であり，廃品置き場が遊び場になり，建築資材や古タイヤが遊具代わりになるというのは公園づくりもままならない戦後の復興時には好都合であった。しかも，材料だけがあり，つくっては壊し，思うままに自由に振舞えるそういった遊び方は，子どもにとっては魅力的で，子どものニーズに添った遊び場でもある。かかる公園は特に英国で大きな支持を得て，1970年代までに約250カ所も誕生している[14]。米国へも1950年に冒険遊び場が紹介さ

---

(12) Bengtsson, Arvid (1970), *Environmental planning for children's play* (Praeger), pp. 13-25.

(13) *Ibid.*, p. 7.

(14) Eriksen, Aase (1985), *op. cit.*, pp. 22-23. 及び内閣府政策統括官（2009）「英国の青少年育成施策の推進体制等に関する調査報告書」64頁。

れているが，ガラクタの山ができること，安全性への危惧と怪我の責任問題，資金や人材確保への懸念から，定着しなかった[15]。欧州各国と米国との間の遊び場の安全観や，遊びに対する価値観の違いが見て取れるエピソードである。

(b)遊具による事故多発と安全規準の制定：欧州

1970年代に入ると欧州でも遊具での事故が大きな社会問題となり，遊具の安全改善への要求が徐々に高まっていく。

世界で最も早く遊具の安全規準を作ったのはドイツである。1971年にはDIN（Deutsches Institut für Normung：ドイツ規格協会）に「子どもの遊具」作業委員会（Arbeitsausschuß "Kinderspielgeräte"）が作られ，安全規準導入への動きが始まった。しかし，子どもたちのニーズと遊びの価値を守ることを重視して進められた作業は困難を極め，1978年にようやく遊具全般を網羅する安全規格DIN7926が誕生した。作業委員会のメンバーであったゲオルク・アグデ（Georg Agde）らによると，作業委員たちの苦労とは裏腹に，当初は遊びという人間の行動に関わる領域や「遊びの価値」というものに対しての規格化はふさわしくないという批判が強く，できたばかりの安全規格を排除しようとする動きすらあったという。そのような厳しい世論に晒されながらも，規格を遵守することで子どもの遊び場の改善につなげる努力が続けられ，誕生から10年を経た1990年代には，規格遵守が当然のこととして受け入れられるようになったという[16]。

英国でも，遊具の安全性への疑問が1970年代には表面化する。そして，1974年に雇用者が労働者の安全を確保する義務を謳った法律「職場等安全衛生法（Health and Safety at Work etc. Act)」が制定され，これが遊び場にも適用された。この法律の本来の目的は従業員の職場での健康と安全の保護であるが，従業員だけでなく，仕事上の活動により影響を受ける人も含む，つまり「市民やその子どもといった遊び場の訪問者（利用者）を含める」という規定により，

---

(15)　Frost, Joe L. (2012), *op. cit.*, p. 30423.

(16)　Agde, Georg, Nagel, Alfred, and Richter, Julian (1989), *Sicherheit auf kinderspielplätzen: Spielwert und Risiko, sicherheitstechnische Anforderungen, Rechts-und Versicherungsfragen*, pp. 6, 14.

遊び場の管理者をも縛ることとなったわけである。[17] このため，遊び場の管理者や遊具製造者たちは，訴訟などの責任追及から自らを守るためにも，その根拠となる遊具の安全規準の策定が必要となったのである。1980年の初頭には，遊具による事故がマスコミに大きく取り上げられたこともあり，さらに遊具の安全性への懸念が広っていく。このような経緯で，1986年に遊具の安全規準 BS 5696 が誕生した。[18]

しかし安全規準は，先に述べた250カ所にも広がっていた冒険遊び場の自由なあり方を，より安全で管理されたものに様変わりさせてしまう。冒険遊び場は，単なる遊び場の類型というよりも，運動として推し進められてきたこともあり，こういった動きに対しての拒否感は大きかった。英国の遊具の安全規準を論ずるときに必ずいわれるのが，マスコミの扇動により市民にパニックが起き，それ故に安全重視に偏り過ぎたという専門家の嘆きである。[19] 英国においても，遊びの価値と安全との比較衡量は，最も大きなテーマであった。

しかし，安全偏重に行き過ぎた感のあった英国も，1992年にはそれを修正するかのように文部科学省（Department of Education and Science）から DES 指針 “Playground Safety Guidelines” が出されている。この「まえがき」には，指針の出発点として，「遊びは，全ての子どもの発達にとって必要不可欠である[20]」「チャレンジや冒険は子どもの自然な行為であり，遊び場のデザインにより失うべきではない[21]」「適切なマネジメントとそれに添ったデザインは，子どもたちにリスクなしで冒険を提供できる[22]」と明記されている。これは，地方自治体などの遊び場管理者に対し，安全に配慮しつつ，遊びの価値を損なわないことの重要性を示したものである。

さらに，1967年の欧州経済共同体の発足を契機に域内の市場統合化を推進し

---

(17) Ball, David J. (2002), “Playgrounds-risks, benefits and choices,” *Health & Safety Executive*, p. 1.

(18) Gill, Tim (2007), *No fear: growing up in a risk averse society* (Calouste Gulbenkian Foundation), pp. 25-26.

(19) *Ibid.*, pp. 25-26.

(20) Department of Education and Science (1992), “Playground Safety Guidelines,” p. 7.

(21) *Ibid.*, p. 8.

(22) *Ibid.*, p. 9.

ていた欧州では，1985年に欧州閣僚理事会において貿易障壁の除去を目的とした「ニューアプローチ決議」がなされ，該当する指令の要求事項に適合した製品は欧州域内で自由に流通できるようになった。これにより，欧州内で製品を流通させようとすれば，技術的な規定は欧州統一規格であるEN（European Norm）規格を参照する必要が生じたのである。そういった事情を背景に，遊具の分野でもEN規格化は必須となり，CEN（Comité Européen de Normalisation：欧州標準化委員会）により，1988年に初めて遊具の技術委員会が招集された。主導したのはドイツであり，DIN7926をベースに議論・調整が行われ，1998年にEN1176-1177（European Norm1176-1177，以下，EN規格，及びEN1176，EN1177と記載する）としてまとめられた[23]。これにより，欧州の19カ国では，「遊びの価値」を重視しながらも適切に設計・管理された遊び場がつくられるようになったのである。

(c)遊具による事故多発と安全規準の制定：米国

一方，米国でも1970年代に入った頃から，事故のために救急医療施設に搬送される子どもが急増し，遊具問題は社会問題化し始めた。1974年には，消費者からCPSC[24]に対し，強制力を持つ安全規準の制定を求める請願が出された。これを受けてCPSCは，NRPAに草稿の作成を委託し，安全規準制定へ向けて動きだした。その過程において，CPSCによる遊具事故の実態調査が実施され，1975年ならびに1979年にその結果が公表された。それによれば，1974年の1年間に救急治療室で治療を受けた子どもは11万8000人（うち，公共の遊び場の遊具4万5000人，家庭の遊具4万1000人[25]）で，また1977年には公共の遊び場遊具による要治療者は9万3000人であった[26]。この調査結果は，遊びや子ども発達

---

(23) Agde, Georg, Nagel, Alfred, and Richter, Julian (1989), *op. cit.*, pp. 11-12.

(24) 米国消費者製品安全法（Consumer Product Safety Act：連邦法）に基づき設立された，法的権限を持つ大統領直属の独立政府機関。電化製品，子ども向け製品などの消費者製品の安全性を取り扱っている。

(25) U. S. CPSC Bureau of Epidemiology (1975), "Hazard Anzlysis of Injuries Relating to Playground Equipment," p. 5. 米国では，遊具は公共の遊び場だけでなく各家庭に設置されることも多い。CPSC指針が公表されるよりも前，1976年に家庭用の遊具の自主工業規格が策定され，ANSI（American National Standards Institute：米国国家規格協会）により承認されている。

論などの専門家たちにより事故原因や被害者のプロフィールなどが細かく分析され，それを基に，彼らが6年をかけ安全規準の内容を検討した。そして，1981年に安全指針“Handbook for public playground safety”（CPSC指針）が策定されたのである。

この指針の策定委員であったスーザン・トンプソン（Suzanne Thomason）らによれば，この指針の目的は，重傷や死亡の原因となるハザードを明確化し，そのテスト方法と簡単な対処方法を示すことで，遊具を選定する地域の人たちに選択の判断材料を提供しようとしたものであった。そのため，選定委員は，敢えて法的な拘束力を伴わない指針に留めたとしている[27]。

しかし，公共の場所に設置する遊具に関しての唯一の安全指針となったことから，策定委員たちの意に反し，それは公的な技術標準と見なされてしまい，訴訟の判断材料となってしまった[28]。その結果，訴訟をおそれた管理者たちが公園を閉鎖してしまう事態も相次いだ。訴訟社会の米国では，子どもたちの安全を守るための指針が，結果的に遊び場を奪うという事態を生んでしまったのである。

このために，訴訟が死活問題である遊具メーカーなどは，より明確な数値規準を求めて，ASTM[29]に安全規格の制定を要請した。1988年から検討が始まり，様々なタイプの遊具に関する性能規格をより厳密に提示するものとして，1993年にASTM F1487（以下，ASTMスタンダードと記載する）が出された。米国における製品安全施策の特徴は，製造物責任法（Product liability law）が非常に強いことである[30]。損害賠償請求訴訟の高いリスクに晒されている米国の製造

---

(26) Rutherford, George W. (1979), “Hia hazard analysis,” p. 5.

(27) Tompson, Donna, and Wallach, Frances (1995), “A Comparison of Playground Safety Standers and Guidelines in the United Stats,” *Playground Safety — Proceeding of the 1995 International Conference*, pp. 167-168.

(28) *Ibid.*, pp. 167-168.

(29) ASTM（American Society for Testing and Materials：米国試験材料協会）は世界最大級の民間規格制定機関。業界自主規制でありながら，Consumer Product Safety Improvement Act of 2008において玩具の安全性を確実にするための基準としてASTM F963 toy safety standardが採用されるなど，米国政府の法令の中に盛り込まれる場合もある。

者にとっては[31]，安全規準を遵守していることが製品の安全性の証明となり，製造者や管理者の免責の証拠となる。安全規準は自らを守るために必要であり，より詳細な規格をメーカー側から求める動機となっている。つまり，米国では，遊具の安全規準は，子どもを守るためという目的以上に，遊具メーカーや管理者の免責の根拠として整備された側面が見えてくる。

その間も，訴訟は増加し，損害賠償金も高額化した。1992年には，遊具から転落しこん睡状態となった少年に対して1450万ドルの賠償金の支払いが命じられたケースもある[32]。

②日本における歴史

(a)明治・大正の黎明期

我が国における近代的制度としての公園の始原は，1873（明治６）年に遡る。その年，明治政府は，各府県に対して「古来から名所旧跡といわれるところは公園として申し出よ」との通達（太政官布達第16号を要約）を発出した。これが契機となって，東京の上野，浅草，京都の円山，嵐山など14カ所が公園に定められた。もっとも，これら14カ所はそれまでの景勝地に「公園」という名前をつけたものに過ぎず，料理割烹やお茶屋などのある大人の遊戯場といった程度のものであった[33]。

子どものための遊び場という意図で，遊具の設置された公園ができたのは，1879（明治12）年の上野公園内（東京都台東区）の体操場で，そこには木馬，梯子などが設置されていた[34]。しかし，子どものための遊び場が本格的につくられるようになるのは，さらに30年近く後の1908（明治41）年のことで，御茶の水

---

(30)　田中紘一（2006）「安全；ヨーロッパの考え方・日本の考え方」『平成17年度食品機械の安全設計対応に関する調査研究報告書：国際安全規格利用手引き　機関安全編』19頁。

(31)　赤堀勝彦（2009）「製造物責任法と企業のリスクマネジメント」『神戸学院法学』第38巻第３・４号，582-585頁。

(32)　"Boy, 10, to Get $14.5 Million in Playground Fall," *The Washington Post*, October 9, 1992.

(33)　青木宏一郎（1998）『まちがいだらけの公園づくり：それでも公園をつくる理由』都市文化社，134-136頁。

(34)　申龍徹（2003b）「都市公園政策の歴史的変遷過程における『機能の社会化』と政策形成（2）」『法学志林』第104巻第１号，83頁。

公園（東京都千代田区／現在の宮本公園）が日本の最初の児童専用公園である。この年，東京市役所に公園改良委員会が設置され，公園調査などが実施されている。その結果を基に，遊具を設置した子ども専用の公園がつくられ，御茶の水公園に続く，虎の門公園（東京都港区）など８カ所の児童向け公園（小公園）[35]の建設計画が決定している。[36]

1919（大正８）年には，「市街地建築物法」（現在の「建築基準法」にあたる）と「都市計画法」が定められ，６大都市（東京・大阪・名古屋・京都・横浜・神戸）など主要都市で近代都市計画が始まっている。これにより，大都市の都市計画が本格化し，公園整備が都市計画として位置づけられ，児童公園が小公園の一部として分類されるようになった。この頃から，子どもの健全育成のために公園を活用しようという考えが広がり始め，1922（大正11）年には，日比谷公園や上野公園に東京市の委託を受けた専任の遊戯指導者が配置されている。[37]

その指導員の１人が末田ますである。米国のカリフォルニア大学に留学し，保育学を学んだ末田は，1924（大正13）年から日比谷公園の遊戯指導員となった。この年は関東大震災の翌年で，東京市は都市防災の意味から大胆な区画整理が断行されていた。公園づくりもその一環と位置づけられ，小公園52カ所の建設が計画されている。これら小公園は，小学校の校庭と隣接させ，広い運動場や遊び場として配置されるように計画された。震災時における避難や防火の意味もあるが，同時に，子どもの健全育成にとっての遊びの有効性が教育的な視点から注目され，遊び場創設の機運が高まっていたのである。[38]そういったことも相まって，公園建設が子どもの健全育成として位置づけられたのである。[39]

かかる時代背景の中，末田は遊戯指導員として抜擢される。震災孤児が東京には溢れており，その福祉的な意味合いも含め，指導員付きの児童遊園の評判

---

(35) 明治・大正時代には，子どもの遊び場としての公園は，小公園又は遊戯場と呼ばれていた。

(36) 申龍徹（2003b），前掲論文，83頁。

(37) 同上論文，87頁。

(38) ペスタロッチやフレーベルなどの幼児教育理論が我が国にももたらされ，倉橋惣三などの幼児教育研究者が活躍し始めた時期である。倉橋は，1917年，虎の門公園などで子どもの遊びの指導を行っている。

(39) 申龍徹（2003b），前掲論文，84-85頁。

は高かったという。末田が常駐する日比谷公園には，毎日100人から150人の子どもが遊びに訪れたと，彼女は記している[40]。1940（昭和15）年には，東京市の公園課に「公園児童掛」が設けられた。これにより，23人の指導員が市内約180カ所の公園を巡回し，子どもの遊びの監督と指導をするという体制ができたのだが，それも末田の尽力によるものであった。関東大震災，そして，富国強兵への道を歩みつつあった時代背景の中，大正から昭和初期の児童公園は，都市計画の一環としてその建設が進められ，同時に，遊びを媒体として，子どもの体位向上を含めた健全育成を図る場として，教育や福祉という側面から利用されてきたのである[41]。

末田は，当時の遊具についても詳しく記録しており興味深い。1924（大正13）年の赴任当初，日比谷公園に設置されていたのは木製のブランコ1台と木製のすべり台2台だけの寂しいものだったが，1928（昭和3）年までに様々な遊具は設置されたという。ジャングルジム，シーソー，うんてい，回旋塔，遊動円木，そして，箱ブランコの原型となる大型ブランコが設置され，写真入りで記録されている。遊具の名称は，うんていがホリゾンタルラダー，回旋塔がオーションウェーブとなっており，遊具が海外からの輸入や模倣であったと記している[42]。

末田は，遊具の安全性にも言及しており，遊具選定の条件の一つとして「危険率が比較的少ないこと」をあげている。大和シーソーという巨大な金属製の籠型シーソーは，子どもには難しく怪我をする危険性があるのに子どもには人気があったことから，3人乗りの小型に改良させたという[43]。また，1枠の中に3連のブランコ揺動部が吊るされているブランコは，真ん中のブランコに乗ろうとして他のブランコと衝突する危険性が高いとして，これも2連に改良させ

(40)　末田ます・朝野文三郎編（1997）『江戸絵から書物まで／児童公園』久山社，10頁（末田ます（1942）『児童公園』清水書房を再収録したもの）。
(41)　同上書，119-122頁。
(42)　回旋塔は，東京市公園課長井上清の外国視察の土産と説明されており，ジャングルジムは，末田が海外の雑誌を見て作成を依頼し，街路樹用の棒材を組み合わせて作ったとある（末田ます・朝野文三郎編（1997），前掲書，45，47頁）。
(43)　末田ます・朝野文三郎編（1997），前掲書，49頁。

ている。[44]その他の遊具に関しても，遊具の高さなどに安全規準ともいえる数値を示すなど，20年という長きにわたり，毎日100人以上もの子どもたちと遊んできた経験から得た遊具に対する知見を様々に記している。[45]また，子どもの健全育成にとっての遊び場の役割を繰り返し語りながら，遊具遊びには事故やけんかなどのトラブルが避けられないことも述べ，だからこそ遊戯指導員が遊び場には必要であると強調している。[46]末田ら遊戯指導員は，季節の行事や童話の読み聞かせなども行い，また母親への遊ばせ方の指導も行っている。[47]それは，さながら幼稚園か保育所といった豊かな子どもの育ちの場であり，現在に至るまで，日本の遊び場として最も斬新で，充実した活動であったことは間違いないだろう。

もう１人，この時代の子どもの遊び場に大きな功績を残した人物がいる。大阪の都市計画技師である大屋靈城である。

大屋は，1924（大正13）年に清水谷公園（大阪市東区）や九条小公園（大阪市港区）などの公園を対象に本格的な調査を行っている。公園の利用人数や利用時間帯，また，子どもがどこで最もよく遊んでいるか，どんな遊びをしているかが丁寧に調査されており，当時の事情がよく伝わってくる貴重な資料である。

これによると，子どもの遊び場所として最も多かったのが街路（32.4%），次いで室内（17.7%），空地（16.9%）となっており，公園に来る子どもは近隣在住の14%に過ぎず，第４位であった。校庭はさらに少なく1.7%でしかない。[48]この結果に，大屋は，子どもの遊び場として小公園は機能しておらず，その理由は公園の構造や形態などではなく自宅からの距離にあるとしている。つまり，子どもは，自宅のごく近くで遊ぶ傾向があり，遊び場所は家から近ければ近いほど利用が多い。公園は，住宅から５町（約550 m）以内に建設すべきだとしている。[49]また，大屋は，子どもの好む遊びは年齢や性別により異なっており，

(44) 末田ます・朝野文三郎編（1997），前掲書，45頁。
(45) 同上書，229-245頁。
(46) 同上書，140-141頁。
(47) 同上書，249-265頁。
(48) 大屋靈城（1933）「都市の児童遊場の研究」『園芸學會雜誌』第４巻第１号，22頁。
(49) 同上書，22-26頁。

幼少期には砂場やブランコなどの遊具が好まれるが，学童期になれば球技などにシフトし，複雑な遊具を使用する遊びは好まれないとしている。そのため，子どもの遊び場は，住宅の至近距離にある自由遊戯場と球技などができる指導的団体遊戯場の２種が必要であり，指導的団体遊戯場は，危険性もある複雑な遊具をおくよりも，一定の広ささえ確保しておけばよいとしている[50]。大屋の子どもの遊び場設計の主張をまとめると，「自由遊戯場」として自宅の前に庭（前庭）をつくることをまちづくりとして制度化し，年長の子ども向けには「指導的団体遊戯場」として，球技などを行うことが可能な広さがあるシンプルな小公園を設置すべきということである[51]。

また，大屋は，日本の子どもの体格が諸外国の子どもの体格に劣ることを述べ，遊具が子どもの体格におよぼす影響を研究し，選定に生かすべきであるとしている。そして，遊具の基準にまで言及している。例えば，ブランコの吊り部材は長さが５歳以下で８尺（約2.4 m），10歳までは10尺（約３m），大人であっても12尺（約3.6 m）以上は危険だと指摘し，適切な遊具を用いることの重要性を述べている。特に，遊び場の地面の素材についても，「弾力性に富み乾燥湿気の程度常に宜しきを保ち危険少なきもの[52]」としており，具体的にテニスコートのような粘土に少量の川砂を混ぜ固めたものが最良であると提案している。大屋は，東京と大阪の小学校の運動場の地面の調査もしているが，東京では明治時代からアスファルトが多用されていること（**図２-１**），自然土が最も多く，地面に対する研究が充分でない時代につくったことや経費の都合もあり，自然土となったのだろう，と指摘し（**図２-２**），興味深い事実が明らかにされている[53]。大屋は，この調査結果をふまえ，アスファルトや煉瓦自然土などの硬い素材は危険であり，テニスコートのような粘土が最も良く，改善する必要があることを強調している。

こういった大屋の指摘は，都市計画に関する調査のために１年間欧州に渡航

---

(50)　大屋靈城（1933），前掲書，48-53頁。
(51)　同上書，69-74頁。
(52)　同上書，67頁。
(53)　同上書，68頁。

図2－1　東京の小学校校庭の地面素材

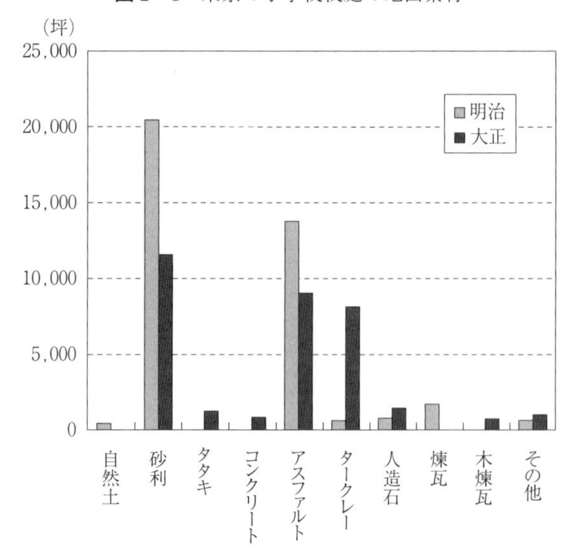

図2－2　大阪の小学校校庭の地面素材

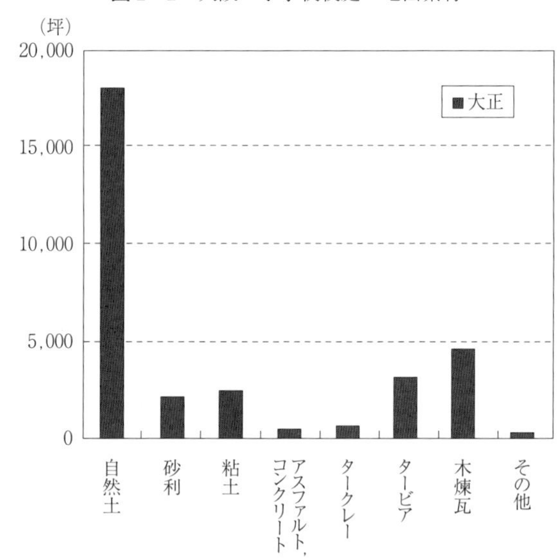

（注）「タークレー」「タービア」とは，1900年初頭頃に開発された道路舗装手法。アスファルトと類似のタークレーやタービアと称する液で路面を固めたもの。当時は，アスファルトが高価であったため道路舗装素材として開発されたようである。しかし，雨天の際にひどくぬかるむなどで撤退し，道路舗装はアスファルトに定着したようである（『大阪新報』1921年8月25日の記事より）。

（出所）大屋靈城（1933）「都市の児童遊場の研究」『園芸學會雜誌』第4巻第1号，68頁。

し，ドイツや英国の公園を見てきた経験が背景にあり，いずれも現代にも通じる的確なものである。大屋が指摘した遊具の安全規準や遊び場の地面の問題は，2002年に遊具の安全規準が我が国に誕生するまで75年も棚上げにされていただけに，大屋の先駆性は際立っているといえる。

(b)都市計画の一環としての児童公園

大正から昭和初期，近代国家としての発展を目指した我が国では，都市計画の一環としての公園づくりは量的な面では大幅な進捗を見ていた。しかし，その後の太平洋戦争と，その敗戦により国土は焦土と化し，量的に確保されていた公園の多くを，政府は消滅させてしまう。多くの公園が，食料確保のために農地に転用されたり軍事転用されたことに加え，公園管理体制の不備により多くの土地が開発業者に奪われるといった事態となったのである[54]。この苦い経験が，その後の公園管理の目的を財産管理強化に偏らせたともいわれている[55]。

太平洋戦争による荒廃からようやく復興の兆しが見え始める1950年代になり，再び，遊び場の整備が行われるようになった。

先に触れた *Environmental planning for children's play* には，日本の公園も紹介されており，東京都中央区の鉄砲州児童公園などの1960年代の様子が描かれている[56]。解説によると，平均200人，最高では400人もの子どもたちが，日々，鉄砲州公園で遊んでいたとある。「東京は，ロンドンやニューヨークと比較して，人口１人あたりの遊び場面積が20分の１しかなく，小さな公園で幼児も大きな子どもたちも全ての年代の子どもたちが，プレイリーダーや管理人のいない中で遊んでおり，親が要求する高いレベルの安全性を提供することが困難で

---

(54)　一例をあげると，敗戦により駐留軍に接収されていた虎ノ門公園が，一部解除された折に米国籍の自動車関連会社に４年の期限で貸し出されていた。期限が過ぎた後，用地還元先が大蔵省となるのか建設省となるのかで争いとなり，裁判の結果，大蔵省に国有財産として払い下げられ，公園として存続することができなくなった。公園の管理が法制度として脆弱だったことが一因とされ，「都市公園法」では公園が不当占拠などとならないために管理法制的性格が強いものとなった（申龍徹（2004a）「都市公園政策の歴史的変遷過程における『機能の社会化』と政策形成（3）」『法学志林』第101巻第２号，155-158頁）。

(55)　同上論文，160-161頁。

(56)　Bengtsson, Arvid (1970), *op. cit.*, pp. 102-103.

あることは明らかだ[57]」とも書かれており，欧米諸国に比べて，我が国の遊び場施策の貧弱さが指摘されていた。

戦後の公園整備を，その根拠となる法律とそれに基づく施策面から見てみると，まず1947（昭和22）年に「児童福祉法」が制定され，それに基づき児童遊園整備が行われている。子どものための遊び場は，都市計画としての位置づけと子どもの福祉としての位置づけという二つの側面があったことは前述したとおりだが，名称としては，都市計画に拠るものは「小公園」，遊戯指導者のいる教育的，福祉的意味合いの強いものは「児童遊園」と呼ばれていた。戦後，まず後者の児童遊園が，「児童福祉法」により厚生省の管轄に正式に組み入れられた。一方，都市計画としての小公園は，1956（昭和31）年の「都市公園法」の制定により，建設省管轄の児童公園として本格的な公園整備が始まる。

「都市公園法」は，1873（明治６）年の「太政官布達第16号」以来の83年ぶりの都市公園に関する単独法である。先に述べてきたような，公園の管理が法制度として脆弱だったことに起因した終戦直後の教訓から，都市公園の管理を明確にすることに重点がおかれ，従来の慣習的な公園管理から脱却させる基本的根拠となった。住民１人あたりの公園面積の標準（１人あたり６m^2）や公園の区分（９種類に分類）などが規定され，公園の管理者である地方公共団体が第三者に公園施設の設置や管理を代行させる場合の規定や工作物の占用の規定などが定められている。また，公園の新設・改築に要する費用の一部を補助する制度に関する規定も盛り込まれている。児童公園の設備に関する規定としては，「公園施設として少なくとも児童の遊戯に適する広場，植栽，ぶらんこ，すべり台，砂場，ベンチ及び便所を設けるものとする」（都市公園法第７条）と細かく規定されており，現在でも多くの公園にブランコ，すべり台，砂場が三点セットのように設置されているのはこれによる。

ところで，1960年代の半ばになると，戦災復興事業も進捗を見せ，東京オリンピック開催を目指し鉄道や道路，上下水道などのインフラ整備が急ピッチで進展していた。一方，公園はまだまだ立ち遅れた状態にあった[58]。実質的に公園

---

(57) Bengtsson, Arvid (1970), *op. cit.*, pp. 68-69.
(58) 申龍徹（2004a），前掲論文，163-164頁。

整備を行う地方自治体にとって，限りある財政の中，道路などのインフラに比べ公園整備はその優先度が高いとはいえず，予算的に後回しにされていた。都市化と立ち遅れた公園整備の狭間で，子どもの遊び場不足は深刻度を増していき，それを量的に補完していたのは，後述する厚生省による児童遊園への支援策である。

国として，都市公園の整備に本腰が入ったのは1972（昭和47）年のことで，「都市公園等整備緊急措置法」が施行され，都市公園の整備促進がようやく重点課題となった。同法により児童公園については，市街地人口１万人あたり３カ所を目標に，緊急整備することが求められ，具体的な目標値を得て児童公園の整備は着々と進められることとなった。

(c)児童福祉としての児童遊園

一方，子どもの福祉の充実を目的とした「児童福祉法」を根拠とした児童遊園は，その整備の目的も子どもの福祉であり，健全育成であった。都市計画の中に位置する児童公園とは，もともと趣旨が異なっている。戦後の混乱期には戦災孤児の処遇，復興期には都市化による子育て環境の悪化への対処が，子どもの福祉にとっては大きな課題であった。したがって，児童遊園は，保育所や児童養護施設などと同様の児童福祉施設の中の児童厚生施設などと同じ位置づけを与えられた。児童厚生施設とは「児童遊園，児童館等児童に健全な遊びを与えて，その健康を増進し，又は情操をゆたかにすることを目的とする施設とする」（第40条）と規定されている。また，翌年出された「児童福祉施設の設備及び運営に関する基準」（厚生省令第63号）により児童厚生施設の有する最低基準として，「児童遊園等屋外の児童厚生施設には，広場，遊具及び便所を設けること」（第37条），「児童厚生施設には，児童の遊びを指導する者を置かなければならない」（第38条），また，遊びの指導に関しても「児童厚生施設における遊びの指導は，児童の自主性，社会性及び創造性を高め，もつて地域における健全育成活動の助長を図るようこれを行うものとする」（第39条）などがあげられており，子どもの健全育成のために，子どもを指導することを目的とした施設であることが強調されている。

『厚生白書』によると，1956（昭和31）年時点では，児童遊園235カ所，児童館との併設27カ所，併せて全国に262カ所の児童遊園しかなく，数の少なさと同時に有効な運営ができていないと報告されている[59]。しかし，1958年には児童遊園設置に対して国庫から助成されるようになり，この年には全国210カ所に国庫補助金3500万円が支出されている[60]。この国庫補助により，児童遊園は爆発的に増加し，1965年には公立1294カ所，私立106カ所，計1400カ所となった。つまり，児童遊園は10年間で6倍になったのである[61]。『厚生白書』で，「都市への人口集中と交通事情の悪化，農村事情の変化などにより，特に適正な児童の遊び場が不足し，その設置普及は当面の急務である[62]」と報告されているように，*Environmental planning for children's play* でベンソンがレポートしている日本の貧弱な公園事情を厚生省も憂いており，児童遊園建設に力を注いでいたことがうかがえる。

児童遊園の設備面では，同年に，児童遊園設置に関する要綱[63]が出されている。そこに規定された児童遊園の標準的設備は，「遊具（ブランコ，砂場，滑り台及びジャングルジム等の設置）」「広場，ベンチ，便所，飲料水設備及びごみ入れ等」「柵及び照明設備」である。また，運営方法として，巡回の者も可としながらも児童厚生員の配置が必要だとされている。児童公園と比較すると，指定されている遊具などの設備面ではほとんど差異はないが，決定的な違いは児童厚生員という子どもの遊びを指導し，見守る大人の配置を求めている点である。

遊び場に見守りのための大人を配置するという制度は，事故防止という点からも非常に重要な対策である。欧米の場合，公園に監視員を配置している国はめずらしくない。米国では，主だった公園には管理事務所があり，公園直属の警官であるパーク・ポリスや公園運営や維持管理などを行うパーク・レンジャーが常駐している[64]。しかし，我が国の児童遊園にも児童厚生員といった監視や

---

(59) 厚生省（1956）『厚生白書』第1章第3節（http://www.mhlw.go.jp/toukei_hakusho/hakusho/kousei/1965/　2014年9月15日アクセス）。
(60) 厚生省（1959）『厚生白書』第2部各論3-3（ホームページアドレスは59と同じ）。
(61) 厚生省（1965）『厚生白書』第7章第2節（ホームページアドレスは59と同じ）。
(62) 同上資料。
(63) 「標準的児童遊園設置運営要綱」1965年3月26日付児育第8号厚生省児童家庭局育成課長通知。

指導を行う大人の配置が規定されていたということは，あまり知られておらず，現在でも児童遊園は各地に存続しているが，指導者のいる公園というものを寡聞にして知らない。

1964（昭和39）年２月20日に開催された第46回衆議院社会労働委員会における論議から，児童厚生員の配置状況も含め，当時の児童遊園の実態を垣間見ることができる。日本社会党の山口シヅエ（当時）と小林武治厚生大臣らとの間でやり取りされた児童遊園整備に関しての質疑応答を見てみる[65]。

1958（昭和33）年度から始まった児童遊園整備費国庫補助金は，初年度は192カ所に対して3500万円，以後，毎年3000万円前後の補助金が支出されていた。それを１カ所あたりに換算すれば，基本額は50万円になると小林が答弁している。それに対し山口は，「この行き届かない予算をもって数でこなしていらっしゃるおつもりですか，それとも内容の充実した現代の子供が喜んで完全に遊ぶ遊び場になさっていくか（以下略）」と，その補助金額で児童遊園の要件である遊具，ベンチ，便所，飲料水設備を設置し，児童厚生員の配置を求めることをどう考えるかと質している[66]。これに対し，厚生省児童局長は，児童遊園の目的は建設省の児童公園とは異なり，児童の住宅のごく近辺に小型の簡易なものをつくり，指導員や遊び相手等が適当に相手をするということを主眼にしている。また，大規模な児童遊園のモデルとして国立こどもの国[67]をつくっており，これをモデルに，本来児童の遊び場づくりの担い手である地方自治体が行っていくべき仕事だと，答弁している。国の意向としては，「大規模で設備の充実した遊び場」と，「子どもの住宅に密接した指導員のいる小さな遊び場」

---

(64) 大坪龍太（2002a）「ニューヨークの公園における安全・防犯対策の実態：リスクマネジメントによる３つの視点」『公園緑地』第63巻第３号，２-31頁。

(65) 1964年２月20日第46回衆議院社会労働委員会第11号答弁（http://kokkai.ndl.go.jp/SENTAKU/syugiin/046/0188/04602200188011c.html　2014年９月17日アクセス）。

(66) 資料（近藤公夫・樽野美代子・山崎祥枝（1970）「大規模児童遊園の利用実態調査について：大阪府住ノ江公園における調査研究」『造園雑誌』第33巻第２号，44頁）によれば，施設工費は遊具類で１基40万円，砂場360万円，休舎120万円となっている。

(67) 横浜市に，1959年の当時の皇太子（今上天皇）の成婚を記念して，主に，国費と民間からの寄贈により整備し，1965年５月５日（こどもの日）に開園した児童の健全育成を目的にした日本の総合的な児童厚生施設。

という2本立ての遊び場づくりをイメージしているが，その誘い水として地方補助金を出しているに過ぎず，実際に設計開発し，維持管理していくのは地方自治体の仕事だということである。

山口は，さらに，児童遊園の特徴だと児童局長が述べた児童厚生員の配置状況についても言及している。児童局長は，現状は専任の児童厚生員は全国に50数名，5％に過ぎないが，それを補うために，他の職と兼任させるか民生委員等への委託という手段を使っていると答弁している。これに対し，山口はいくつかの事故事例をあげ，事故防止という意味でも指導員の必要性は大きいため，予算を増やし児童厚生員の配置を増やすべきだと指摘している。さらに，この年，新規事業として児童用プール設置を推奨するために2000万円の予算をつけているが，監視員なしでのプール遊びはなおさら危険性が高いとの懸念を訴え，むしろその予算を児童厚生員配置にあてるべきだと述べている。それに対し，厚生大臣は何か起きたときの責任は第一義的には地方自治体の管理者にあり，補助金がなければやらないという態度ではいけない，というに留まっている。

児童遊園に，児童厚生員が現実に配置されていたのはごく一部に過ぎないことは明らかである。それを匂わす文章は白書にもあり[68]，指導員を補う手段として，児童館利用者の組織化を助成し，育成していた子ども会や母親クラブ[69]といった地域の民間団体の力を活用しようというのが，当時の厚生省の構想であったと思われる[70]。なお，母親クラブによる公園の点検活動は現在でも続いている[71]。

このように，1970年代初頭には，児童公園と児童遊園を合わせれば，数の上では子どもの遊び場は多く開設され，一定の評価は得ている。しかし，先にも

---

(68) 厚生省（1964）『厚生白書』第2部第8章第1節に，「児童遊園の場合には，巡回または兼任でよいこととなっているので，児童厚生員の活動が名目的に流れる欠点を有するのが問題である」とある（http://www.mhlw.go.jp/toukei_hakusho/hakusho/kousei/1965/　2014年9月15日アクセス）。

(69) 母親クラブとは，全国地域活動連絡協議会（旧全国母親クラブ連絡協議会）の名称で，全国3000クラブに約10万人以上の会員が所属し，多くのクラブが児童館を活動拠点としながら，児童健全育成分野で唯一国庫補助制度を受けて活動する地域ボランティア組織。

(70) 厚生省（1965），前掲資料。

(71) みらい子育てネット（母親クラブと全国地域活動連絡協議会）ホームページ（http://www.hahaoya-club.ne.jp/about.php　2014年11月12日アクセス）。

述べたように，国の都市公園施策は，量的拡大を第一目的とし，管理に関しては公有財産である公園をけっして不法占拠されたり転用されたりすることのないように厳格な財産管理が重視されており，子どもの安全への視点はそこには欠けている。子どもの福祉施策としての児童遊園の方も，安全な利用のための規定はなく，事故防止に有効である見守り要員の配置も，法律に明記してあるにもかかわらず実現していない。

(d)1990年代：都市公園法改正以降

1993（平成5）年には，「都市公園法」が改正され，児童公園という名称が街区公園となっている。これは，少子高齢化に伴い，公園の利用を子どものみに限定せず多様なものにしていこうとしたものである。そのため，「ぶらんこ，すべり台，砂場」という遊具の設置規定も廃止されている。また，この改正でも，遊具などの設備に関する保守点検などの規定が盛り込まれることはなかった。

もっとも，先の厚生大臣の発言にあるように，公園の設計開設と保守管理は，国ではなく地方自治体などが独自に実施することとなっている。自治体毎に，公園条例を定め，公園の設置や運営，保守管理を実施すべきものとされている。しかし，1998年に，東京都生活文化局消費生活部により東京都，及び政令指定都市の幼稚園・保育所を管轄する部署に対して実施されたアンケート調査（72部署のうち60部署から回答あり）によれば，遊具類の購入・設置に関して安全基準[72]を設けているのは9部署（15.0%）に過ぎず（**図2-4**），うち自治体独自の基準を作成しているのは3部署のみである。安全点検・整備実施の際の目安とする安全基準を持っているのは9部署（15.0%）（**図2-6**），うち自治体独自の基準を作成しているのは2部署に留まっている。購入・設置に際して安全基準が必要であるか否かという認識に関しては，国のガイドラインを求めるものが23部署（38.3%），安全点検・整備に関する基準については，全国統一基準を求めるものが27部署（45.0%）となっている[73]。また，遊具類に関わる事故につい

(72)　当時は安全「基準」と表記していた。

(73)　東京都生活文化局消費生活部（1998）「遊具類の安全性確保に関する国内外の制度調査」8-20頁。

図２－３　遊具購入・設置に関しての安全基準の作成者

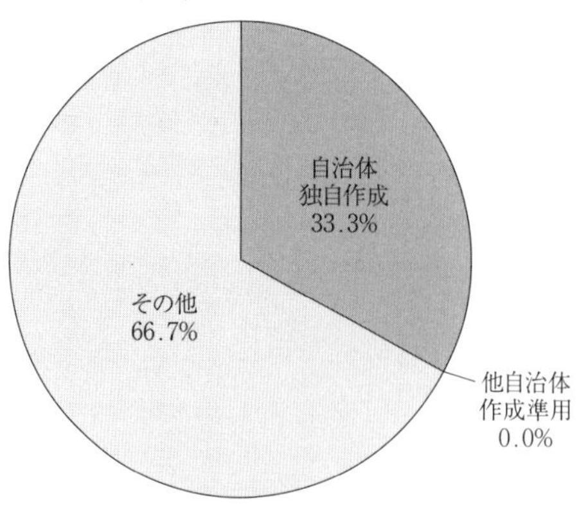

（出所）　東京都生活文化局消費生活部（1998）「遊具類の安全性確保に関する国内外の制度調査」８-20頁。

図２－４　遊具購入・設置に関しての安全基準の有無

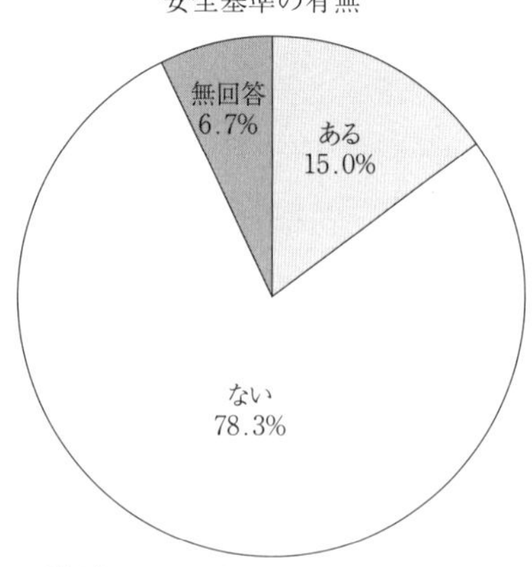

（出所）　図２－３と同じ。

図２－５　遊具購入・設置に関しての安全基準の必要性

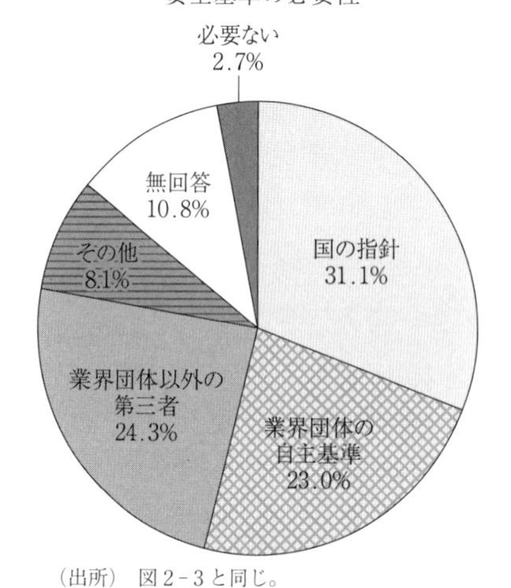

（出所）　図２－３と同じ。

図２－６　安全点検・整備等に関しての安全基準の有無

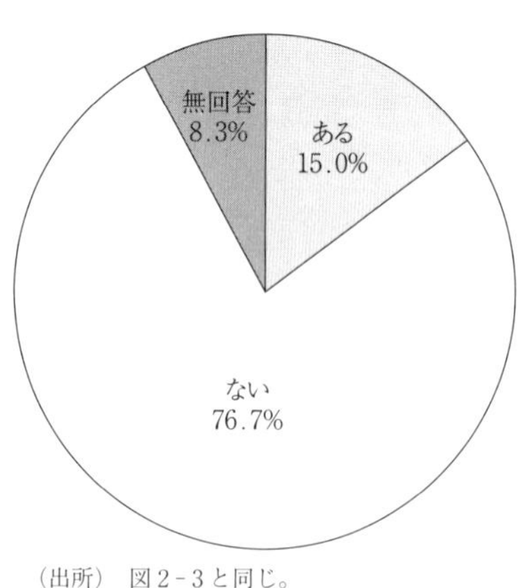

（出所）　図２－３と同じ。

ての情報収集担当部署の有無は，「ある」と答えているのは17部署（28.3％）（**図２－９**），安全性を評価する委員会組織の有無は，「ある」が２部署（3.3％）でしかない（**図２－10**）。

管理者と利用者が，都市公園に比べて限定されており，比較的管理の容易な幼稚園・保育所ですら上記の結果である。つまり，遊具というのは，安全規準

図2-7　安全点検・整備等に関しての安全基準作成者

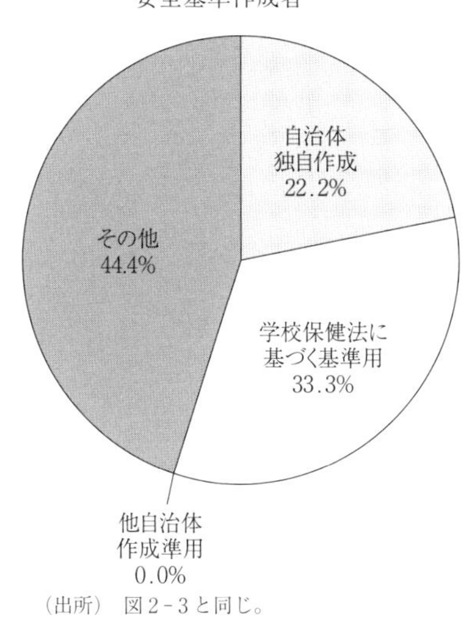

（出所）　図2-3と同じ。

図2-8　安全点検・整備等に関しての安全基準の必要性

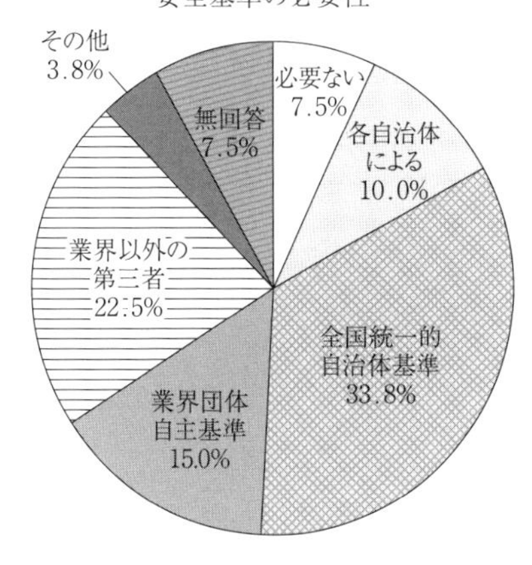

（出所）　図2-3と同じ。

図2-9　遊具類の事故情報収集担当部署の有無

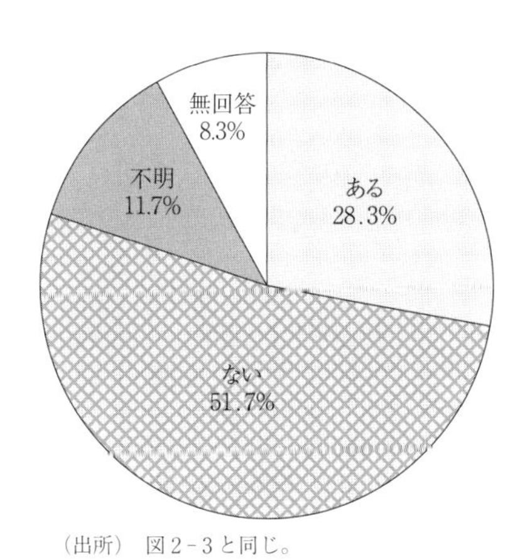

（出所）　図2-3と同じ。

図2-10　遊具類の安全性を評価する委員会の有無

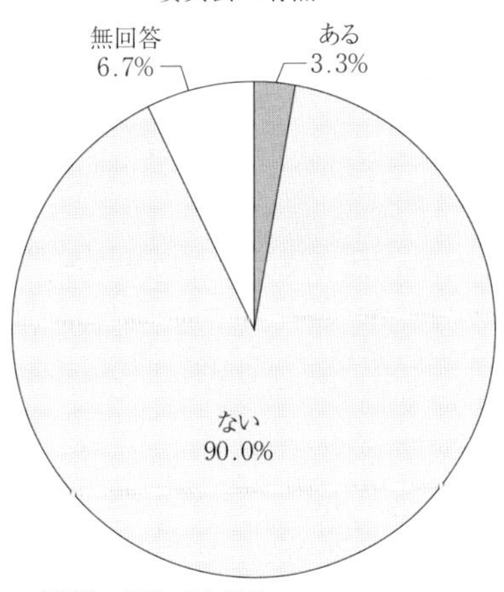

（出所）　図2-3と同じ。

や保守管理の規定もないために，安全に製造されているという検証もなく，一旦設置されれば，充分な維持管理がされなかったとしても，問題とされることはなかった。そうして，たとえ死亡事故が起きていても，その記録すら残されていないという状況が長く続いていたのである。

（2） 遊び場の安全をめぐる国際的動向と取り残された日本

①1995年と1999年の国際遊び場安全会議：世界の安全規準のターニングポイント

子どもの遊び場の来歴を振り返ると，欧米各国では，1940年代にその整備が始まり，1970年代から遊具による事故の調査研究がスタートし，1980年代初めには遊具の安全規準が整備されている。一方，我が国では，1970年代になっても遊び場の拡張に手一杯で，安全への関心は希薄であった。

我が国で遊具の安全規準が誕生するのは2002年を待たねばならず，欧米とのタイムラグは20年にもなる。この20年間で，欧米では，安全規準や規格の功罪を体験し，それぞれの文化や価値観を背景に試行錯誤を繰り返しつつ，さらに国際規格化への道を模索していた。そういう意味で，大きなターニングポイントとなっているのは，1995（平成7）年と1999（平成11）年に米国で開催された国際遊び場安全会議（Playground Safety：An International Conference）である。

この二つの会議は，米国の呼びかけで，世界各国の遊び場関連の研究者や実践者が一堂に会した国際フォーラムである。両会議とも，参加した各国の研究者や実務担当者の発表原稿がプロシーディングとして残されており，また，日本人で唯一両方の会議に参加した大坪龍太が当時の模様を様々な論考で紹介している。併せて今回，本書執筆にあたって大坪へのインタビューを実施し，当時の話をヒアリングした[(74)]。これらのプロシーディングと論考，ならびにインタビューの結果を交え，国際的な会議における議論の変遷について以下に概観する。

1995年の第1回国際遊び場安全会議には，欧米を中心に23カ国から200名以上の参加があった。「子どもの安全には境界はない」と題した基調講演で，CPSC委員長のアン・ブラウン（Ann Brown）は，「会議の目的は，消費者製品の安全を維持し，確かなものとしつつ，安全規準の国際的な調和を図る方法を見つけることである」と述べており，遊具の安全規準の国際統一化を強く意識する米国の意気込みが表れている[(75)]。

---

(74) 2012年8月21日，関西大学高槻ミューズキャンパスにて実施。

(75) Brown, Ann (1995), “Child safety has no boundaries,” *Playground Safety — Proceeding of the 1995 International Conference*, pp. 1–5.

また，CPSC 指針開発の中心人物だったフランシス・ウォーレック（Frances Wallach）も，「所属している国や文化がどうであれ，子どもたちの安全が一番である」，「楽しい経験をすることに喜びを感じることは，万国共通の遊びの成果である」，「世界のどこにいても，子どもの遊びとその便益が同じならば，なぜ，策定された国によって安全規準が違うのか」などと，世界中の子どもたちにより安全な遊び場を提供するために，遊具の安全規準の国際統一化が必要であると，強く訴えている[76]。

プロシーディングには，英国，ドイツ，フランス，オランダ，カナダなど多くの国々から安全規準や事故調査の報告が寄稿されており，また，会議では，当時の遊び場に対する各国の最先端の情報を持ち寄り，活発に議論されたことがうかがわれる。その結果，この会議は，同時に，主催国である米国とは微妙に異なる，他国の遊び場の安全確保への考え方をもあぶり出すことになる。

欧州統一規格策定委員長であるドイツのユリアン・リヒター（Julian Richter）は，策定中の欧州統一規格の内容について言及している。彼がそこで繰り返し語っているのは，遊びの価値の重要性であり，子どもは自らを守る能力を有した存在であるという子ども観である。彼は，「子どもにとっての重要性から評価し，一にも二にも遊びの価値があり，その上で，場合によれば安全を気にかければいい」と示唆に富む指摘を行っている[77]。ここから，欧州，とりわけドイツと米国は，遊具に対する姿勢が根本的に異なっていたことが推認される。

国際統一規格を目指した会議にもかかわらず，蓋を開けてみれば，その主導権を争う欧州と米国の両者の安全に対する考え方の乖離はきわめて大きかったということがいえるだろう。この会議に参加し，リヒターとウォーレックとの議論を聞いていた大坪は，その溝の深さを痛感したと語っている[78]。

４年後の1999年には，第１回と同様に，再び米国の呼びかけで２回目の国際

(76) Wallach, Frances (1995), "A global view of playground safety," *Playground Safety — Proceeding of the 1995 International Conference*, pp. 176-177.
(77) Richter, Julian (1995), "Indications to playground planning," *Playground Safety — Proceeding of the 1995 International Conference*, pp. 139-142.
(78) 2012年８月21日，本人へのインタビューによる。

会議が開催されている。

この1995年から1999年の4年間で，欧州では1998（平成10）年に統一規格EN1176-1177を誕生させており，米国でも行き過ぎた安全志向を修正しようという動きが起こっていた。第1回会議では「子どもにとって安全が第一」と強調していたウォーレックも，第2回会議に寄せた論考では，彼女自身の方から大きく歩み寄るかのごとき記述をしている。すなわち，先に示したリヒターの「可能な限り遊びの価値は必要であるが，一方で，安全は必要な分だけでいい」という趣旨の言葉に対して，ウォーレックは，「リヒターは核心をついていた。過去にどうだったかも含めて，安全の本当の意味するところに気づくことが課題である[79]」とのフレーズである。

さらに，彼女の論考には，1970年代から30年近く米国の安全な遊び場の実現に関与してきた過程でのジレンマが次のように語られている。すなわち，「1970年代に，社会の方向性が変わった。何が安全で何が安全でないかという概念も同様である。それは，あたかも，庭に植物を植えているときに，植えていた種の種類を変えてしまうようなものだ[80]」といい，非常に厳しい訴訟社会である米国では，子どもを守るためにつくった安全指針が，訴訟の根拠となり，訴訟を増加させたという現状への忸怩たる思いを述べている。

彼女はまた，1970年代以前の遊び場やそこでの事故に関しても，以下のように記述している。「遊具は硬い金属や木製であり，滑り台も14〜16 feet（4〜5 m弱），ブランコは12 feet（3.6 m）の高さで，巨大な登はん遊具があり，しかも設置面はアスファルトが推奨されていた[81]」。そのような遊び場で子ども時代を過ごした彼女は，「ブランコから転落して腕を骨折したときには，自己管理ができていないと母親に叩かれた[82]」という経験をあげ，「公園に一人で行き遊ぶことができる年齢なら怪我は自己責任とされ，訴訟などあり得なかった[83]」と

---

(79) Wallach, Frances (1999), "The flowering of playground safety," *Playground Safety 1999 — An International Conference.*（ページ番号の記載なし：Wallachのページの2-3頁目）。

(80) *Ibid.*,（ページ番号の記載なし：Wallachのページの4頁目）。

(81) *Ibid.*,（ページ番号の記載なし：Wallachのページの3頁目）。

(82) *Ibid.*,（ページ番号の記載なし：Wallachのページの4頁目）。

述べている。そういう状況を，弁護士といった学問領域の人たち（realm of doctors）は関心すら示さなかったとも振り返る[84]。

彼女は，そのような1970年代の遊び場を憂いており，それを改善するためにCPSC 指針の策定に尽力したという自負と共に，それが思わぬ結果となったことへのジレンマを吐露しているのだろう。しかし，それでも，彼女は，子どもたちの致命的な怪我の軽減にCPSC 指針が貢献したことは間違いないとも述べ，世界統一規格の必要性を主張している[85]。

しかしながら，世界規準策定を視野に入れた米国の意気込みとは裏腹に，自らの欧州統一規格を作成したばかりの欧州諸国は冷めていたと大坪はいう[86]。世界統一規格の策定という目標を掲げて開催された国際会議であったが，この1999年の第２回以降は，再び開催されることはなく，世界統一規格は実現していない。

②国際遊び場安全会議が開催されていた頃の我が国の遊び場：箱ブランコ事故の波紋

1995年と1999年に２度の国際会議が開催されていたちょうど同じ頃，安全に関してはほとんど無策であった我が国では，遊具による重大事故が発生し，それをきっかけに，遊具の安全性に関して社会的な関心が集まり始めていた。

発端となったのは，1997（平成９）年に神奈川県藤沢市の児童公園で発生した，小学３年生女児の重症事故であった。女児が友だちと，別の友だち数人を乗せた箱ブランコ[87]を両背後から押し合っていたところ，転倒し，そこへ振り戻ったブランコ本体が激突し大腿骨を骨折した[88]。偶然にも，この数日後に，同じ病室にほぼ同じ態様により大腿骨を骨折した女児が入院してきた。この偶然により，箱ブランコの安全性に疑問を持った彼女の両親らが，翌年，遊具メーカ

---

(83) Wallach, Frances (1999), *op. cit.*.（ページ番号の記載なし：Wallach のページの４頁目）。

(84) *Ibid.*,（ページ番号の記載なし：Wallach のページの３-４頁目）。

(85) *Ibid.*,（ページ番号の記載なし：Wallach のページの７-９頁目）。

(86) 2012年８月21日，本人へのインタビューによる。

(87) 箱ブランコとは，複数乗りの大型ブランコ。スチール製で揺動部分だけで90 kg 程度の重量がある。次節に詳細な事故データあり。

(88) 箱ブランコ裁判を考える会編（2004）『危ない箱ブランコはかたづけて!!　：原告は９歳』現代書館，21-25頁。

ーと設置責任者である藤沢市に対し，事故の原因はブランコの構造的な欠陥であるとして損害賠償を求める民事裁判を起こしたのである[89]。結果的に，この裁判は一審では勝訴したものの，二審で逆転敗訴し，最高裁に上告するも棄却され，2003（平成15）年に敗訴が確定している[90]。しかし，5年の裁判過程で，原告側の地道な調査により，全国各地で発生する箱ブランコによる事故のデータが掘り起こされ，また，1999年から2000（平成12）年に立て続けに4件の死亡事故が発生するという事態となり，国会議員やマスコミの関心を集めることとなった。そういった経過を経て，2002（平成14）年に我が国で最初の遊具の安全に関する指針である「都市公園における遊具の安全確保に関する指針」が国土交通省から出されている。

先に述べた第2回国際遊び場安全会議が開催されていた1999年は，上記の箱ブランコ裁判の最中であり，ようやく我が国でも遊具の安全規準の必要性が社会の関心を集めつつあった時期である。公園には，20年近く前に設置されたきり充分な管理もされていない劣悪な遊具で溢れていた[91]。ちょうどウォーレックが先の論文で描写した1970年代の米国の遊び場のような状況である。事故の原因を子どもの不注意だと見なす風潮も，この時代の日本と類似している[92]。

安全対策という面では大きく遅れていた日本から，第2回国際遊び場安全会議には，大坪と共に国土交通省の安全指針策定調査検討委員である荻須隆雄や遊具メーカー団体である日本公園施設業協会の理事らも参加している。彼らが，国際規格化までを強く意識した欧米諸国の実情を目のあたりにし，大きな影響を受けたことは容易に想像できる。遊びの価値を重視し，子どもの成長の糧となるリスクをいかに残すかという欧州の考え方と，重篤な事故を減らすためにハザードを特定し適切な対処を行っていくべきであるという米国の考え方のせ

---

(89) 箱ブランコ裁判を考える会編（2004）前掲書，68-72頁。

(90) 同上書，125-127頁。

(91) 1998年建設省都市局公園緑地課の依頼により，全国の1802の地方自治体が9万2944カ所の公園の遊具の調査を実施している。次節に詳細あり。

(92) 筆者が，1999年に箱ブランコで重大事故があった静岡県内の複数の公園管理者に電話による聞き取り調査をしたところ，全員が「子どもの遊び方が悪かったために起きた事故であり，市に瑕疵はない」という返答であった（松野敬子（1999）「『安全』ブランコに殺される」『金曜日』第7巻第24号，52-53頁）。

図2-11　遊具の安全規準に関する国際的な変遷

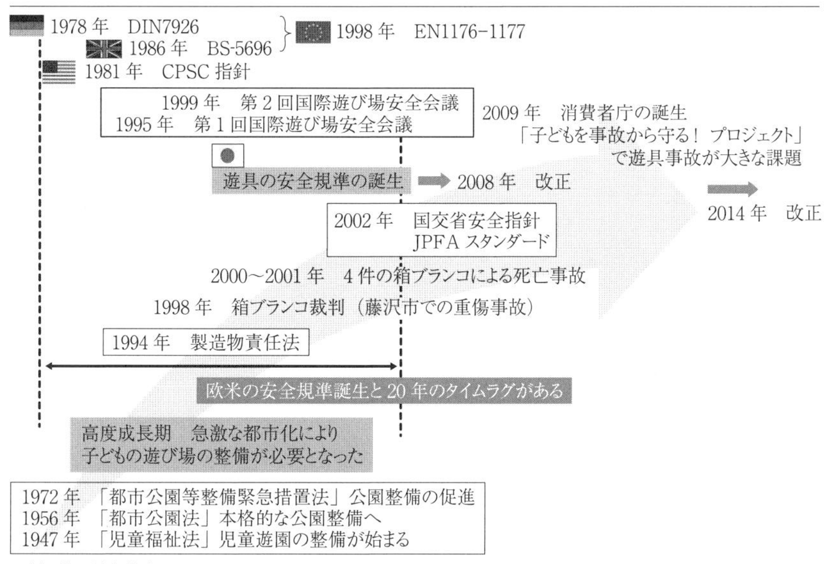

（出所）筆者作成。

めぎあいがあり，その中で分のあったのが，遊びの価値重視の欧州である。そのような国際的な方向性を感じ取り，安全に行き過ぎてはいけない，との教訓を得たことも想像に難くない。それが2002年にようやく策定・公表された我が国の安全規準に大きな影響を与えている。

以上のような変遷を経て，世界及び日本に遊具の安全規準が誕生している。それを図解したものが**図2-11**である。

第2節　日本の安全規準の位置づけと課題

（1）安全規準の概観と課題

①安全規準の法的位置づけ・対象・理念

「都市公園において子どもにとって安全な遊び場を確保するため，子どもが遊びを通して心身の発育発達や自主性，創造性，社会性などを身につけてゆく『遊びの価値』を尊重しつつ，子どもの遊戯施設の利用における安全確保に関して，公園管理者が配慮すべき事項を示すものである[93]」。

2002年３月，国土交通省から「都市公園における遊具の安全確保に関する指針」（以下，国交省安全指針と記載する）が出された。上記は，その「まえがき」に記された文言である。ごく当たり前のことが書かれているが，日本の政府が，「子どもにとって遊びは大切で，そのための遊具の安全確保に配慮すべきだ」と初めて明文化したという意味で画期的な一文である。

この指針の法的根拠を確認しておくと，「都市公園法施行令」第７条を踏まえ，「都市公園法」第31条に規定されている。国による都市公園の行政及び技術に関する助言の一環として，都市公園の遊戯施設のうち，主として子どもの遊びに供することを目的としたものの安全確保に関して，配慮すべき項目を示したものである[94]。したがって，この指針が対象とする「都市公園」とは，「都市公園法」第２条に規定された都市公園ということになる。しかし，都市公園以外の遊具の設置場所である児童遊園，保育所などを所管する厚生労働省，幼稚園・小学校などを所管する文部科学省の各担当課宛にも通知され，省庁の壁を越えて遊具全般に適応されるべく周知徹底が図られている。一方，本指針が対象外としているのは，健康や体力の保持増進などを目的としたフィールドアスレチックコースなど，及び管理者などが常駐し施設の管理だけでなく遊びを指導し見守っている遊び場（具体的には冒険遊び場）である[95]。

国交省安全指針は，遊具の規格などに関する具体的な数値を盛り込んだものではなく，あくまでも遊び場の安全はどのように確保するべきかという基本理念を示したものである。そのため，これを補完する目的で，同年10月に，日本公園施設業協会（JPFA）により，遊具の安全確保のための数値規準を示した「遊具の安全に関する規準（案）」（以下，JPFA-S：2002と記載する）が公表されている。この二つをセットとして，我が国における遊具の安全規準の誕生とい

---

(93) 国土交通省（2002）「都市公園における遊具の安全確保に関する指針（解説版）」１頁。
(94) 同上資料，１頁。
(95) 同上資料，２頁。

表2-1　国交省安全指針で用いられるリスクとハザードの解釈

リスク	遊びの楽しみの要素で冒険や挑戦の対象となり，子どもの発達にとって必要な危険性は遊びの価値のひとつである。子どもは小さなリスクへの対応を学ぶことで経験的に危険を予測し，事故を回避できるようになる。また，子どもが危険を予測し，どのように対処すれば良いか判断可能な危険性もリスクであり，子どもが危険を分かっていて行うことは，リスクへの挑戦である。
ハザード	遊びが持っている冒険や挑戦といった遊びの価値とは関係のないところで事故を発生させるおそれのある危険性である。また，子どもが予測できず，どのように対処すれば良いか判断不可能な危険性もハザードであり，子どもが危険を分からずに行うことは，リスクへの挑戦とはならない。

（出所）　国土交通省（2002）「都市公園における遊具の安全確保に関する指針（解説版）」7頁。

われている。

ただし，JPFA-S：2002に関しては，日本公園施設業協会は国土交通省を主務官庁とした公益法人ではあるが一民間団体に過ぎないため，国交省安全指針ほど周知徹底されてはいない。会員以外にも販売はしているが，協会自身も「数値規準は基本的には会員のために作成したもの」という見解で，規準の解説にも「この規準（案）は，JPFA が会員企業のために策定したものを一般にも公開するものであって，会員企業とその技術者以外への適用を義務付けるものではない。このため，会員企業とその技術者以外の遊具の管理者や利用者などが本規準（案）を利用する場合は，それぞれの判断や責任において，これを利用されたい[96]」と書かれている。数値規準といいながら，これを守ることは任意であるといっているに等しい。

さて，国交省安全指針の理念に戻る。指針は，遊びの価値の重要性と安全確保の責任を示した後，遊びの価値を尊重しつつ遊具での事故を防いでいくためとして，「子どもの遊びにおける危険性を，リスクとハザードという2種類の危険に区分することが重要である」と続く。リスクとハザードの意味は，**表2-1**のように解説されている。つまり，リスクは，「遊びの価値として尊重するために，取り除いてはいけない危険」であり，ハザードは，「子どもが気付かない隠された危険であり，取り除かなければいけない危険」と区分している。

同様の記述は，JPFA-S：2002の第4章一般規定の1項目「遊具の安全に対

(96)　日本公園施設業協会（2002）「遊具の安全に関する規準（案）JPFA-S：2002」5頁。

する基本的な考え方」の中にも認められる。このことは，我が国の遊具の安全規準において，危険を「リスクとハザード」という２種類に区分することが，用語として規定されたことを意味している。これが契機となり，様々な遊具の安全に関する論文やレポート，公的な通達や報告書の中で，この用語が頻繁に使われるようになった。

さらに，指針の誕生から13年を経て，今や，遊びの世界では，この用法がある意味で「常識」のように扱われている感もある。例えば，子どもの遊びの支援者の養成を目的としたプレイワーカー研修のテキストには，「一口に危険といっても，危険にはリスクとハザードの２種がある。リスクは予見可能つまり学習が可能なもので，ハザードは予見不可能つまり学習ができない危険をさす。ハザードはあってはならない危険であり，考えうるあらゆる手を打ち排除する必要がある。しかし，リスクは冒険や挑戦には欠かせない遊びの重要な要素であり，極力残さなければならない[97]」というフレーズがある。つまり，リスクとハザートは，我が国では用語法の域を超え，遊びと危険を規定するいわば公理となっているといってもいいだろう。

しかしながら，リスクとハザードをこういった意味あいに用いる例は他にはなく，遊びに関連した文脈のみに通用する特異な用法である。ある特定の分野にのみ用いられる言葉や，その概念というものが存在することはあるが，かくも基礎的な用語において，他の分野との間に微妙にずれが生じていることは適切なことであろうか。その是非はともかくとしても，少なくとも，何故そのような使われ方となったかを検証することは必要であろう。

② risk と hazard の語源

リスク（risk）という言葉は，今日では，一般的にもなじみのある用語であり，日常的にも様々に用いられている。しかし，カタカナ語にありがちなことではあるが，それがいったい何を意味するのかについては曖昧さが残っている。一方，ハザード（hazard）も，「ハザードランプ」や「ハザードマップ」というような使われ方はあるが，一般的にはそれほど浸透しておらず，その意味も

---

(97) プレイワーク研究会（2011）『子どもの「遊ぶ」を支える大人の役割：プレイワーク研修テキスト』こども未来財団，12頁。

曖昧である。これらの言葉を『大辞泉』で見てみると，共に「危険」となっている。しかし，英語の risk と hazard は，明らかに使い分けがされている。例えば，*Oxford Advanced Learner's Dictionary* では，risk は “the possibility of something bad happening at some time in the future”[98]とされ，また hazard は “a thing that can be dangerous or cause damage”[99]と使い分けられている。これらの語の違いを，辛島恵美子は語源をたどり，次のように巧みに明らかにしている。

すなわち，risk は，「歴史的には海事保険時，その他保険契約時に保険会社側の損得計算問題の中で発生した言葉であり，現代でも保険用語として“事故発生の可能性”の意味で使われることが多い。そのため保険金，保険金額，危険率を指すこともあり，一般語としては損失の可能性，危険，冒険，賭けの意味として使っている[100]」とし，その特徴として，「ただの危険より冒険という捉え方の方がその特徴を言い当てている[101]」とする。そしてさらに，「その最悪の事態を回避ないしは上手に乗り切ろうとの発想につながりやすい[102]」としている。

一方，hazard の語源は，サイコロ賭博を指していたといい，「賭けとは結果を予知できないままに結果に期待し，本来は金，転じていのちを賭けるとか，成否を賭けるとかの決断をすることであり，二義性の根本原因とみなされることになる。生起確率に関心が向かったり，危険と認識する直接的な根拠の物事のみを指して危険の事情とか危険の原因などと訳されることになっている[103]」という。

そもそも，「危険」と表現されてきたことを「リスク」や「ハザード」と区別するようになった意図があるはずである。それは，日本語の「危険」に内包される意味が広いということである。一語一語に意味を持つ漢字は，「危」や

---

(98) Hornby, Albert Sydney (2010), *Oxford advanced learner's dictionary of current English* (New 8th ed. edn.: Oxford University Press), xii, p. 1323.

(99) *Ibid.*, p. 715.

(100) 辛島恵美子（2010）「社会安全学構築のための安全関連概念の再検討」『社会安全学研究』創刊号，163-164頁。

(101) 同上論文，164頁。

(102) 同上論文，164頁。

(103) 同上論文，164頁。

「険」の成り立ちまでたどると，それぞれに「厂（がけ）＋上と下に人のしゃがんださま」であったり，「多くの物をつないで頂点に集めたさま」など情景を表現し，その組み合わせである漢語「危険」は，さらに多くの意味を内包する言葉となる[104]。つまり，「危険」という言葉では意味が広すぎて曖昧になることが避けられないため，「リスク」や「ハザード」といった言葉での表現の必要性が生じたのである。そうであるなら，その意味の違いを明確に区別し，使用していかなければ区別する意味をなさないばかりか，問題解決に大きな支障をきたすことになる。そのため，様々な規格には，リスクやハザードなど各言葉の定義が明確に記されている。

③製品安全分野と組織リスクにおけるリスクとハザードの定義

それでは，リスクとハザードが，国際規格の中では，どのように定義されているのかを確認しておく。

製品安全の分野における，リスクとハザードの定義は，ISO/IEC Guide51 “Safety aspects —— Guidelines for their inclusion in standards” に示されている。このガイドラインは，1990年に製品の安全性の確保のため，機械類の安全規格作成機関に対し示されたものである。その後，1999年に改訂版が出され，我が国ではJIS Z 8051「安全側面——規格への導入指針」として，ほぼ同じ内容のものが2004年に発行されている。ここでhazardは，“potential source of harm”，JIS Z 8051では「危害の潜在的な源」と翻訳されている。備考として，「感電のハザード」「切断のハザード」などと用いることもできるとあるように，ハザードとは何らかの傷害をおこす原因となる「もの」や「状況」だといえる。製品事故の例で考えてみると，我が国で重大事故件数の上位を占めるのは，電気製品，ガス機器，石油機器[105]であるが，これらの製品はエネルギーを発するものであり，エネルギーがハザードにあたる。

一方，risk は，“Combination of the probability of occurrence of harm and

(104) 辛島恵美子（2010），前掲論文，162-163頁。
(105) 製品評価技術基盤機構（2013）「平成24年度事故情報収集調査結果について——事故調査結果からみえる製品事故動向（暫定版）」（http://www.nite.go.jp/jiko/seika/2013/pdf/2013_1.pdf　2014年11月1日アクセス）。

the severity of that harm", JIS Z 8051では「危害の発生確率及びその危害の重大さの組合せ」と翻訳されている。つまり，リスクとは，危害（harm＝人が受ける物理的傷害・健康障害・財産や環境が受ける害）がどれくらいの頻度で発生するのかと，発生した場合の重大さを組み合わせたものであり，ハザードのような「もの」や「状況」といったものではなく，ハザードが実際に危害をおよぼすかどうかの可能性を指すものである。ちなみに，このGuide51と併せてつくられた子どもに特化した安全指針であるGuide50においても，riskとhazardの定義は同じである。

組織のリスクを扱うことを目的とした国際規格ISO31000の用語集であるISO Guide73：2009 "Risk management-Vocabulary" による定義では，hazardは，"source of potential harm", 日本語訳のJIS Q 0073では，「潜在的な危害の源」となる。これは，Guide51の定義とほぼ同義である。

一方，riskは，"effect of uncertainty on objectives（目的に対する不確かさの影響）" となる。この定義は，2010年に公表されたISO31000からのもので，以前のISO/IEC Guide73：2002では，"The combination of the probability of an event and its consequence（事象の発生確率と事象の結果の組み合わせ）" となっていた。"consequence（結果）" が" effect（影響）" とされたのは，「結果」のみならず，好ましい方向へでも好ましくない方向へでも乖離することによる「影響」に焦点をあてた，つまり，組織の目的達成に与える影響全てをリスクだと定義し，リスクマネジメントの対象とするものだと解説されている。[106] リスクの本質として，悪い影響だけではなく良い影響をより強く意識したことがうかがわれる。

以上のことから，少なくとも，製品安全やリスクマネジメントの国際規格において定義されているリスクとハザードと，日本の遊具の安全規準でのそれとは，全く異なるものであることは明らかである。**図2-12**，**図2-13**，**図2-14**にそれぞれのリスクとハザードの関係を表したが，二つの国際規格で定義される意味合いにおいてのリスクとハザードは，言葉の質的意味において異なっており，「危険」の異なる姿として並列に並べることはできない。

---

(106)　小林誠（2010）「全体的リスクマネジメント（Enterprise Risk Management）に関する国際規格―― ISO31000の概要（第二回）」『企業リスクインフォ』2009特別号第2巻，2頁。

図 2-12　ISO/IEC Guide51 でのリスクとハザードの定義

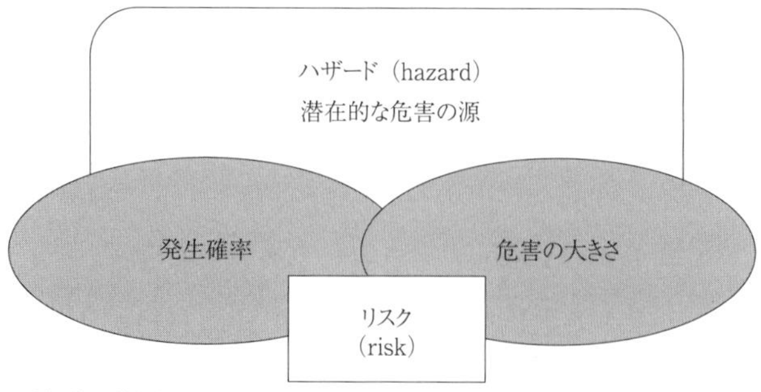

（出所）　筆者作成。

図 2-13　ISO Guide73 でのリスクとハザードの定義

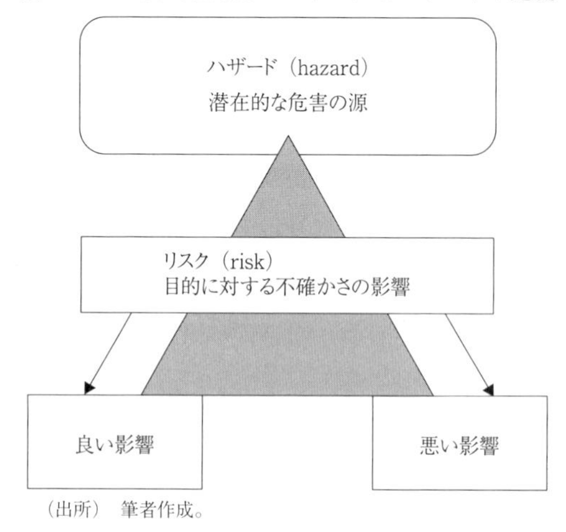

（出所）　筆者作成。

図 2-14　日本の遊具の安全規準でのリスクとハザードの定義

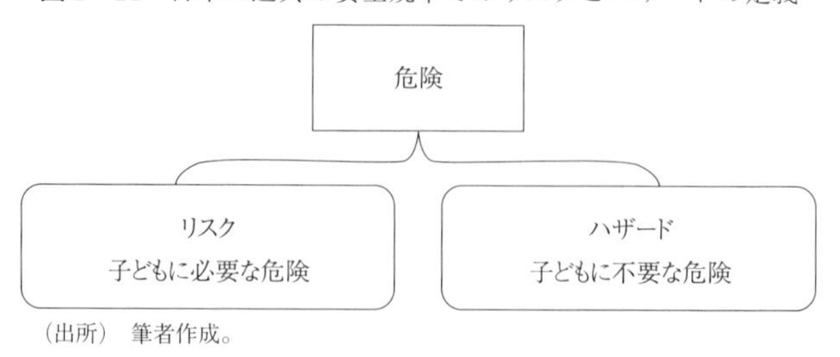

（出所）　筆者作成。

④欧米の遊具の安全規準におけるリスクとハザードの用法

では，国際的な遊具の安全に関する規格，欧州のEN1176-1177と米国のCPSC指針において，リスクとハザードが，我が国のように特別な意味合いを持たせているかを確認しておく。

結論からいえば，どちらの安全規準にもリスクとハザードの定義は記載されていない。ただし，文中でriskとhazardの使い分けは行われている。EN1176では，リスクは主には“risk assessment”として用いられている他，“a risk of brittleness”や“the risk of strangulation”などというように，「劣化や首締まりなどの悪いことが起きる可能性」との意味で用いられている。また，ハザードは，“should not present a hazard”“identification of hazard”と表現されており，一般的に用いられる「危険源」との意味合いに近いだろう。

CPSC指針では，リスクは“child at risk”“to avoid this risk”，ハザードは“playground hazard”“entrapment hazard”などとされており，リスクは「危険な状況や状態」を指し，ハザードは「危険源」を指していると思われる。最も分かりやすい例でいうと，“the risks posed by each of these hazards（各々のそれらのハザードにより引き起こされたリスク）”のフレーズがあげられる。

以上のとおり，欧州と米国の規格・指針のどちらにおいても，我が国の遊具の指針で用いられているようなリスクとハザードの定義を見出すことはできない。そうであるならば，EN規格やCPSC指針を参考にして作成されたとされる[107]国交省安全指針では，何故に独特の定義づけが行われたのであろうか。全く意味もなくリスクとハザードの定義づけが行われたとは考えにくい。そこで，この点を，指針作成時に遊具の事故防止に取り組んでいた研究者や関係機関が公表している論文・報告書などにより検証する。

（2）「リスクとハザード」概念の導入経緯

①遊具の安全指針へ向けての検討委員会

国土交通省が，遊具の安全指針策定に向けて，本格的な検討に入ったのは

(107)　国土交通省（2002），前掲資料，本書の読み方の頁。

2000年３月である。「都市公園の遊戯施設の安全性に関する調査検討委員会」が発足し，国内における現状把握，海外の資料収集と整理からスタートし，課題の抽出，方向性の決定というフローチャートに添い，１年後の2001年３月に報告書が出されている。

委員会メンバーには，造園や都市計画，教育系の大学教授などの学識経験者と共に，子どもの遊びに関わる NPO 関係者である大坪や IPA（International Play Association：子どもの遊ぶ権利のための国際協会）日本支部理事の大村璋子，協力委員として日本公園施設業協会の役員などが加わっている。学識経験者と実務者，そして，子どもの遊びに深く関わってきた市民団体の声を重視したともいえるが，むしろ実態は，国内の学識経験者の中に遊具の事故防止の専門家が見当たらなかったということだろう。その結果，米国で２年間，遊び場の管理について研究実績を積んだ大坪に多くの部分を依存していたことがうかがわれる。

調査検討委員会の報告書によると，検討委員会での調査対象範囲として以下の三点があげられている。

⑴公園における安全や安心には，防災や防犯なども関わるが，この指針では事故防止に焦点を絞る。

⑵公園における事故は，公園から周辺道路への飛び出しなど様々であるが，この指針では子どもの遊びで使う遊戯施設に限定する。

⑶危険を「リスクとハザード」に区分して考える。つまり，危険を，子どもの健全な成長に必要な危険としての「リスク」と，機器の不備など，子どもが通常予期できない危険である「ハザード」に区分して考える。

⑴と⑵に関しては遊具の安全規準を検討するこの検討会の了解事項として当然のものであるが，危険を「リスク」と「ハザード」に区分し，それぞれの言葉の定義を上記のように定めることを，当初からの了解事項にしていることが見て取れる。先に述べてきたように，「リスク」と「ハザード」の言葉の定義としてはかなり特異な用法であるにもかかわらず，それを前提に検討会がスタートしているわけである。

この検討委員会が参考としている海外における安全規準の現況検討には，大坪の著作『21世紀における安全な遊び場・公園とは何か――世界の遊び場における安全対策の動向と将来の展望』[108]をベースとしたことが明記され，以下のように解説されている。

「アメリカでは当初から『安全基準』を中心とした取組みが進められ，この中で『リスク』と『ハザード』という概念が導入されたり，基準に対する試験方法が開発されたりした[109]」。

「（ドイツの）DIN 基準の特色は，『遊びの価値』（プレイバリュー）に重点を置いたものとなっており，アメリカの『ハザード除去』を重視したものと，好対照となっている。この視点は，その後の様々な基準や展開に大きな示唆を与え，①過度な規制は過小よりまずい，②規制が少なく余り邪魔をしなければ子どもは自分自身を守る，といった点を強調している[110]」。

この解説を基に，検討にあたっての基本的条件として，「子どもが自ら予測可能な危険＝リスク」はチャレンジの対象，「子どもが予測できない危険＝ハザード」は，遊びから取り除かなければならないもの，とされている[111]。

検討委員会のメンバーの中で，最も遊具の安全対策に精通していたのは大坪である。特に海外の事情に詳しい彼に検討委員会は大きく依存しており，大坪のレポートを念頭に，危険をリスクとハザードという２種類に分けるという考え方からスタートしたのである。したがって，この検討委員会で，検討事項とされているのは，危険をリスクとハザードに分類することの是非を問うことではなく，「リスクとハザードの境界をどこに置くか」という点であった[112]。

危険をリスクとハザードに二分し，一方は保持し，もう一方を確実に排除すると考えるならば，当然，その境界を示さない限り対策は取りようがない。しかし，この検討委員会でも，結局は明確な答えは出せていない。答えらしきも

---

(108) 大坪龍太（1999）『21世紀における安全な遊び場・公園とは何か――世界の遊び場における安全対策の動向と将来の展望』プレイグラウンド・セーフティ・ネットワーク。

(109) 国土交通省都市・地域整備局公園緑地課（2001）「新しいニーズに対応する公園緑地の検討調査（遊戯施設の安全性に関する調査編）報告書」20頁。

(110) 同上書，21頁。

(111) 同上書，29頁。

(112) 同上書，30-37頁。

のとして，「死亡事故などの重大な事故につながるような危険は，容易に予測できるものであっても，ハザードとして排除すべきであると考えられる[113]」や，「利用者（子どもとその保護者）の安全確保に対する認識が低く，危険予知能力が不十分であれば，それに応じてリスクとハザードの境界が移動し，結果として『安全』を必要以上に重視した遊戯施設の計画・管理が必要となる[114]」の2箇所の記述が見られるが，どのようにその境界を定めるのかという答えは書かれていない。

実際に公表された指針にも，リスクとハザードの境界として「リスクとハザードの境界は社会状況や子どもの発育発達段階によって異なり，一様でない。子どもの日常の活動・経験や身体能力に応じて事故の回避能力に個人差があり，幼児が小学生遊具を利用することは，その遊具を安全に利用するために必要な運動能力，危険に関する予知能力，事故の回避能力などが十分でないため，ハザードとなる場合がある」「都市公園の遊び場は，幅広い年齢層の子どもが利用するものであり，一つの遊具において全ての子どもの安全な利用に対応することは困難であるが，遊具の設置や管理に際しては，子どもの年齢層などを勘案する必要がある[115]」と記されているのみである。結局，重要な課題としながらも，リスクとハザードの境界を示すことができなかったということであろう。

指針は，リスクとハザードの境界を明確にすることのないまま，安全確保の方向性として，「遊戯施設に携わる関係者の役割として，施設の安全基準の規定，製品に対する品質保証，補償制度の充実が図られ，各々の役割を分担し，建設ステージ，利用（管理）ステージを通して，ハザードの発見，排除のために安全チェック体制の強化が求められる[116]」とし，管理者から利用者までに広く，リスクとハザードという考え方を充分に理解することを求めている[117]。

②リスクとハザードという考え方の出所とその真意

前述したように，大坪は，米国で，CPSC指針が誕生して10年が経過しよう

---

(113) 国土交通省都市・地域整備局公園緑地課（2001），前掲書，30頁。
(114) 同上書，30頁。
(115) 国土交通省（2002），前掲資料，7頁。
(116) 国土交通省都市・地域整備局公園緑地課（2001），前掲書，35頁。
(117) 同上書，37頁。

としている1989年から1991年の２年間，遊び場のマネジメントを，その第一人者であるウォーレックに師事し研究していた。また，1995年と1999年の国際遊び場会議にも参加している。そのような経験の中から身をもって感じた，欧州の「遊びの価値を重視しリスクをいかに残すかという安全対策」と，米国の「ハザード除去を基本とした安全対策」との間の深い溝は，当時の国際的な遊び場の安全対策に関する国際情勢として，的確な分析だったと思われる。併せて，危険を意味する言葉として使い分けがされている「リスク」と「ハザード」という言葉を，欧州と米国との間にある相違を端的に表すキーワードだと認識したことも理解できる。現に，ウォーレックの論文の中には，以下のような文言も見られる。

「遊び場における『リスク』と『ハザード』の基本的な違いは，子どもたちが与えられた機会について，自分たちで判断し得るかどうかである。『リスク』と『ハザード』は，いくつかの解釈があるのだが（『リスク』は，ギャンブルで賭けた金銭だと見なされ，ゴルフコース上の『ハザード』は，バンカーやウォーターハザードにチャレンジすること），遊び場においてはこれらの言葉の解釈は全く異なっている。子どもたちは遊びのチャレンジの一環としてリスクを受け入れるが，遊び場は，ハザードフリーでなければならない[(118)]」。

確かに，ウォーレックは，リスクを「子どもにとってのチャレンジの一環」，ハザードを「あってはならないもの」という分類をしている。しかし，ウォーレックはこの論文でこうも述べている。「遊び場の管理者は，常に『リスクの低減』といっているが，低減しなければならないリスクのいくつかは，実際はハザードである。何故なら，子どもたちは，利用者として論理的な判断ができないからである。望ましくないリスクとは，子どもの誤った判断により事故を引き起こされることであり，子どもが正しい判断ができないのはハザードが存在している状態に気づかないためである[(119)]」。「それを取り除こうとして，あのハザードコンセプト[(120)]を用いるなら，潜在的な外傷を減らせるだろう。そのために

(118)　Wallach, Frances (1996a), "Playground Hazard Identification," *Play It Safe, An Anthology of Playground Safety*, p. 83.

(119)　*Ibid.*, p. 83.

は，行政機関は遊び場のハザードを認識するための知識と経験の発展が必要である[121]」と続けている。

つまり，子ども側が判断できるかどうかにリスクとハザードの分岐点があるが，リスクと呼ぶものの多くはじつはハザードであるため，ハザードに対処することで潜在的な事故は減らせると述べている。ウォーレックが意図しているのは，リスクとハザードを並列にし，二者択一にするものではなく，あくまでも事故を防止するためには，ハザードを識別し，それを適切に対処していくことであり，子どもが自らリスクを選び取れる大前提となるものだと述べているのではないだろうか。

もともとCPSCは，1972年に施行された製品安全に関する連邦法であるCPSA（Consumer product safety act：消費者製品安全法）を根拠に，翌年，法的権限を持つ大統領直属の独立政府機関として設立されており，消費者製品を対象に安全性の監視や指針などの策定を行っている機関である。米国の製品事故防止の要であり，子どもの事故に関しては特段の体制で臨んでいる。

例えば，日本でも2010年に始まった，使い捨てライターへのCR（Child Resistance）機能を世界で最初に実施したのは米国である。1980年代に5歳未満の子どもが家庭で火遊びにより死亡する事故が多発した米国では，その原因にライターが関わっているとの分析を行い，CPSCが規制に乗り出した。1994年にはCR機能のないライター販売への規制を開始している。欧州ではその義務化は2006年からなので，世界に先駆けての対応である。その他にも，我が国では，ようやく注目し始めた子どもの衣類の紐やフードは，首絞まり事故のハザードとなるため1997年から禁止されている[122]。

つまり，CPSCは，製品の使用により生じるリスクを低減することを主務とした機関である。その手法として，リスクアセスメントを行いハザードの特定をし，リスクを見積もり，低減策を講じるというのが通常の任務である。したがって，米国の遊具の安全に関するCPSC指針においても，ハザード除去と

---

(120) CPSC指針やASTMスタンダードのことだと思われる。
(121) Wallach, Frances (1996a), *op. cit.*, p. 83.
(122) ASTM F 1816-97.

いう視点から書かれたものであることは，ある意味当然であろう。特に，判断力の未熟な子どもに関しては，合理的に予見される誤使用も含め，社会的に許容される範疇まで安全対策を取るべきだと考えるのが製品安全の世界であり，米国はその傾向がより強い。ウォーレックが述べていることは，こういった視点と一致している。

(3)　事故データから見た遊具事故の実態

①安全規準公表前の遊具事故の実態

前述したとおり，2002年3月に，国際的な遊具の安全対策の動向を色濃く反映し，遊びの価値であるリスクを尊重しつつ，ハザード対策を十分に行っていこうとする国交省安全指針が誕生した。指針公表から既に12年が経過し，2008年と2014年には改訂が行われ，現在は改訂第2版となる。果たしてこの国交省安全指針，及び遊具の数値規格であるJPFA-Sの誕生により，遊び場の安全性の改善は進んだのであろうか。もちろんその評価を安全規準のみで語ることはできないが，より実効性のある事故防止対策を見出すためには安全規準の当否についての検証が行わなければならないだろう。

安全規準が事故防止に果たした効果を検証するには，まずは，公表前の事故の実態を知っておく必要がある。しかし，ごく最近まで遊具に起因した事故の実態を知ることのできるデータは収集されておらず，存在していない。データとしては不充分であることは承知しているが，新聞データベースから抽出した事故データを基に，以下，2002年以前の遊具による事故の実態を示していく。

既述のとおり，遊具の安全性への疑問を社会に問いかけたきっかけは，箱ブランコ（**図2-15**）による重大事故の頻発であった。箱ブランコとは，複数乗りの大型ブランコであり，かつてはどこの公園にもよくある人気の遊具であった。この型のブランコを，業界では「安全ブランコ」と呼んでおり，製造者側が想定している遊び方は「大人に付き添われた幼児が揺れを楽しむ遊具」（**図2-16**）であった。しかし，実際は，比較的大きな子どもがブランコの背後や側面から押し合い，背もたれに足をかけ立ち漕ぎをするなどして，振り切れるほど揺らして遊んでいた（**図2-17**）。総重量が200 kg[123]を超えるものが加速をつ

図2-15 死亡事故のあった箱ブランコ

（出所） 1998年静岡県浜松市内にて筆者撮影。

図2-16 メーカーが想定している箱ブランコの遊び方

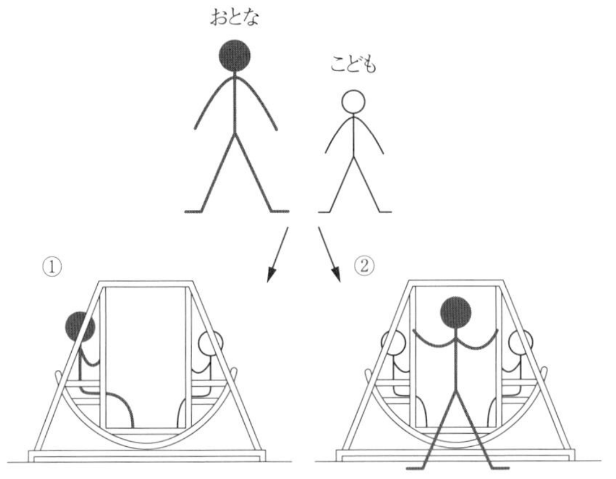

（出所） 松野敬子・山本恵梨（2006）『遊具事故防止マニュアル：楽しく遊ぶ安全に遊ぶ』かもがわ出版，12頁，筆者一部修正。

けて揺れるのである。もともと揺動系の遊具は危険度の高い遊具であるが，その重量は桁違いに大きい。したがって，子どもが転倒などでブランコの軌道上

---

(123) 揺動部分が90 kg 程度＋小学生の平均体重34 kg として，4人乗った場合とする。小学生の平均体重は，文部科学省2010年度全国体力・運動能力，運動習慣等調査結果「体格と肥満度に関する調査結果」から求めた。

図２－17　実際の子どもたちの箱ブランコの遊び方

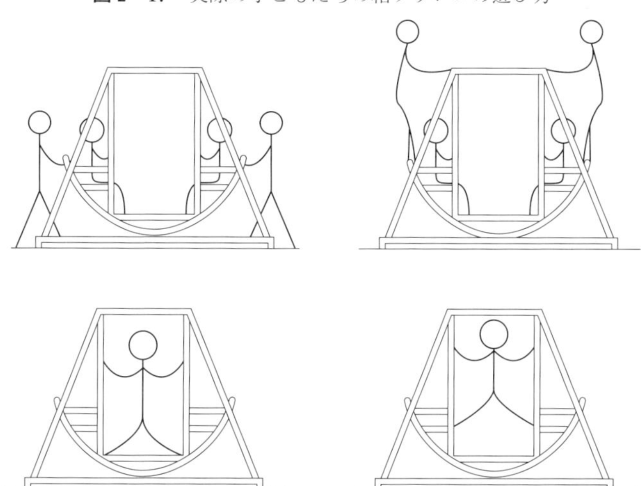

（出所）　図２－16と同じ。

に入ったときには，脳挫傷，内臓破裂，重度の骨折など，命に関わる怪我を負うことになる。新聞データベースや災害共済給付制度の給付対象となった事故データから拾い上げた箱ブランコの事故件数は，1960年から安全規準公表前の2001年までに76件，うち死亡事故が24件である（**表２－２**）。また，箱ブランコが社会問題となったのち，厚生労働省と文部科学省が実態調査を行っており，厚生労働省の調査では**表２－３**のように，1996年から2000年の５年間で146件（うち死亡事故２件[124]），文部科学省からは**表２－４**のように，1998年から2000年の３年間で287件（うち死亡事故１件，障害見舞金支給２件[125]）という結果が報告されている。箱ブランコによる重大事故が頻発していたことは疑いようがないだろう。

ところで，箱ブランコ事故の態様を分類すると明らかに三つのパターンに分けられる。⑴揺動部の背もたれに立って漕いでいて転落して揺動部が激突，⑵

⑿ 厚生労働省雇用均等・児童家庭局（2001）「児童福祉施設等に設置する遊具で発生した事故調べ」。

⑿ 文部科学省スポーツ・青少年局（2002）「学校の管理下における箱ブランコで発生した事故について」。

表2-2　箱ブランコによる重大事故一覧

	年	場所	年令	事故内容
1	1960	東京	5歳	死亡（頭蓋骨陥没）
2	1961	大阪	5歳	頭頂部裂傷
3	1962	東京	11歳	死亡（頭骨骨折）
4	1964	東京	10歳	死亡（頭蓋骨骨折）
5	1975	東京	10歳	死亡（頭蓋骨骨折）
6	1976	神奈川	7歳	左大腿骨骨折
7	1980頃	不明	3歳	死亡（肝臓破裂）
8	1982	不明	5歳	下口唇部裂傷
9		不明	小2	額部負傷（醜状痕）
10	1984	東京	小5	死亡（脳挫傷）
11		不明	4歳	鼻の右側部分裂傷
12		不明	6歳	顔部強打（醜状痕）
13	1986	不明	小6	顔面強打（障歯）
14		不明	小3	死亡（肝臓破裂）
15		不明	4歳	左大腿部醜状痕
16	1989	北海道	9歳	死亡（肝臓破裂）
17	1990	神奈川	8歳	右大腿骨骨折
18		福岡	10歳	死亡（頭部強打）
19		不明	小6	顔面負傷（醜状痕）
20	1991	愛知	8歳	左大腿骨骨折
21		岐阜	6歳	頭蓋骨骨折
22	1993	神奈川	10歳	股関節脱臼
23		大阪	中1	大腿骨骨折
24		栃木	7歳	死亡（脳挫傷）
25		不明	小4	顔面強（醜状痕）
26	1994	神奈川	小5	肝挫傷
27		千葉	7歳	死亡（ショック死）
28		不明	小3	死亡（脳挫傷）
29		不明	小1	頭皮広範囲剝離等
30		不明	4歳	手指障害
31	1995	東京	9歳	股関節骨折
32		栃木県	6歳	腹部強打（重傷）
33		埼玉	8歳	死亡（首の骨骨折）
34	1996	愛媛	10歳	左手指複雑骨折
35		静岡	11歳	ひ骨骨折
36		長野	8歳	肝臓破裂
37		福島	6歳	重体
38		大阪	小5	右手中指切断
39		神奈川	小5	背骨圧迫骨折
40		静岡	8歳	死亡（頭蓋骨骨折）
41		大阪	小5	右手中指切断
42	1996	神奈川	小5	背骨圧迫骨折
43		静岡	8歳	死亡（頭蓋骨骨折）
44		不明	6歳	前額部強打（醜状痕）
45		不明	小3	右手小指障害
46	1997	茨城	9歳	下半身まひ
47		神奈川	小6	右手首の骨折
48		大阪	6歳	死亡
49		神奈川	9歳	右大腿骨骨折
50		神奈川	8歳	左大腿骨骨折
51		千葉	小4	死亡
52		神奈川	3歳	足骨折
53		不明	6歳	下肢障害
54	1998	神奈川	5歳	右足首骨折
55		静岡	7歳	左大腿骨骨折
56		熊本	13歳	死亡（頭頂部陥没）
57		北海道	6歳	左手小指先端切断
58		静岡	8歳	下唇がえぐれる
59		静岡	9歳	右側頭部裂傷
60		沖縄	6歳	死亡（心臓裂傷）
61		兵庫	12歳	頭骨骨折
62		神奈川	2歳	鎖骨骨折
63		宮崎	11歳	死亡（脳挫傷）
64		不明	5歳	頭部強打（醜状痕）
65	1999	群馬	7歳	意識不明後，死亡
66		静岡	11歳	右足大腿骨骨折
67		東京	4歳	左ふくらはぎ骨折
68		不明	小2	死亡（頭部打撲）
69	2000	宮城	8歳	死亡（窒息）
70		神奈川	9歳	死亡（腹膜内出血）
71		不明	小2	手指障害
72	2001	島根	4歳	死亡（頭部打撲）
73		福井	7歳	頭骨骨折，右目失明
74		北海道	小3	顔面皮膚裂け骨露出
75		石川	6歳	左大腿骨骨折
76		愛媛	5歳	頭皮が裂け頭蓋骨露出
77	2002	熊本	小4	左腕骨折
78	2003	沖縄	小2	死亡(出血性ショック)
79		宮城	8歳	脾臓破裂
80	2004	長崎	9歳	右人差し指切断など
81		奈良	8歳	左中指つぶす
82	2007	熊本	小5	膵臓損傷

（出所）　新聞データベース，新聞マイクロフィルム，行政，当事者への聞き取りによる調査。日本体育・学校健康センター（現・日本スポーツ振興センター）（1985～2000）『学校の管理下の死亡・障害』などから筆者作成。

表2-3　遊具の種類別の事故件数

年度	すべり台	鉄棒／登り棒	雲梯	ブランコ	ジャングルジム	箱型ブランコ	太鼓橋	総合遊具	トランポリン	跳び箱／平均台	積み木	その他	計
1996	76	41	38	40	28	20	11	9	6	5	3	63	340
1997	100	66	43	42	31	29	16	18	7	8	6	79	445
1998	103	81	49	54	25	35	21	20	13	10	6	91	508
1999	104	92	67	49	41	34	31	26	20	9	4	127	604
2000	131	121	85	54	43	28	28	28	22	17	6	153	716
計	514	401	282	239	168	146	107	101	68	49	25	513	2,613
構成比（%）	19.7	15.3	10.8	9.1	6.4	5.6	4.1	3.9	2.6	1.9	1.0	19.6	100

（注）「件数」は「1カ月以上の加療が必要」とされた受傷事故件数。
調査対象：児童養護施設，児童自立支援施設，母子生活支援施設，乳児院，情緒障害児短期治療施設，保育所，へき地保育所，児童館，児童遊園，知的障害児施設，知的障害児通園施設，盲ろうあ児施設，肢体不自由児施設，重症心身障害児施設。
（出所）厚生労働省雇用均等・児童家庭局（2001）「児童福祉施設等に設置する遊具で発生した事故調べ」より筆者作成。

表2-4　学校の管理下における箱型ブランコで発生した事故について

	幼稚園		小学校		合計	
年度	事故件数	加入者数（人）	事故件数	加入者数（人）	事故件数	加入者数（人）
1998	54件（障1）	1,439,530	64件	7,687,893	118件（障1）	9,127,423
1999	44件	1,437,601	34件（死1）	7,524,612	78件（死1）	8,962,213
2000	49件	1,440,331	42件（障1）	7,390,481	91件（障1）	8,830,812
計	147件	4,317,462	140件	22,602,986	287件	26,920,448

（注）1：「死」「障」はそれぞれ，死亡見舞金支給件数・障害見舞金支給件数である。
2：加入者数は，各年度5月1日現在の災害共済給付制度の加入幼児・児童数。
（出所）文部科学省2002年3月28日通達「学校の管理下における箱型ブランコで発生した事故について」より筆者作成。

揺動部の背後から押していて転倒して揺動部が激突，(3)背もたれに立って漕いでいて揺動部を吊るしている接続部に指を挟み切断，の三パターンである。重大事故のほとんどは，これら三パターンで発生しており，事故の教訓を生かした対策が取られてもよいはずであった。しかし，実際にはこれといった対策は取られずに，放置されたままであった。その理由を知るために，死亡事故が発生した自治体の管理者も含め，多くの公園管理担当者にインタヴューを行ったところ，全ての管理者が「子どもの遊び方が悪かったため，管理者に瑕疵はない」との返答であった。静かに座席に座って揺れを楽しむ遊具であるのに，大きく揺らすという無謀な遊び方をしたために事故が起きた，というのである。つまり，事故は，不注意な子どもに起きた，偶発的な出来事にすぎないため，管理者側が何らかの対応をしなければならない事案ではないという見解だった。[126]

箱ブランコの来歴を見てみれば，その原型ともいえる大型ブランコは，1920年代に日比谷公園に設置されていたと記録されている。末田が「當時の箱ぶらんこは今のやうなものではなく，寫眞の様に他愛のないものであつたが，幼児や小さい子供達の爲の親切な思ひやりから工夫されたといふことは分つて頂けるであらう[127]」と記しているように，原型は木製の巨大なベンチといったものであり，おそらく大きく揺れることもないようなものであったろう。それが，徐々にブランコらしく揺れる構造とするために４人乗り程度の普及型の箱ブランコになったのであろうか。箱ブランコによる事故が最初に新聞報道されているのは1960年のことで，５歳の男児が頭蓋骨陥没などにより死亡する事故が発生している（表２-２：１）。当時の新聞[128]に事故の詳細と専門家による検証記事が掲載されており，新しい遊具による死亡事故として衝撃をもって伝えられている。記事は，箱ブランコの構造上の問題点を指摘するなど踏み込んだ内容となっている。しかし，この事故が教訓とされることはなく，箱ブランコの危険性は放置されたままであった。そのため，1997年に神奈川県下で連続して２件の事故（表２-２：49，50）が再発することになった。

1997年の２件の連続事故は，ほぼ同時期に，場所的にごく近所で発生し，２人の子どもは同じ病室に入院した。いずれも大腿骨骨折事故であった。この偶然により，被害者の両親が箱ブランコの安全性に疑問を抱き，調査を始めた。そして，設置責任者である市とメーカーに調査結果を突きつけたが，市側は「子どもの遊び方の問題」との主張を変えることがなかったため，提訴に踏み切ることとなった。裁判は５年間におよび，途中1999～2001年に，さらに４件

---

(126) 静岡県内の全市に電話でヒアリングを行ったもの。以下に詳しい記事を掲載。松野敬子（1999），前掲論文，52-59頁。
(127) 末田ます・朝野文三郎編（1997），前掲書，24頁。
(128) 『毎日新聞』1960年２月９日，『朝日新聞』1960年２月12日夕刊。

の死亡事故が起きたため（表2－2：68，69，70，72），社会的な関心が高まり，2001年の横浜地裁の判決では勝訴した[129]。しかし，2003年の東京高裁では敗訴となり[130]，最高裁でも棄却されたために，敗訴が確定した。とはいえ，2002年に，日本公園施設業協会が「箱ブランコは公共の場所にふさわしくない遊具」と明言するなど[131]，箱ブランコの危険性や遊具の安全規準がないことへの疑問を呈する流れは留まることはなかった。これ以後の箱ブランコ事故に関係する訴訟の多くは原告側が勝訴し，そのこともあって全国的に箱ブランコの撤去が進み，その設置台数は，1998年の約1万4000台から，2007年には約2700台と5分の1以下となった[132]。

もちろん，箱ブランコは遊具のほんの一例に過ぎず，その内在する危険性の大きさなど，遊具の中でもかなり特異な存在である。しかし，そのような箱ブランコでさえ黙過されていたということは，当時の遊具事故がどう扱われていたかを端的に示す事例として留意されていいだろう。「事故は個人に起きた過失なので，個人が気をつければよい」，「安全規準がないために，メーカーも管理者も事故の責任を負うことはない」というのが当時の遊具事故に対する社会の一般的な認識であった。しかし，こうした見方に立つ限り，既発事故から謙虚に学ぶという姿勢は生まれようがないし，再発防止に資する抜本的な安全対策の構築といった発想も出てこない。事故の原因が個人にあるという皮相ともいえる見方こそが，箱ブランコにおいてかくも多くの連続事故の発生を許してしまった主因といっても過言ではない。

②安全規準制定へ向けて：建設省による実態調査

社会的な課題であるという認識がきわめて薄かった遊具の事故防止であるが，

---

(129)　横浜地裁2001年12月5日判決。箱ブランコ裁判を考える会編（2004），前掲書，108頁。及び，『判例時報』第1774号，98頁。

(130)　東京高裁2002年8月7日判決。箱ブランコ裁判を考える会編（2004），前掲書，120頁。及び，『判例時報』第1795号，110頁。

(131)　日本公園施設業協会（2002），前掲資料，234頁。

(132)　国土交通省都市・地域整備局公園緑地・景観課（2009）報道発表資料「都市公園における遊具の安全管理に関する調査の集計概要について，別表都市公園及びその他の公園における遊具の設置状況（過去のデータとの比較）」（http://www.mlit.go.jp/report/press/city10_hh_000019.html　2014年9月14日アクセス）。

いくつかの訴訟事案もあり，1985年頃から，建設省は通達を出すなどの注意喚起は行っている。**表2－5**は，国土交通省（建設省も含む）及び国会議員，遊具業界団体の遊具事故防止対策の来歴を一覧にしたものである。少しずつだが，遊具事故の実態を垣間見ることのできるデータ収集や調査が実施されていることが分かる。

1990年には，「公園施設に起因する事故が発生した場合，同種事故の再発防止等を図るため，当該事故（30日以上の治療を要する重傷者又は死者の発生したもの）について，その状況等を調査の上，速やかに当職あて報告することとされたい」という建設省通達が地方自治体等に対して出された[(133)]。これにより報告された事故件数が，**表2－6**の上段のデータである[(134)]。また，この年，建設省公園緑地課は「安全規準を設ける時期にきた」として調査検討委員会を設け指針を作成する準備を始めた。しかし，その動きは鈍く，回旋塔による死亡事故[(135)]などが起きると安全管理を求める通達などが出されるのみで，安全指針の策定が現実のものとなることはなかった。

さらに，1998年になって，次節で詳述するように，建設省は初めての遊具の管理状況に関する全国調査を実施している。これは，前述の同年に発生した箱ブランコによる重症事故を巡る民事訴訟が社会的な関心を集めたことを背景にしたものである。全国1802の地方自治体の９万2944カ所の都市公園が対象となったこの調査では，約１万7000基の遊具が使用禁止や補修が必要と判断された。つまり欠陥遊具と評価されたのである。その４分の１がブランコで，さらに，そのうちの57％にあたる2317基は設置されて16年以上が経過していた。この調査では，併せて点検マニュアルなどの整備状況も調査されたが，整備している自治体はわずかに160団体（９％）ということも明らかになった。ずさんな維

(133)「都市公園における事故の防止について」1990年２月19日付建設省都公緑発22号都市局公園地課長通知。

(134) 都市公園における遊具事故件数は，毎年集計されているが，一般に公表されているものとして最新のデータは，2008年８月の国交省安全指針改定の折に公表された「『都市公園における遊具の安全確保に関する指針』改定の背景について」別添１に記載されているデータによる。

(135) 1994年に回旋塔による２件の死亡事故が起きている。共に，腐食した支柱が折れたことによる事故であった（『朝日新聞』1994年１月10日，『朝日新聞』1994年４月16日）。

表2－5　遊具事故防止対策に関する国会議員・行政・業界の動き

年　月	事　　項
1985.4	建設省通達「都市公園の安全管理の強化について」 （遊具施設での死亡事故発生に伴うものだが具体的な内容は示されていない）
1990.2	建設省通達「都市公園における事故の防止について」 （1985年，回旋塔死亡事故の訴訟が和解成立したことに伴うもの）
1990.3	国民生活センターが，建設省や業界団体に対し，遊具の安全基準の制定，被害者救済措置の導入を要望。
1990.7	建設省は，増え続ける都市公園の遊具事故を受け，「安全基準を設ける時期に来た」（公園緑地課）として，年内にも調査検討委員会を設け，指針を作成することになった。
1993	日本公園施設業協会は，建設省より５年計画で予算2500万円，安全性を確保するための基準策定などを目的にした検討を依頼される。
1994.1	建設省通達「都市公園の安全管理について」 （1994．1．9の回旋塔死亡事故の発生に伴うもの）
1998.3	建設省，公園施設維持管理マニュアル（案）を主にした内容の，1997年度「安全基準検討調査報告書」をまとめる。
1998.5	建設省通達「都市公園の安全管理の強化について」 （三重県桑名市の公園で発生した遊具の倒壊事故〈負傷者７名〉を受けて）
1998.9	東京都「遊具類の安全性確保に関する国内外の制度調査」報告書を発行。 （事故事例の掲載，アメリカ，ドイツ，イギリスの安全規格等紹介）
1998.11	建設省「都市公園の安全管理に関する全国調査（総点検）が行われた結果，欠陥遊具が約１万7000基あったことが判明」
1998.12	建設省通達「都市公園における事故の防止について」 （1998年12月24日，ゆりかご型ブランコによる児童の死亡事故に伴うもの）
1999.1	建設省「遊戯施設における事故事例調査」検討会発足。 （典型的な事故事例の原因分析に専門家の意見を聞くため設置）
1999.10	建設省「新しいニーズに対応する公園緑化施設の検討調査報告書「遊戯施設における事故事例調査編」（内部的な資料として一般には非公開）
1999.12	建設省通達「都市公園の安全管理の強化について」 （２歳の女児死亡事故，10歳男児の重症事故発生に伴うもの）
2001.2	国土交通省が公園遊具の安全基準などを盛り込んだ指針を2001年度中にまとめると発表。
	超党派国会議員による「箱ブランコの危険性を考える勉強会」開催。 国土交通省・国会議員・当事者が出席。
2001.4	業界団体が「箱ブランコは危険な遊具だ」として「原則製造禁止」をメーカーに対し呼びかけをした。（日本経済・東京・神奈川新聞他）
2001.6	国土交通省通達，「都市公園における遊具施設の安全管理の強化について」全国的な安全点検を行う。 （箱ブランコにより小学生が頭部を骨折し，右目を失明した事故に伴うもの）
	超党派の国会議員による「箱ブランコの危険性を考える勉強会」開催。 国土交通省・厚生労働省・文部科学省・国会議員・当事者が出席。
2001.10	国土交通省，安全点検，箱ブランコの設置台数を公表。 厚生労働省の調査により，箱ブランコによる事故は５年間で146件発生。
	超党派の国会議員による「箱ブランコの危険性を考える勉強会」開催。 国土交通省・厚生労働省・文部科学省・国会議員・当事者が出席。 ３省庁の安全点検等の調査結果の報告と，EN 規格について。
2001.11	国土交通省が「都市公園の遊具の安全確保の為の初めてのガイドライン」（案）を公開し，パブリックコメントを募集。
	業界団体は，遊具の安全基準を作ることを公表。
2002.3	国土交通省「都市公園における遊具の安全確保に関する指針」を発表
	文部科学省が，学校管理下での箱形ブランコの事故発生件数を公表。 ⇒過去３年間で，死亡事故を含め実に287件。
2002.6.12	「子どもたちの楽しく安全な遊び場を考える議員の会」設立総会の開催。

（出所）「子どもたちの楽しく安全な遊び場を考える議員の会」設立総会にて配布された資料より筆者作成。

表2-6　都市公園と厚生労働省管轄の施設等が設置する遊具における「30日以上の治療を要する重傷者又は死者が発生した」遊具事故件数

	1996	1997	1998	1999	2000	2001	2002	2003	2004	2005	2006	2007
都市公園		34	14	5	4	9	8	6	13	7	5	14
厚労省管轄施設	340（1）	445	508（1）	604	716（1）							

（注）（　）は死亡人数。
（出所）国土交通省都市・地域整備局公園緑地課2008年８月発表資料と厚生労働省2001年10月発表資料より筆者作成。厚生労働省管轄施設の内訳は，保育所，児童館，児童遊園，その他。

持管理の実態が浮き彫りとなったのである。

さすがにこの結果を，建設省も看過することができなかったのか，重い腰を上げ，同年，「遊戯施設における事故事例調査」検討会を発足させ，典型的な事故事例の原因分析を行っている。この調査は，都市公園に設置されている遊具で発生した事故11事例を調査，分析したものである。しかし，これは検討事例の選別の不可思議さがあり[136]，事故原因分析も母親の監視不足や遊具使用時の注意書きがないといった指摘であり，注意喚起型の対策から抜け出せておらず，事故事例分析としては稚拙なものであった[137]。

遅々として進まなかった遊具の安全規準策定だったが，前述の箱ブランコによる事故を契機に，ようやく遊具の安全規準の必要性が社会的関心を集め始め，2001年２月に超党派の国会議員による「箱ブランコの危険性を考える勉強会」が開催された。筆者も参加したこの勉強会には，国土交通省と共に，関係省庁として厚生労働省と文部科学省も同席した。両省は，これまで全く調査の類を行ったことがなかったが，それぞれの関連する施設における遊具の設置台数やそこで発生した事故件数などについて緊急に調査することを，その席上で確約した。こうした経緯で調査・収集されたデータが表２-４から表２-６である。厚生労働省による調査結果によると，1996年から2000年までの５年間の事故件数は，2613件（１カ月以上加療の事故）である（**表２-７**）。この結果を，表２-６

(136)　建設省都市局公園緑地課（1999）「新しいニーズに対応する公園緑化施設の検討調査（遊戯施設における事故事例調査篇）報告書」45-46頁。当時，死亡事故，重傷事故が社会的関心を集めていた箱ブランコを取り上げながら，軽微な骨折事故を事例にあげている。

(137)　同上書，33-55頁。

表2-7　厚生労働省管轄の施設等が設置する遊具で発生した事故調べ

年度	保育所	児童館	児童遊園	その他	計
	事故件数	事故件数	事故件数	事故件数	事故件数（死亡人数）
1996	309	21	4	6	340（1）
1997	393	34	5	13	445
1998	453	38	7	10	50（1）
1999	540	53	3	8	604
2000	624	67	8	17	716（1）
計	2,319	213	27	54	2,613（3）

（出所）　厚生労働省2001年10月29日発表資料より筆者作成。

に示した国土交通省が収集した事故件数と比較してみた（表2-6の下段)。表2-6の上段と下段の数字を比較してみると，厚生労働省調査による事故件数は2613件であるが，国土交通省に寄せられた事故件数はわずかに57件であり，厚生労働省のデータの40分の1に過ぎない。国土交通省の調査は実態を反映してはいないといわざるを得ない。

省庁を横断しての取組みが行われたことで，断片的ながらも，様々な形で遊具の事故データが収集され，公表されるようになった。それにより，遊具事故の実態がおぼろげながらも明らかになったのである。

③安全規準による効果の検証

このような過程を経て，2002年に我が国初の遊具の安全に関する規準が誕生したわけだが，最も関心のあるところは，安全規準により事故は減少したのか否かということであろう。ただし，事故情報については，安全規準制定時においても，全国的なレベルで収集するシステムは構築されたわけではなかった。先に述べた，国土交通省に通報された遊具による事故データ（表2-6）によれば，2002年以降も事故件数が減少してはいない。もっとも，この事故データは遊具事故の実態を知り得るものとはいい難いため，この結果をもって安全規準の効果を検証できるわけではない。

2002年から7年も後になるが，2009年に，消費者庁の新設に伴い，ようやく全国的な事故情報データ収集システムが構築された。ここで収集されたデータを基に，安全規準による事故低減効果の有無を検証してみたい。

この事故情報収集システムは，「消費者安全法」第12条を根拠として構築されたものである。関係省庁や地方公共団体，国民生活センターなどを対象，重大事故情報などを通報することを義務づけたもので，これにより消費者の生命・身体に重大な被害が生じた場合（第１類型）と，そのおそれのある場合（第２類型）の情報が「事故情報データバンク」に収集されるようになった。ただし，このデータ収集システムで集約される情報は，死亡，又は30日以上の加療を要するか重い障害を残すという重大事故に限定される。重大事故には至らない事故の情報，いわゆる「ヒヤリ・ハット情報」の収集には，この「事故情報データバンクシステム」に対して，国民が自由にアクセスできるようにし，国民からの自由な書き込みを奨励することでデータを蓄積していくシステムとした。しかし，この書き込み方式で寄せられる情報には，店舗への苦情といった類のものも多く，本来の目的である改善への教訓となるような事故事例の収集に繋がっているのかは疑問である。つまり，遊具事故の全容が把握できるような事故データを，この制度では収集することは難しいということである。

しかしながら，この事故情報データバンクシステムが目下の唯一の事故情報データとなるために，ここからの情報より，2009年以降に蓄積された遊具での事故件数をあげた[(138)]（**表２－８**）。

表２－８に示したように，2009年から2014年９月までで遊具による事故は54件を数え，傷害内容も，頭蓋骨折，大腿骨骨折など全治１カ月以上を要するものが36件にのぼる。事故態様を見てみると，「うんていのバーが固定されておらず回転したために転落」，「鉄棒のバーが外れる」，「ブランコの鎖が外れる」などのメンテナンス不良，また，「ロープウェイでロープと滑車の間に指を挟む」，「手摺の幅が広かったために，複合遊具から転落」，「すべり台の滑り口の隙間に腕が挟まる」などの，遊具の構造上の欠陥を原因とするものが目立つ。これらの事故は，遊びの価値としてのリスクを重視したために発生した事故だとはいえないだろう。メンテナンス不良はいうまでもなく国交省安全指針で定義されている「大人の責任で取り除くべきハザード」であり，ロープウェイの滑車で指を挟む，すべり台の形状，また，著しく高い登はん遊具という構造上

---

(138) 事故情報データバンクシステム（http://www.jikojoho.go.jp/ai_national/　2014年９月23日アクセス）。

表2-8　事故情報データバンクシステムに登録された遊具による子どもの事故の件数

	2009	2010	2011	2012	2013	2014	計
1カ月以上	11	7	7	5	3	3	36
3週間～	1	1	0	0	2	0	4
軽傷	1	2	5	2	0	0	10
不明	3	0	1	0	0	0	4
計	16	10	13	7	5	3	54

（注）2014年は9月まで。
（出所）事故情報データバンクシステムで「遊具」をキーワードにし，発生場所を「学校，病院，福祉施設，公園，公共施設」とし，遊具を原因としない事故である以下の項目を含まず「花火，おもちゃ，モデルガン，煙火，パチンコ，送風機，ラジコン，スロットマシーン，ハート型フラフープ，ペンライト，二脚形スケータースタンド，エアガン，人口草スキー場」で検索した結果を基に筆者作成。

の問題も，数値規準に則り対処していれば防げた事故である。

一方，安全規準ができたために安易な遊具の撤去が進み「公園がつまらなくなった」という声も聞かれることもある。[139]

表2-9は，国土交通省（1998年は建設省）による遊具の管理に関する調査結果である。安全規準公表の前後，2001年と2004年のデータを比較してみると，撤去台数は増加しているが，総設置台数自体は増加しており遊具の撤去が進んだとはいい切れないだろう。さらに年を追うごとに総設置台数は増加し，撤去の割合は半減している。確かに，重大事故が多発し，公共の場所には不適切とされた箱ブランコに関しては撤去が進んでいるが，それは事故の重大さを思えば妥当な措置であり，むしろ2010年でもまだ2000台以上が公共の場所に設置されていることが問題である。

また一方で，箱ブランコの撤去に対して，「安易な撤去は間違いである」と撤去を惜しむ声も聞かれる。危険度が高いとJPFA-Sに明記され撤去が進む「箱ブランコ・回旋塔・遊動円木」の三種類の遊具に対して「絶滅危惧種」と呼び，「公園からの危険の完全排除」の象徴のようにいわれ，撤去が進む現状を批判する声もある。[140] こういった声は，それらの遊具の危険性への無理解から

---

(139)　社説「公園の遊具　子どもの安全第一に」『信濃毎日新聞社』2009年1月14日や，インターネット上の書き込みなどに，撤去が進むことへの否定的な意見が散見される。

表2-9　都市公園の遊具及び箱ブランコの撤去状況

年度	総設置台数	要措置施設数	うち撤去（割合）[1]	箱ブランコの設置台数	箱ブランコの撤去数（割合）[2]
1998	389,737	16,979	1,179（6.9%）		
2001	418,847	16,073	2,331（14.6%）	13,039	1,330（10.2%）
2004	432,387	29,990	3,415（11.4%）	3,628	263（7.2%）
2007	437,068	42,081	5,646（13.4%）	2,700	132（27.8%）
2010	458,832	39,716	2,624（6.6%）	2,022	38（22.6%）

（注）１）各遊具の設置数と撤去された数の合計値を母数として算出。
２）要措置遊具の合計値を母数にして算出。
（出所）国土交通省（平成10年度は建設省）「都市公園における遊具の安全管理に関する調査の集計概要について」2000年，2003年，2006年，2009年，2012年の発表資料より筆者作成。

くる誤解だとしか考えられないが，その根本には，リスクの便益に焦点をあてるあまり，「とりあえずリスクを保持しておこう」という安易な状況を助長させることになる。安全規準が有効に機能し，その本来の目的である，子どもたちのより良い遊びの環境を保障していくためには，再考すべき課題は多い。

④安全規準公表後の遊具の安全管理体制

ここでは，上記の国土交通省による公園に設置されている遊具の安全管理等に関する調査をさらに細かく見てゆく。

同省は，全国の都市公園等における遊具の設置状況や安全点検の実施状況等について，1998年度から３年毎に継続的な調査を実施しており，本書執筆時点での最新版は2010年の調査である。遊具の設置経過年数は，設置後20年以上の遊具が全体の46.5%にあたる21万3295基，また30年以上経過しているものが25%を占める11万4797基となっている（**図2-18**）。遊具種類別では，ジャングルジム60.8%（7936基），回転塔59.4%（1725基），ラダー57.1%（3878基）であり，設置台数の多いブランコ53.0%（３万7085基）やすべり台49.7%（３万3146基）も半数前後が20年以上を経過している。特に回転塔は，支柱が劣化により折れ，回転している子どもが投げ出されるという重大事故が過去に多く起きており，JPFA-Sでも2002年の初版から箱ブランコ同様に「公共の場所にふ

⑽ 畑村洋太郎（2010a）『危険不可視社会』講談社，153-159頁。

図2-18　都市公園における遊具の設置経過年数

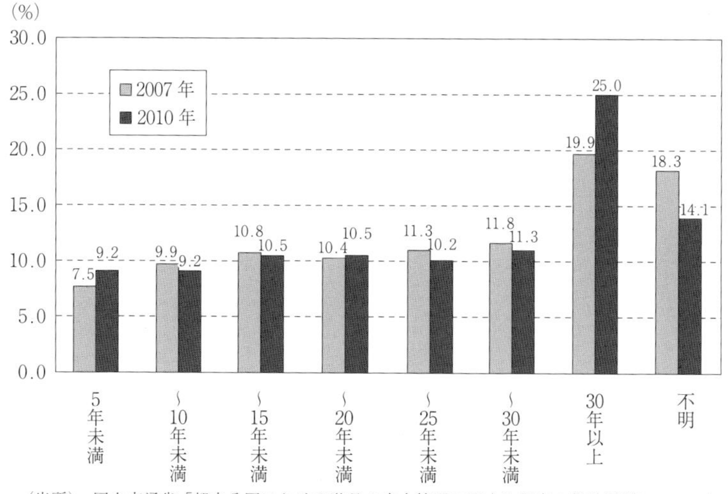

（出所）　国土交通省「都市公園における遊具の安全管理に関する調査の集計概要について」2012年の発表資料より筆者作成。

さわしくない遊具」とされている。また，年々，設置経過年数20年以上の遊具は増加傾向にあり，2007年度の43.0%に対し，2010年度は46.5%となっている。遊具の更新が進んでいないことが分かる。

老朽化した遊具であるなら，なおさら保守点検が重要となる。遊具の点検状況も調査されているが，日常点検の頻度について調査対象となった1406団体（地方公共団体1392，国営公園事務所14）の平均を見てみると，目視などの簡易な日常点検が月に3.8回，定期点検は年2.1回という結果となっている。劣化診断に欠かせない定期点検の実施が年１回未満の団体は，全体の13.6%に相当する191団体だった。

20年以上が経過した遊具とは，ただ劣化が進んでいるというよりも，安全規準ができて12年経過しても，なお規準に合致していない遊具ということである。それが，50%近くもあること，しかもその比率が増えていることは，安全規準の存在意義自体が問われかねない事態ともいえよう。指針は法的拘束力のない安全規準であることから，それを守るか否かは管理者の判断に委ねられている。換言すれば，どれだけその必要性を認識できるか否かによるところが大きい。

安全規準が社会的に浸透していく上で現場管理者の役割は決定的であり，それには関わる人たちの認識の変化を促す仕掛けが必要である。その仕掛けとは，事故の実態を概観できるデータの収集・蓄積・開示と，それに基づく遊具事故の適切なアセスメントの推進である。

⑤東京都の遊具による負傷者救急搬送データ

2012年に，二つの画期的な遊具に起因する事故のデータが公表されている。東京消防庁によるものと，日本スポーツ振興センターによるものである。

東京消防庁による「遊具に起因する子どもの事故の発生状況」は，第1章第1節で述べた子どもの事故データをさらに遊具に限定して分析したものである。このデータは，救急車によらず自力で病院に行ったケースは除外されているものの，東京都という人口1300万人の大都市で発生した遊具による事故全般を把握することができる貴重なデータである。

本データは，2007年から2011年（速報値）の5年間に，公園，小学校，店舗などに設置された遊具に起因する事故により救急搬送されたケースを集計・分析したもので，被搬送人数は3281人である（**図2-19**）。平均すれば1年間に650人程度となる。年齢別で最も多いのは6歳であり，性別ではどの年齢も男の子が多い。また，傷害の程度が中等症以上[141]となるのは，10歳のピークまで徐々に増加し，それ以降は減少している（**図2-20**）。

発生月別では，4月が最も多く，2月，8月が少ない。外遊びに適した季節に事故も多くなるということだろう（**図2-21**）。発生場所は，公園が突出して多いが，幼稚園・保育所と小学校等を比べれば，より活発な遊びをしていると予想される小学校等の方が多い（**図2-22**）。

遊具別では，すべり台が991人（30.2%）と最も多く，次いで，ブランコ603人（18.3%），うんてい272人（8.2%）となっている。中等症以上になる割合が高いのは，うんてい37.6%，登り棒・すべり棒31.5%，鉄棒24.1%，ジャングルジム・複合遊具21.2%である（**図2-23**）。受傷形態を見てみると，その数と割合は落ちるが最も多く1903人（72%）である。中等症以上となる比率が高い

---

(141) 入院を要する程度。

図2-19 年別遊具の事故による救急搬送人数

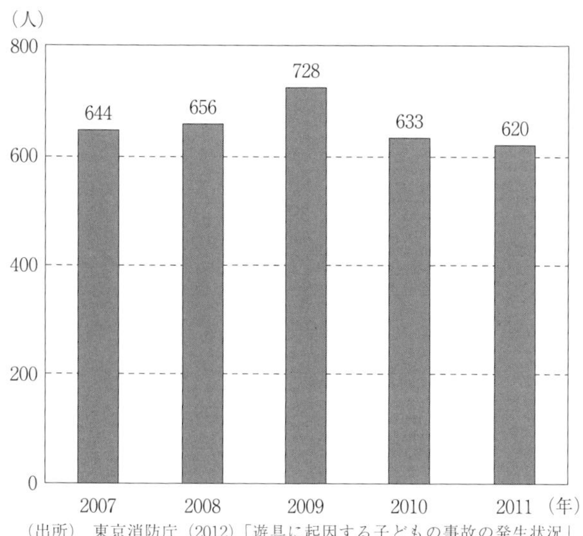

(出所) 東京消防庁 (2012)「遊具に起因する子どもの事故の発生状況」(http://www.tfd.metro.tokyo.jp/lfe/topics/201203/yugu.html 2014年9月28日アクセス)。

図2-20 年齢別・性別の救急搬送人数と中等症以上の割合 (n=3,281)

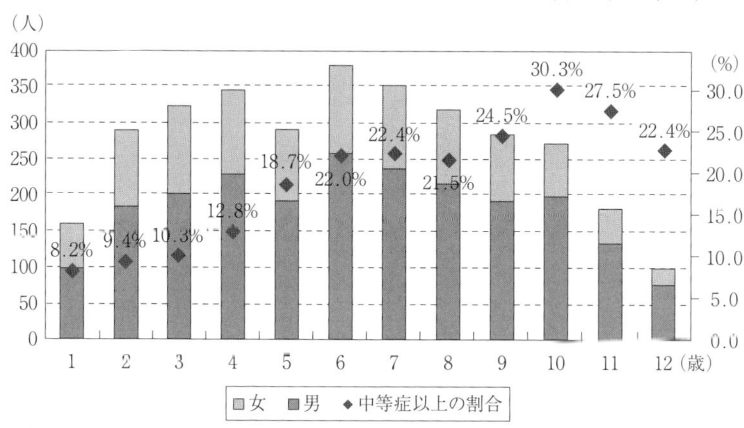

(出所) 図2-19と同じ。

うんてい，登り棒・すべり棒，ジャングルジムはいずれも登はん系遊具であり，受傷形態も落ちるが，うんてい94.5%，登り棒・すべり棒88.9%，ジャングルジム82.4%となっている。遊具事故の受傷形態としては，7割が転落事故，そのうち，重症化するのは登はん系遊具であることが分かる（**表2-10**）。

図2-21 月別遊具の事故による救急搬送された人数（n=3,281）

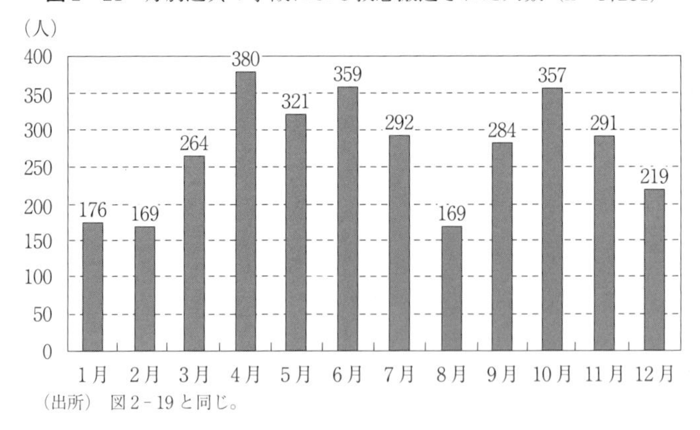

（出所） 図2-19と同じ。

図2-22 場所別・年齢別の遊具の事故による救急搬送人数（n=3,281）

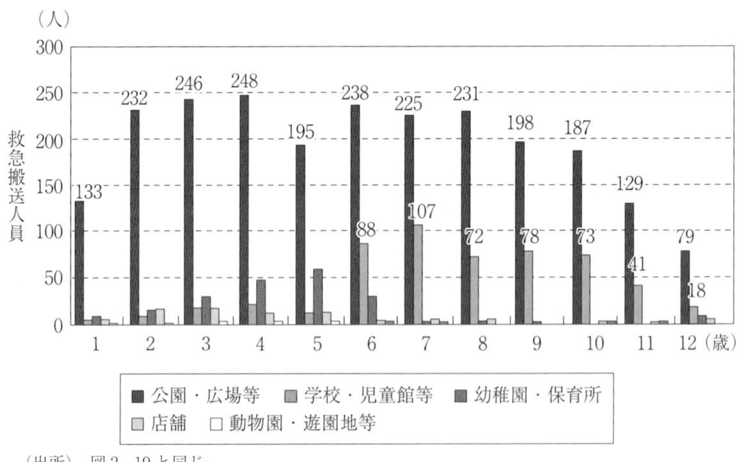

（出所） 図2-19と同じ。

⑥日本スポーツ振興センター災害共済給付制度によるデータ

第1章第1節でも述べてきたが，日本スポーツ振興センターは，災害共済給付事業により得られた学校等で発生した児童・生徒などの事故情報を長年蓄積してきた。2008年から，この貴重な疫学データを事故防止に役立てるために調査・分析を実施している。2010年から2011年度のテーマは，遊具による事故であった。

2012年3月に発表された，調査報告書「学校における固定遊具による事故防

図2-23　遊具別の救急搬送人数と中等症以上の割合

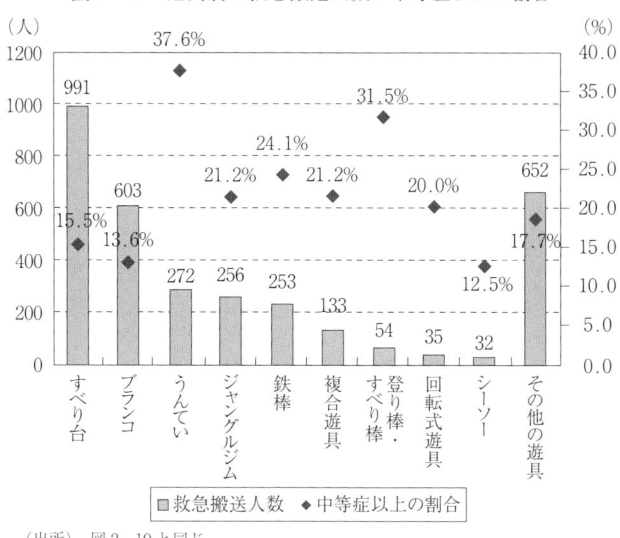

（出所）　図2-19と同じ。

表2-10　遊具別・受傷形態別の救急搬送人数と中等症以上の割合

	受傷形態					合計
	落ちる	ぶつかる	ころぶ	挟まれる	その他（不明含む）	
すべり台	702	118	153	10	8	991
ブランコ	357	231	7	6	2	603
うんてい	257	13	0	1	1	272
ジャングルジム	211	32	8	3	2	256
鉄棒	190	62	0	1	0	253
複合遊具	101	15	12	4	1	133
登り棒・すべり棒	48	5	0	1	0	54
回転式遊具	22	5	5	2	1	35
シーソー	15	11	3	2	1	32
計	1,903	492	188	30	16	2,629

（出所）　図2-19と同じ。

止対策調査研究報告書」は，2010年度に小学校，幼稚園・保育所で起きた遊具に起因する事故のデータを分析したものである。災害共済給付制度の加入者は1739万人（2010年度）であり[142]，これは，全国の学校，幼稚園，及び保育所の児童生徒総数の96.5%にあたる。調査・分析にあたっては，学校災害防止調査研究委員会が設置され，教育関係の学識経験者と共に，工学的見地から産業技術総合研究所の西田佳史，さらに，小学校・幼稚園教諭も加わっている。分析には，産業技術総合研究所が保有している傷害データ・マイニング技術やモデリング技術などの傷害データ分析技術が用いられている[143]。分析対象とした事故件数は4万1394件におよび，遊具事故に関する貴重な研究成果である。ただし，この調査対象は発生場所が，小学校，幼稚園・保育所となっており，園外保育や遠足などで利用した場合以外，公園の遊具による事故は含まれていない。

結果は，まず，2010年の分析に先立ち，1999年から2009年までの11年間に災害共済給付が行われた事故全般について触れられている。小学校等で発生した死亡事故は277件であり，このうち147件（53％）は突然死である。その他の130件の内訳が**図2-24**であり，うち，遊具による事故は10件（7.7％）である。10件のうち4件が箱ブランコなどの大型ブランコによるものである（**表2-11**）。

遊具による事故の結果は，小学校での遊具による事故件数は3万776件，幼稚園・保育所は1万618件（幼稚園4858件，保育所5760件），合計4万1394件である。このうち，死亡事故は小学校1件，幼稚園・保育所3件，障害となったケースは，小学校66件，幼稚園・保育所34件である。また，重傷度の高いものと分類されているのは[144]，小学校1400件（4.5％），幼稚園・保育所474件（4.5％）である。

遊具別で見てみると，事故件数の多いのは，小学校では鉄棒（7654件），ブランコ（3396件），すべり台（2711件），幼稚園・保育所ではすべり台（2198件），うんてい（1012件），鉄棒（937件）である。しかし，重傷化しているのは，小学校はうんてい245件（9.1％），回旋塔11件（7.7％）で，幼稚園・保育所ではうんてい101件（10％），シーソー5件（9.3％），登り棒・すべり棒2件（7.4％）となっている（**図2-25**，**図2-26**）。

事故種別では，転落（飛び降りるも含む）が小学校，幼稚園・保育所共に最

---

(142) 日本スポーツ振興センター健康安全部（2012）『学校の管理下の災害——24-基本統計』日本スポーツ振興センター，105頁。

(143) 日本スポーツ振興センター（2012）「学校における固定遊具による事故防止対策調査研究報告書」51頁。

(144) 医療費が2万円以上かかったものを重傷と分類している。

図２－24　1999～2009年に発生した外因性の死亡事故の原因（n＝130）

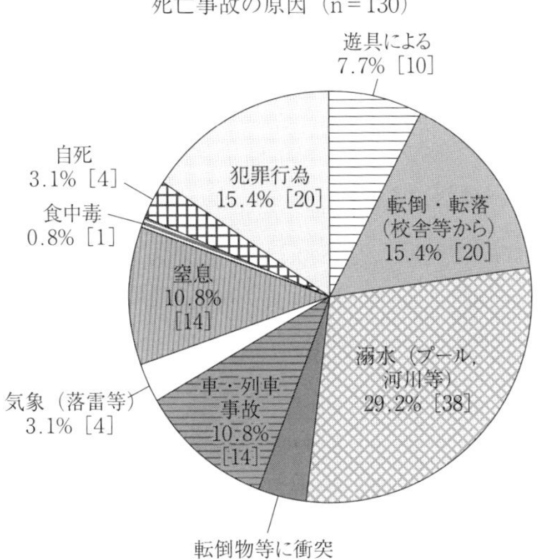

（出所）　日本スポーツ振興センター（2012）「学校における固定遊具による事故防止対策調査研究報告書」３頁。

表２－11　1999～2009年に発生した遊具による死亡事故詳細

	校種	学年／年齢	性別	遊具	発生状況
1	小	1	男	箱ブランコ	ブランコに胸部を強打
2	小	3	男	ブランコ	ブランコ周囲の防護柵に腹部強打
3	小	2	男	縄吊り橋	遊具のロープに宙吊りになる
4	小	1	女	10人乗りブランコ	ブランコから転落し，頭部強打
5	幼	4	男	舟型ブランコ	ブランコの下に頭部が入り込む
6	小	1	男	うんてい	足を滑らせ，バーに首を吊った形で引っかかる
7	保	4	男	登り棒	手を離して転落
8	幼	6	女	すべり台	首吊り状態となる
9	保	1	女	すべり台	ミニトマトを食べながらすべり，喉に詰まらせる
10	幼	3	女	すべり台	ポンチョが引っかかり，首を吊る

（出所）　図２－24と同じ。

も多く，１万5478件（50.3％）と4517件（45.4％），合計で１万9995件（49.1％）にのぼる（**図２－27，図２－28**）。

結果は，さらに細かく，傷病名別発生件数・発生割合や事故発生前の行動も

図2-25　2010年小学校：遊具別事故件数と重傷事故の割合（n＝30,776）

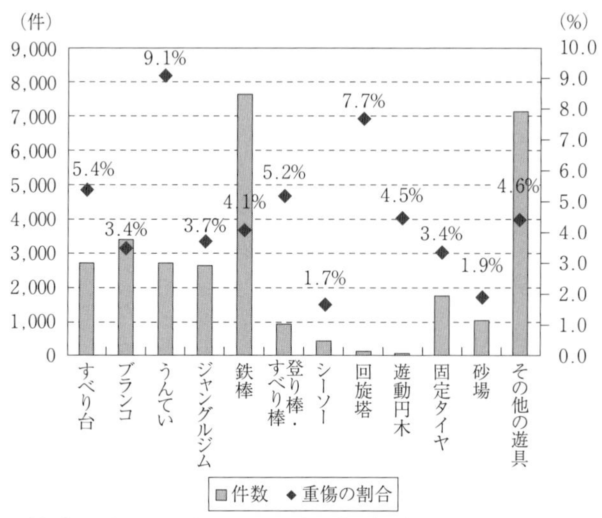

（出所）日本スポーツ振興センター（2012），前掲書，86-106頁。

図2-26　2010年幼稚園・保育所：遊具別事故件数と重傷事故の割合（n＝10,618）

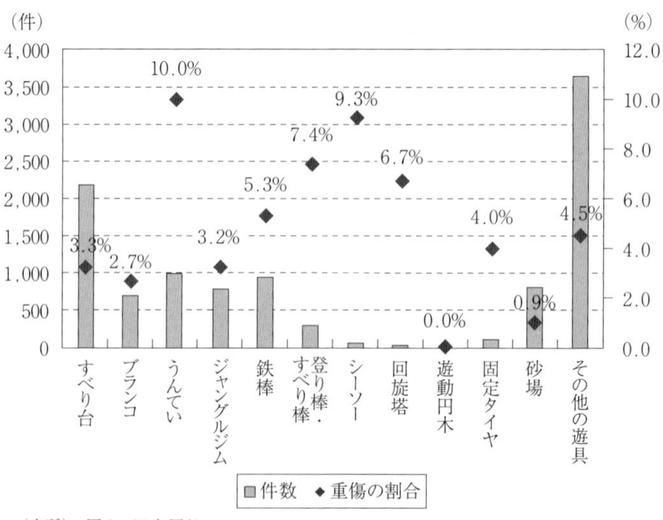

（出所）図2-25と同じ。

図2－27　小学校：事故種別・事故件数（n＝30,776）

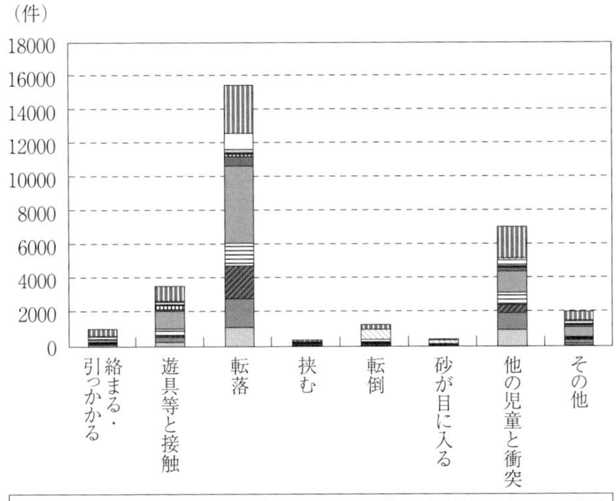

（出所）日本スポーツ振興センター（2012），前掲書，123-124頁。

図2－28　幼稚園・保育所：事故種別・事故件数（n＝9,955）

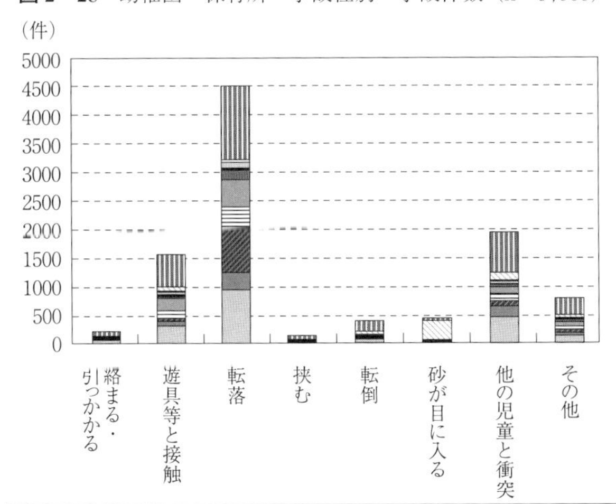

（出所）図2－27と同じ。

遊具の種類別に集計・分析されている。それらを基に，事故の要因を，①「主体要因」＝児童の身体能力や危険を予測する能力が不足し，事故が発生したと考えられるもので，「～ができない」等否定・困難を表する「単語」，「係り受け」で集計，②「施設・設備の要因」＝施設・設備の材料や構造が関係していると思われるもので，「遊具＋引っかける」といった「係り受け」等で集計，③「人的環境要因」＝他児童との関係の中で起きている事故で「背中＋押される」等で集計，④「場所的環境要因」＝場所的な要因が関係していると思われるもので，「圏外の公園」，「登下校」等で集計，という分類を行っている。この結果，「主体要因」が最も多く１万6775件（48.74％），次いで「人的環境要因」１万2016件（34.91％），施設・設備の要因は主体要因の４分の１程度の4054件（11.78％）である。換言すれば，遊具による事故の８割は子どもの能力不足や行動，子ども同士の危険行為が要因だと結論づけているということである。

学校別，遊具別の分析も行われているが，「主体要因」と判断した理由として，「遊具で遊ぶ際に，自分の体力・技術が遊具をコントロールするには足りない，また，足りていないことを判断できる力がない」としている。事故前の行動が「鬼ごっこをしていた」「遊具の他の児童と遊んでいた」「遊具で回転していた」ということであるため，「他の児童に押される・ぶつかる」として「人的環境要因」と分類している。しかし，こういった子どもの状態や行為は，序章で述べた子どもの特徴を持ち出すまでもなく，ごく当たり前の「子ども」の姿である。「子どもが遊ぶ」という行為の中で，事故を防ぎ，傷害を負うことを防ごうとするならば，そこに事故の要因を求めていては有効な対策を講じることはできないだろう。

報告書は，実際の小学校，及び幼稚園・保育所での遊具の管理や子どもへの指導などの実態を把握するために，小学校６校，幼稚園・保育所６園，計12校（園）を調査している。事故を防ぐための対策としては，遊びのルールを決めて守らせる，遊び方の指導をするといった子どもの行動への規制が主流である。もちろん，遊具の点検や不具合があったときの使用禁止などは実施されているが，点検はボルト・ナットの緩みチェックやぐらつきや損傷の有無を見る劣化診断でしかなく，遊具の規格との合致を求めるような規準診断は行われていない。

子どもの遊び場の実態を，疫学的にも優れたデータにより明らかにしたことは，この報告書の大きな成果である。しかし，遊具の管理の実態は，国際的なレベルからは大きく立ち遅れたものであることは否定できない。そして，その遊び場環境の貧しさと共に，事故発生の要因を子どもの行動に求める今の日本社会の姿があぶりだされた報告書である。

第３節　遊具の安全規準の役割と課題：リスクマネジメントの視点からの再考

筆者が最初に箱ブランコ事故の調査を行った1997年当時の社会状況を思えば，わずか５年あまりで規準が誕生するとは思いもよらなかった。それほど，遊具による事故への社会的な関心は低く，個人的な不幸な出来事としてしか捉えられていない分野であった。ただし，建設省（2001年以降は国土交通省）から出された通達やその他の記録を検証してみると，建設省自身は安全規準の必要性をある程度認識していたことが読み取れる。むしろ，遊び場の安全というものに対する社会全般の無関心さと，社会的にはごく少数であったにせよ，安全規準制定に反対する人たちの存在が，建設省の動きを鈍らせていたように思われる。1998年に出版された安全規準の弊害を訴えた『もっと自由な遊び場を』は，子どもの豊かな遊び場づくりを念頭に冒険遊び場を守ってきたNPO関連の人たちによるものである[145]。冒険遊び場という魅力的な遊び場は，子どもが自由にチャレンジし，怪我も含め自分の責任で遊ぶことに成長があるという信念をベースに，彼らの地道な活動により，ようやく地域に根づかせたという経緯もある。かつて英国で起きたような安全規準という規制が，そういった活動の足かせになるとの危惧を持ったであろうことは理解できる。そして，そのような民間の一活動を尊重し，遊びの価値を守るために「安全に行き過ぎない」という基本理念を掲げたのが，国交省安全指針である。これは，国際的に見ても評価はけ

(145)　遊びの価値と安全を考える会（1998），前掲書。

っして低いものではない。

しかし，13年が経過し，安全規準に否定的であった人たちが危惧した，訴訟の増加による遊び場管理者のパニック，冒険遊び場といったチャレンジ的要素の大きい遊び場の閉鎖などといったことは大きくは起こっていない。その半面，遊び場が劇的に改善されたかと問われると，否といわざるを得ない。安全規準の影響は微風程度のものでしかなかったわけである。

そのような状況を背景に，「安全規準は無意味である」「管理者のアリバイに過ぎない」との声があるのも事実である[146]。そもそも安全規準が事故の防止に役立つと考えることに誤解があり，安全規準は事故防止のために必要ではあるが，だからといってそれがあれば事故が防止できるというわけではない。リスクマネジメントを実施していくときのパーツが一つ増えたに過ぎないものと見た方がよい。しかし，このパーツは，事故防止活動の根幹に関わる重要なものである。このパーツがあって初めてリスクマネジメントの方針を決定することができ，事故防止へ向けての活動が動き始めるはずである。

以上に述べたことをふまえ，安全規準の位置づけと役割を，マネジメントの枠組みとして汎用性の高いPDCAサイクル（Plan→Do→Check→Action）にそって確認してみたい（**図2-29**）。

安全規準は，あくまでも遊具を安全なものにしていく目標の設定であり，危険源（ハザード）特定の目安である。つまり，PDCAサイクルの「Plan」に深く関わり，リスクマネジメントにとって重要なポイントである「マネジメントの方針の決定」に際して目安となるものである。仮に，方針を「多少の危険を克服し，心と体を鍛えること」とした場合には，それにそって危険度の高い遊具（危険源）を温存しておくという対応策を取る決断もあり得るだろう。また，方針を仮に「安全第一」と決定すれば，小さな危険源をも回避，除去する対策が取られることになる。いずれにしても，安全規準は，危険源の危険度を査定する目安であり，不要であるはずはない。

国交省安全指針とJPFA-Sは，三度目の見直しを終えたばかりである。ま

---

(146) ジャパンマシニスト編（2012）「『安全規準』がアリバイになったとき」『ちいさい・おおきい・よわい・つよい』第91号，53-82頁。

図2-29　PDCAサイクルを用いたリスクマネジメントの枠組み

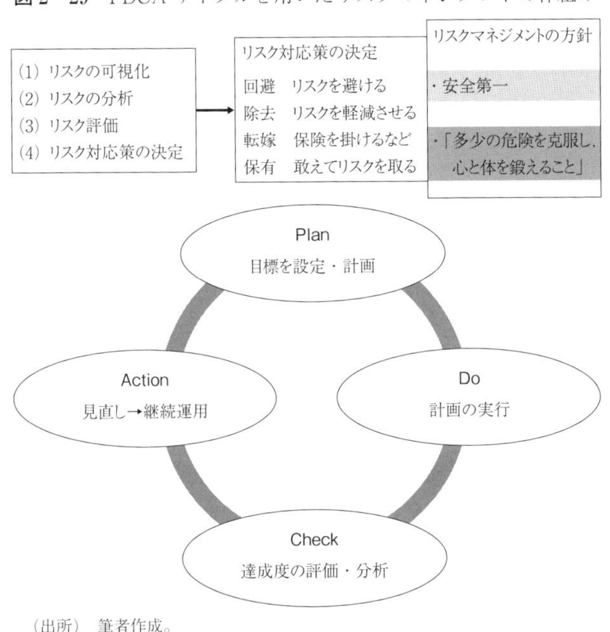

（出所）筆者作成。

た，前述した東京消防庁の公表データや災害共済給付制度により蓄積されたデータの分析も公表され，これまでブラックボックスの中にあった遊具による事故の実態もアウトライン程度は見え始めてきている。それらのデータが示すのは，明らかな転落事故の多発である（東京消防庁データでは7割，災害共済給付制度データでは5割）。中等症以上の比率も高く，ここに備えることにより事故の多くを防げる可能性がある。安全規準でも，設置面への対応を求める記載は，改訂ごとに多少は詳しくはなっているが，現実にはどれほどの改良が現場でされているのかは調査されていない。

次章では，実際に，安全規準がどの程度遵守され，また，管理者がどのような視点で日々の管理を実践しているかを検討していく。その上で，遊具のリスクマネジメントの課題をあぶり出し，改善策を検討していく。

第3章
地方自治体における遊具事故と公園管理の実態
――京都市を中心に――

第1節　京都市における遊具事故の実態

（1）京都市消防局データの分析

①調査・分析の目的

遊具による事故のデータの欠如は，我が国の遊具事故防止対策の遅れの一つの要因であることはこれまで述べてきた。しかし，ようやく，一昨年頃から，いくつかの見るべきデータ分析が公表され始めている。第2章で示した，東京都消防庁による救急搬送データと，災害共済給付制度による事故データである。事故データの収集・分析というリスクアセスメント活動は緒についた観があるが，まだまだ充分なデータ収集には至っていないのが現状である。

筆者は本章執筆に際して，京都市消防局の協力により，2007年から2012年の6年間に救急搬送された遊具による事故のデータを入手することができた。その分析を実施すると共に，京都市内の886カ所の公園の遊具の設置状況を調査した。事故の実態と遊具の設置状況の両面を調査・分析することにより，事故発生の因果関係や公園の管理体制の課題などを抽出することを目的とするものであった。本節では，上記のデータ分析と公園実態調査をふまえて，人口160万都市である京都市の公園マネジメントのあり方を検討する。

京都市は，人口160万人を数え，政令指定都市中第6位という大都市である。明治時代から近代都市へといち早く街づくりがされ，1886（明治19）年には最初の公園[(1)]が，さらに1905（明治38）年には最初の児童公園[(2)]である五条公園が開

（1）1873（明治6）年，太政官布達第16号通達により，国内に14カ所が公園として定められたものの一つ。

設されるなど，１世紀以上にもわたる公園の歴史を持つ都市である。都市公園法が公布された1956年以降，都市公園の整備も急速に行われ，街区の中心部に充分な敷地が確保され，地域の人たちの暮らしに寄り添うような魅力的な空間として存在する公園が多数ある。立地と広大な敷地面積という，京都市の公園が持つポテンシャルの高さは他都市には得がたい魅力である。しかしながら，歴史が古いからこそ，そこに設置されている遊具の老朽化は否めず，事故の可能性も高いのではないかと推認される。以上の理由により，自治体管理の公園における管理の実態を調査・検討する対象として，京都市を選別した。

消防により救急搬送された事故データは，自力で病院に行ったケースは除外されるという難点はあるが，非致命的な外傷の実態を把握するためには信頼に足るデータであるといえるだろう。その結果を基に，京都市内の公園の実態をふまえつつ，より良い子どもたちの遊び場とするための公園のリスクマネジメントのあり方を考察する。

②結果とデータ分析

京都市消防局から提供を受けたデータは，2007年から2012年の６年間に，京都市で，遊具を起因とする事故で救急搬送された，14歳未満の子どもを対象としたデータである[(3)]。開示項目は，「発生年月」「年齢」「性別」「発生状況（転落，衝突，転倒など）」「発生場所（公園，幼稚園等，小学校，中学校など）」「傷病名」「傷病程度（軽症，中等症，重症[(4)]）」「発生遊具」の８項目である。

結果は，救急搬送されたのは237件であり，そのうち，重症は３件，中等症は29件，合わせて32件（13.5%）であった。事故発生状況は，転落が160件（67.5%）を占め，うち，中等症以上に限れば29件（90.6%）が転落であった（**表３-１**）。

---

(2) 京都市では，五条公園にシーソーなどの遊具が設置され，市内初の児童公園といわれている。

(3) 提供を受けたデータは対象が20歳以下であるが，子どもを14歳以下と定義したため，17歳１名（公園のアスレチックで中等症）を除外した。

(4) 総務省消防庁が行う『救急年報』に統一されている区分は①死亡，②重症（傷病の程度が３週間以上の入院を必要とするもの），③中等症（傷病の程度が入院を必要とするもので重症に至らないもの），④軽症（傷病の程度が入院加療を必要としないもの）。

表3-1　年度別・発生状況別事故発生件数と中等症以上の件数・割合

		事故総件数	転落	転倒	衝突	挟まれ	その他
2007	総件数	37	22	4	7	0	4
	うち中等症以上	3	3	0	0	0	0
2008	総数	32	22	1	3	0	6
	うち中等症以上	5	4	1	0	0	0
2009	総数	36	25	1	4	2	4
	うち中等症以上	4	3	0	0	0	1
2010	総数	42	30	3	6	0	3
	うち中等症以上	5	5	0	0	0	0
2011	総数	46	25	6	4	0	11
	うち中等症以上	6	5	0	0	0	1
2012	総数	44	36	2	3	0	3
	うち中等症以上	9	9	0	0	0	0
総件数の合計		237	160	17	27	2	31
中等症以上の合計		32	29	1	0	0	2
総件数に対して中等症以上件数の割合（%）		13.5	90.6	3.1	0.0	0.0	6.3

（出所）　京都市消防局提供のデータを基に筆者作成。

事故の起因となった遊具として項目が立てられていたのは，ブランコ，すべり台，ジャングルジム，シーソー，鉄棒の５種であり，それ以外の遊具は「その他遊具」と分類されていた。ただし，「その他遊具」には，うんてい，アスレチック，巨大タイヤなどと但し書きがあり，うんていはその中でも件数が多かったため，筆者の判断でここでは項目として独立させた。**図3-1**が示すとおり，①ジャングルジム67件（28.3%），②すべり台58件（24.5%），③ブランコ41件（17.3%）の順に事故が発生しており，中等症以上（総数32件）について見ると，①ジャングルジム12件（37.5%），②すべり台５件（15.6%）などとなっている。

次に，発生場所として分類されていたのは，公園，幼稚園・保育所，小学校・中学校等，大規模商業施設，動・植物園，遊園地，キャンプ場，運動・競技施設，展示場，その他遊戯場の10カ所であった。これらのうち，件数の少ない「動・植物園，遊園地，キャンプ場，運動・競技施設，展示場，その他遊戯

図3－1　遊具の種類別事故発生件数と中等症以上の総件数に対する割合（n＝237）

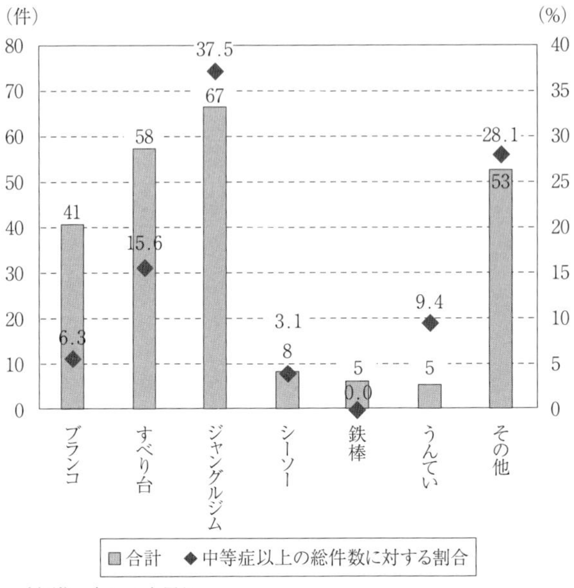

（出所）　表3－1と同じ。

場」の6カ所は，「その他」としてまとめた。

発生件数順に見てみると，**図3－2**のとおり，①公園133件（56.1%），②小学校・中学校等73件（30.8%），③幼稚園・保育所14件（5.9%）となっている。

また，中等症以上の割合が高いのは，小学校・中学校等17件（53.1%）であった（図3－2）。なお，小学校・中学校で発生する事故は，件数は公園の半数であるが，中等症以上の深刻なケースが多いということが分かる。その多くが，ジャングルジムでの事故である（**図3－3**）。幼稚園・保育所は，件数も少なく，深刻な傷害も起きていなかった。

発生状況の中で最も件数の多かった転落について，さらに注目してみる。

転落事故は総数160件であったが，転落事故が発生している遊具は，多い順に，①ジャングルジム62件（38.8%），②すべり台44件（27.5%），③ブランコ14件（8.8%）である（表3－4）。ジャングルジムからの転落事故は傷害の程度も重く，重症2件，中等症9件，合計12件である。これは，中等症以上の傷害

図3-2　発生場所別事故件数と中等症以上の総件数に対する割合（n=237）

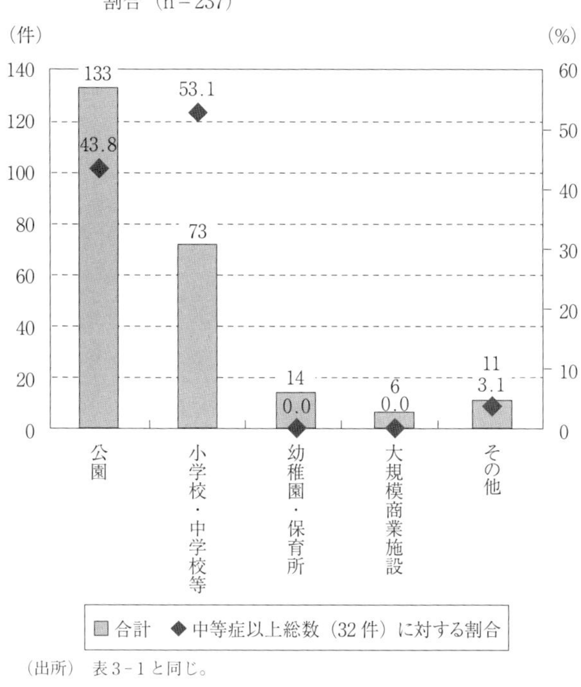

（出所）　表3-1と同じ。

総数32件の37.5%を占め，転落事故により中等症以上の傷害となった件数29件に占める割合でいえば41.4%となる（図3-3)。また，ジャングルジムからの転落事故は，小学校・中学校等に設置されているものが群を抜いて多く45件であった。幼稚園・保育所も加えると50件となり，一方，公園は12件であった。ジャングルジムからの転落事故のうち中等症以上の傷害も，小学校・中学校等で発生したものが12件中11件であり91.7%を占める（**表3-2**)。救急搬送データからは，京都市内の遊具による事故のうち，最も危険性が高いのは小学校・中学校等に設置されているジャングルジムだということがいえる。小学校・中学校等で発生している遊具に起因する事故も深刻であることが示唆され，本来ならば遊具の設置状況や管理実態に関して調査すべきであるが，本章執筆の過程で，京都市教育委員会に小学校・中学校等における調査の実施許可を求めたが許されなかったため，小学校・中学校等の実態については検証することがで

図3-3　転落事故の遊具種類別・傷病程度別事故発生件数と割合（n＝160）

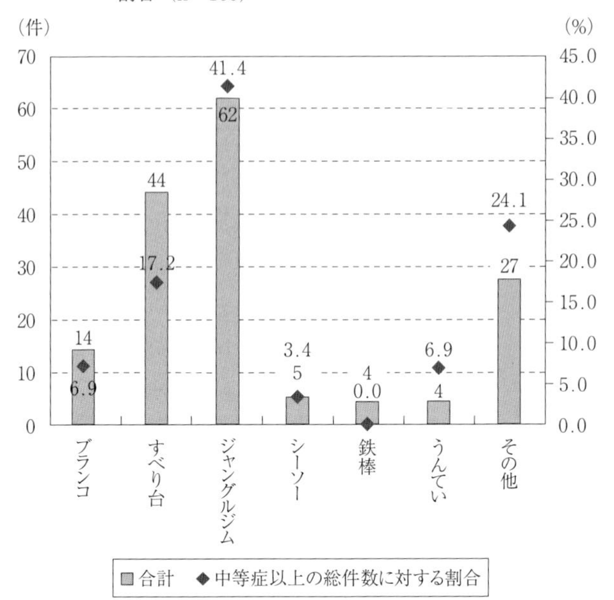

（出所）　表3-1と同じ。

表3-2　ジャングルジムによる転落事故の発生場所別・傷病程度別事故件数

	公園	小学校・中学校	幼稚園・保育所	大規模商業施設	その他	合計
中等症以上	1	11	0	0	0	12
軽症	11	34	5	0	0	50
合計	12	45	5	0	0	62

（出所）　表3-1と同じ。

きなかった。今後の課題としたい。

では，公園で発生した事故を詳しく見てみる。

発生状況は，転落が最も多く84件（63.2%），次いで，衝突19件（14.3%）である。特に，公園で発生した事故で中等症以上の傷害となったのは，13件中12件までが転落事故である（**図3-4**）。受傷内容も，肘・上腕などの骨折が8件，頭部への挫創や打撲，皮下血腫といった頭部へのダメージが5件となっている。頭部へのダメージは死亡も含めた深刻な事態を招きかねない。公園においても転落事故が頻発し，しかも重症に至るケースが多いことが分かる。

図３－４　公園での事故：発生状況別件数と中等症以上の総件数に対する割合（n＝133）

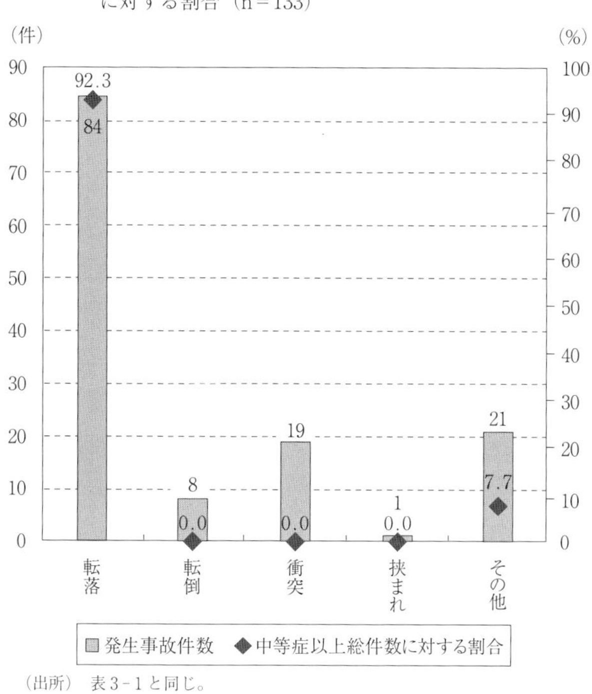

（出所）　表３－１と同じ。

遊具種類別では，すべり台が47件（35.3%），ブランコ38件（28.6%），ジャングルジム15件（11.3%）である。中等症以上の傷害が発生した遊具は，すべり台３件，うんてい３件，ブランコ２件，シーソーとジャングルジムが各１件，その他の遊具３件となっている。公園で発生した中等症以上の事故の中で比率が高いのは，すべり台とうんてい（共に23.1%）であるが，うんていは，発生件数４件のうち３件までが中等症以上になっており，事故の件数は少ないが事故が発生すれば深刻な傷害となる傾向が認められる（**図３－５**）。

（２）　京都市の公園遊具の実態調査

①調査対象と方法

消防局から提供されたデータは，先に示したとおり，発生場所は公園だけではなく，小学校・中学校等，幼稚園・保育所，大規模商業施設，動・植物園な

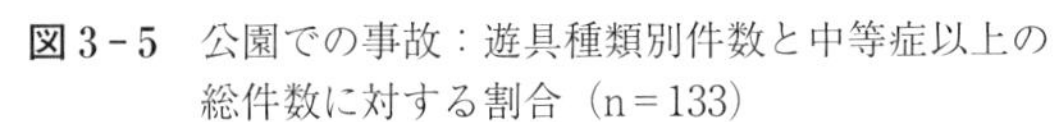

図3－5　公園での事故：遊具種類別件数と中等症以上の総件数に対する割合（n＝133）

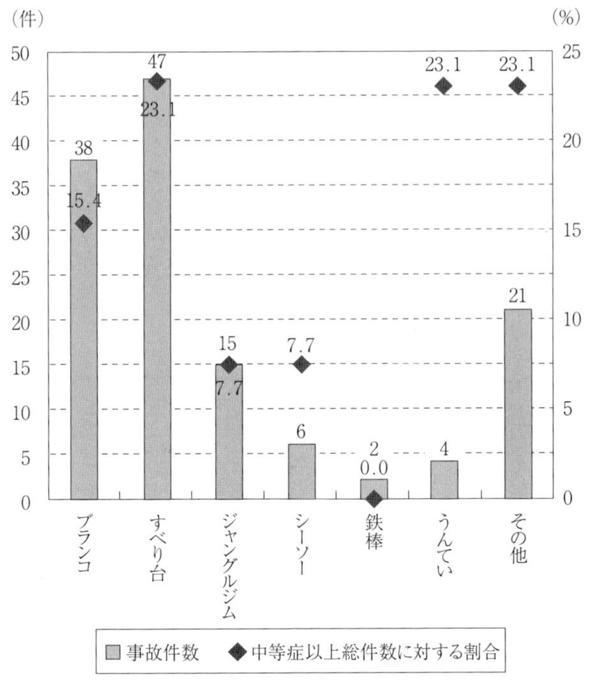

（出所）　表3－1と同じ。

ど多岐にわたる。また，「公園」を広義の意味で捉えると，団地，自治会，寺社などが設置・管理している遊び場もある。本書は，遊び場の管理のあり様を考察することを目的としたために，それらの中から市管理の公園に注目し，実態調査を実施した。

京都市内には，2013年3月現在で，市営公園886カ所，府営公園5カ所，国が管理する国民公園1カ所の合計892カ所ある[(5)]。今回の調査では，市営公園886カ所（99.3%）を対象とした。

2013年5月から11月の7カ月間で，自ら，市営公園886カ所を巡り，設置されている遊具の種類と台数，状況をチェックするという形の調査を行った。

(5)　京都市建設局水と緑環境部（2012）「京都市の公園」平成24年度版，15頁。

図3-6　京都市営公園の遊具の種類の内訳

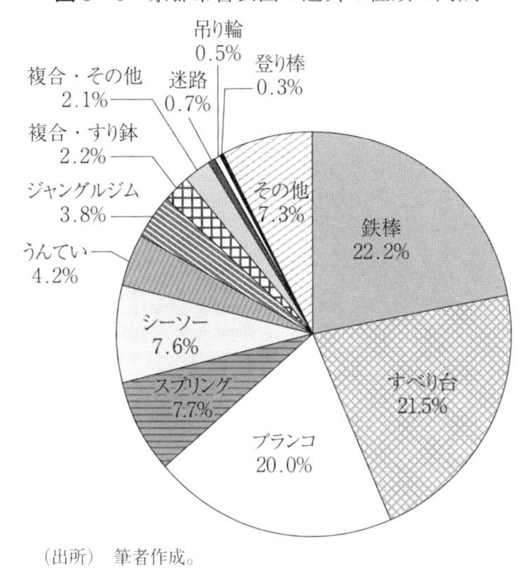

（出所）　筆者作成。

②市営公園に設置されている遊具の数と種類

公園の住所などの詳細は，「京都市の公園」2012（平成24）年度版から得た。しかし，同資料には，遊具の種類や設置台数といった記載はなく，現地に行ってから目視で確認することになる。そのため，遊具の設置場所が特定できず見落としてしまう可能性は否定できない。以上のことをふまえての調査結果ではあるが，遊具が設置されている公園は827カ所であり，遊具の総数は2644基であった[(6)]。遊具の種類の内訳は**図3-6**である。鉄棒586基・すべり台569基・ブランコ530基であり，京都市の公園の傾向として，敷地面積の狭い公園にも鉄棒とすべり台が設置され，面積が広がるにつれてブランコやジャングルジムなどが加わっていた。

さらに，設置遊具に関して，特徴的な点がいくつか指摘できる。一般的には，すべり台の材質の主流はステンレスやスチール，強化プラスチック製である。しかし，京都市は，コンクリート人研ぎ製のすべり台（参考：**図3-7**）が561基（98%）にもおよぶ。コンクリート人研ぎ製の遊具は，1960年代に，全国で

(6)　砂場は遊具に含めず，動物等の形を模した可動しないものやスプリング遊具は複数個あっても1とカウントした。

図3-7　西京区松陽公園：児童用・幼児用人研ぎ製すべり台

（出所）　筆者撮影。

図3-8　伏見区大島公園：人研ぎ製複合遊具

（出所）　筆者撮影。

斜面を利用したり，蛸などのユニークな形状を模した大型すべり台として多く見られた。これは，遊具メーカーが製造するものではなく，「現場打遊具」とも呼ばれ，現場に合わせてコンクリート等を打設して築造した遊具である。コンクリート製であるため耐久性には優れているが，転倒などの際に頭部などを強打すれば深刻な傷害となる可能性がある。国交省安全指針でも，2014年の改正で「特に，一般的な遊具とは異なる石の山・コンクリート製の山等の現場打遊具や運動能力やバランス能力が要求される遊具については，利用に当たってその特質を十分に理解し，子どもの利用やその安全確保について保護者や地域住民の果たす役割がより大きくなることから，これらとの相互の連携や情報の共有・交換が一層重要となる[(7)]」と記載しており，特別な配慮が必要な遊具だとの認識である。そういった理由で，遊具のタイプとしては現在好まれるものではないと推測される。しかし，京都市では，古い遊具が残っているだけでなく，新設されるすべり台も人研ぎ製であり，単体すべり台で人研ぎ製でなかったのはわずかに８基だけである。また，すべり台の中には斜面を利用した滑走距離の長いタイプが20基あった。複合遊具も，全国的には強化プラスチック製のカラフルな製品が増加傾向にあるが，京都市の場合は，1960～70年代に設置されたコンクリート人研ぎ製のすり鉢状の巨大な複合遊具が111基中58基と半数を占める。設置されて40～50年近く経過したチャレンジ性の高い遊具が点在しているといえる。

③遊具の設置面

遊具の状況の確認には，本来，多くのチェックすべき項目はあるが，今回の実態調査では，消防局救急搬送データの結果をふまえ，転落事故が発生した場合に重症化させる要因となる設置面を重点的に観察した。

結果は，**図３-９**，**図３-10**，**図３-11**，**図３-12**のように，基礎コンクリートが露出している遊具が多数見られた。単体型で児童用のすべり台でいうと，499基のうち393基（78.8%）が，登はん部階段下と出発部（すべり台の最も高い場所）下にコンクリート基礎が露出している状態である（図３-７)。次いで，基礎露出比率の高いのは，ジャングルジム68.0%（図３-11），そして，うんてい56.4%（図３-10），登り棒42.9%（図３-９）となっている。これは，いずれも転落事故の発生が予測される登はん系遊具である。

また，**図３-13**は，迷路と呼ばれている遊具である。18カ所中７カ所（38.9%）に，コンクリートの基礎が露出していた。設置者は迷路遊びをイメージして設置しているが，実際には，壁の上に乗り鬼ごっこ等をしている。1

(7)　国土交通省（2014)「都市公園における遊具の安全確保に関する指針（改訂第２版)」17頁。

図3-9　西京区牛が瀬公園：登り棒の設置面

（出所）　筆者撮影。

図3-10　東山区三条東公園：うんていの設置面

（出所）　筆者撮影。

図3-11　左京区高原公園：ジャングルジムの設置面

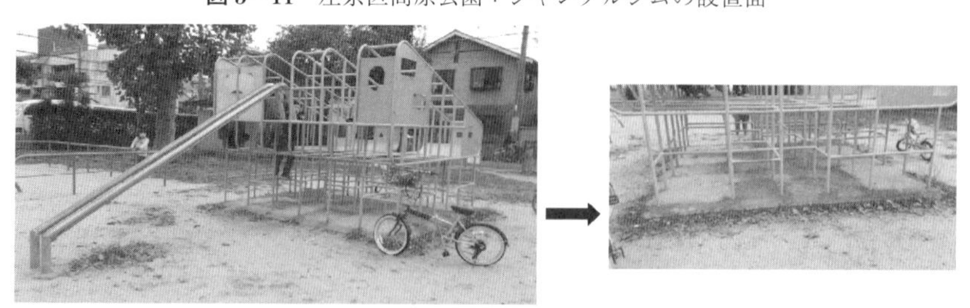

（出所）　筆者撮影。

図３－12　遊具の設置台数と設置面不備の割合

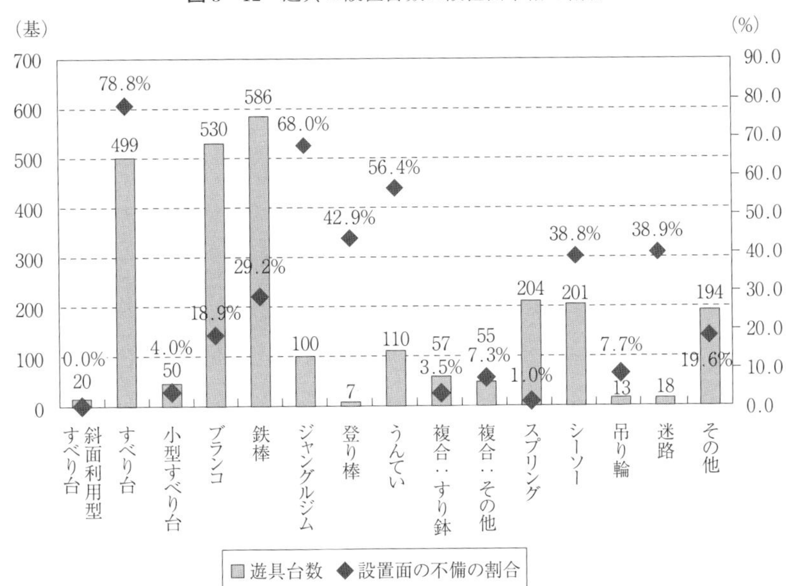

（注）　砂場は除外し，スプリング遊具とその他に分類した。健康遊具，動物等の形を模した可動しないものは複数個あっても一つとカウントした。

（出所）　実態調査を基に筆者作成。

図３－13　下京区有隣公園

（出所）　筆者撮影。

m 程度の高さからコンクリートの基礎の上に転落した場合，重篤な怪我を負う可能性が高い。調査中，近隣の人からも，怪我をする子どもをしばしば見るとの証言を得た。

第2節　事故データと公園調査からの考察

（1）　遊具の設置面に関する課題

①転落事故多発と設置面の不備

京都市消防局の救急搬送データから得られた結果は，発生事故のうち67.5%が転落によるものであり，重症・中等症以上に限れば90.6%が転落によるものであった。類似のデータとして，第1章で取り上げた東京都消防庁が公表している遊具に起因する子どもの事故データがあるが，転落による事故は72.4%（1903件／2629件）である[(8)]。つまり，これら二つの都市の救急搬送データからは，遊具による事故は転落事故がおよそ7割を占めているということがいえる。一方，公園実態調査から明らかとなったのは，遊具の設置面に基礎コンクリートが露出しているものが8割近くもあり，特に転落事故の発生が多いすべり台や登はん系遊具に比率が高いという事実であった。

「高い所に登る」という行為自体がそれらの遊具の使用方法である以上，転落事故はつきものである。それを重症化させる可能性が高いのは，一つには高さ，もう一つは固い設置面である。京都市の公園は，コンクリートの基礎の露出の比率が高いという状況に加え，登はん遊具は大型のものも多い。登り棒で落下高さが3mを超えるものが設置されており（例：**図3-14**伏見区内畑公園）チャレンジ性の高い遊具が多いとも換言できる。しかしながら，京都市の公園は，子どもたちに人気である。多くの地域で，子どもの生活空間の中に広い敷地が確保され，遊具の数も多い。そのため，特に夕方には公園は子どもたちで溢れている。外遊びが減ったといわれる現代の子ども事情から見ても，これは特筆に価する。だからこそ，重篤な事故の発生を避けるために，より適切なマ

(8)　東京消防庁（2012），前掲資料（http://www.tfd.metro.tokyo.jp/lfe/topics/201203/yugu.html　2014年9月27日アクセス）。

図３－14　伏見区内畑公園全景と登り棒の設置面（基礎露出）

（出所）　筆者撮影。

ネジメントが求められるはずである。

②京都市における公園管理体制

上記の調査結果をふまえ，京都市の公園管理の担当課である建設局水と緑環境部緑政課に対し，2013年11月15日にヒアリングを実施した。

京都市の公園の管理体制は，建設局水と緑環境部の中に，公園管理業務の統括を行う緑政課と，実際に公園を巡視し，公園遊具の点検などの維持管理業務を行う北部みどり管理事務所（北区・上京区・左京区・右京区・西京区），及び南部みどり管理事務所（中京区・東山区・山科区・下京区・南区・伏見区）がある。これら二つのみどり管理事務所が実施している点検業務は，都市公園法施行令第７条に基づき，市職員（嘱託職員も含む）により，目視，触診，聴診，打診といった内容で，おおむね２カ月に１度を目安に実施されている。これは，国交省安全指針に示された「日常点検」にあたり，指針で示されている構造部材のぐらつき，腐食・腐朽が進みやすい基礎部分の確認，消耗部材の確認などが点検の対象とされている。[9] ２カ月に１度という点検の頻度も他の政令指定都市

⑼　国土交通省（2014），前掲資料，43頁。

図3-15　政令指定都市の遊具の点検頻度

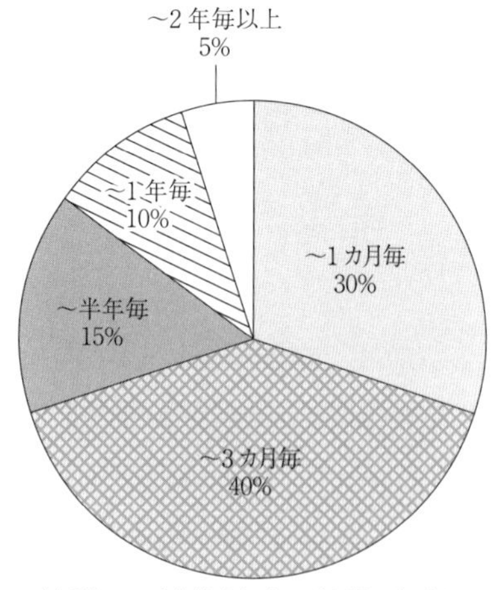

（出所）20政令指定都市の公園管理担当課へのアンケート調査結果より筆者作成。

と比較すれば平均的なものである[(10)]（**図3-15**）。また，京都市は独自の点検マニュアルとして，ごく簡単な資料を備えている[(11)]。20の政令指定都市のうち，独自のマニュアルを整備しているのは8都市，作成中は2都市に留まることから，点検業務体制としては平均的なレベルである[(12)]。

コンクリート基礎の露出に関して，京都市緑政課は，支柱の根元は雨やペットの尿などで腐蝕しやすく，それを防止するためにコンクリートを饅頭様にして露出させる「マンジュ仕上げ」を行っているという。同市の点検マニュアルでも，「滑台（ママ）・支柱の根元の点検」の点検ポイントとして，「支柱の根元は重要な部分，腐蝕の有無の確認」「モルタルによる水切りのためのマンジュ仕上げ部分の異常クラック・はく離の確認[(13)]」とし，その手順として「マンジュ仕上げ部分の土を掃き沸け，テストハンマー打診で確認する[(14)]」となっている。つまり，

(10)　2013年8～9月に20の政令指定都市の公園管理担当課へのアンケート調査を実施。詳細は次節に記載。
(11)　パワーポイントで作成された30頁程度の簡易なもの。写真入りで点検のポイントなどが示されている。
(12)　前掲アンケート（注(10)）による。
(13)　京都市建設局水と緑環境部緑政課（作成年不明）「公園遊具の日常安全点検」15頁目。

コンクリート部分は，露出させた後に点検する手順なのである。

担当課は，こういった支柱のマンジュ仕上げや分厚いコンクリートの基礎板の露出は，耐用年数をより長くすることを目的として採用しており，具体的には国の処分制限期間の2倍，例えば，ブランコなどの金属製遊具は15年の2倍の30年を目標としているという。これは，2009年に国交省が打ち出した「公園施設長寿命化計画」にも合致しており，そういう観点からすれば，管理者としての役割は充分に果たしているといえなくもない。

それは，維持管理コストも含め，遊具の故障や倒壊によるリスクと子どもの遊具からの転落時のリスク，そのどちらに備えるべきか，という選択の問題ともいえるだろう。京都市消防局から得た事故データによれば，破壊や倒壊による事故は1件も発生していないが，新聞データベースから収集できる，過去に全国各地で発生した遊具事故情報では，倒壊による事故が多数見られる。かつて死亡・重大事故が発生した回旋塔の事故は，支柱の倒壊によるものが多い[(15)]。これは，京都市では，2カ月に1度の点検が充分に機能しており，倒壊事故というような深刻な管理不足による事故を起こしていないということだと思われるが，過去の重大事故のイメージと，倒壊事故の場合には管理者の過失責任がより強く求められる可能性があることから，管理者が過敏となることは理解できる。一方，子どもが遊具から転落した際に怪我をしてしまうという事態は，遊具からの転落を「子どもの過失」と見なしてしまえば，管理者責任と認識されることもない。しかし，重要なのは，過失責任を誰に求めるかということではなく，事故による子どもの傷害を防ぐことである。事故防止という視点にたてば，備えるべきは何であるかは変わってくるはずである。

③あるべき転落事故の重篤化防止対策

ここで，遊具の事故防止対策が進んでいる欧米諸国では，遊具の事故防止対策がいかに転落事故の重症化防止対策とリンクしてきたかという点を確認しておく。転落事故が，遊具による事故の態様として多いことは，欧米での様々な

---

(14)　京都市建設局水と緑環境部緑政課（作成年不明），前掲資料，15頁目。
(15)　松野敬子・山本恵梨（2006）『遊具事故防止マニュアル：楽しく遊ぶ安全に遊ぶ』かもがわ出版，92-93頁。

調査分析から明らかにされている。

1975年発表の米国 CPSC による "Hazard Analysis Playground Equipment" には，1974年，1年間に11万8000人が救急搬送されており，外傷の41％が頭部外傷であるとされている。その原因として遊具の設置面がアスファルト，コンクリート，土で覆われているからであると指摘している[16]。1981年には，CPSC から初めての公共の遊び場安全指針が公表されたが，それには遊具による事故の72％が転落によるものだとの調査結果が示されると共に[17]，設置面は砂，ウッドチップ，そして，屋外用のラバーマットを推奨し，コンクリートやアスファルトの上には遊具を設置しないように求めている[18]。

EU 諸国でも同様で，世界で最も早く遊具の安全規準が整備されたドイツでは，1986年のバイエルン技術管理協会（Vereinigung der Technischen Űberwachungs-Vereine）が実施した調査研究で，遊具設置面の天然素材と各種の転落防止マットとの比較が行われている。調査対象は，3種類の砂（Quarzsand, Linatex-Sand, Bruchsand），芝生，樹皮，コンクリート，6種類の転落保護マットである。それぞれの状態や落下高さを変えての調査が行われており，コンクリートの場合，落下距離が0.25 m 以上になると怪我の可能性が高くなり，コンクリートは安全性という点で最も劣るとしている[19]。

このように，欧米では，早くから遊具の事故原因として転落は最も注目すべき課題として認識され，それぞれの規格に反映させている。その後，米国では，指針が示されたにもかかわらず，予算不足や遊び場の安全への関心の低さから，

---

(16) U.S. Consumer Product Safety Commission (1975), "Hazard Analysis Playground Equipment," p. 9.

(17) U.S. Consumer Product Safety Commission (1981a), "Handbook for Public Playground Safety: Vol. I," p. 3.

(18) U.S. Consumer Product Safety Commission (1981b), "Handbook for Public Playground Safety: Vol. II," p. 22.（米国で広く用いられている，Gmax［衝突時の瞬間最大加速度］200 g 以上であると，頭蓋骨骨折などの頭部外傷になり得るというテスト方法が示されている）。

(19) Agde, Georg, Nagel, Alfred, and Richter, Julian (1989), *Sicherheit auf kinderspielplätzen: Spielwert und Risiko, sicherheitstechnische Anforderungen Rechts-und Versicherungsfragen*, pp. 26-31.／福岡孝純訳（1991）『安全な遊び場と遊具』鹿島出版会，25-30頁。

遊び場の改善は一朝一夕に進むことはなかった[20]。一方で，指針を根拠に遊び場での事故に対する訴訟が激増するという事態を招き，事故件数はむしろ増加するという皮肉な結果となったということは前章でも述べたとおりである。また，英国では，８歳の少女がブランコから転落し死亡するという事故をきっかけに世論が加熱し，遊び場の設置面対策への過剰な設備投資となっていった[21]。それにより，10年間で数億ポンド（数百億円）が設置面に費やされたといい，子どものリスク全般で見ると，交通事故などよりも遥かにリスクの低い遊具事故に巨費を費やすことは無駄ではないかと，遊具事故防止の専門家から指摘される事態となった[22]。

こういった安全とリスクとのバランシングの適正化という難題に対し，設置面の衝撃緩和対策への過度な投資の是非や，その効果への評価に対して，様々に議論がなされたことは間違いなく，そのせめぎ合いは今も続いている。しかし，そうであったにせよ，コンクリートやアスファルト，踏み固められた土といった硬質な素材は，設置面として不適であることは自明のことである。これらの使用を許容している安全規準は，おそらく世界中どこにもない。

我が国の安全規準である国交省安全指針にも，それは当然記載されている。2002年の初版から，設置面への配慮として，「コンクリートやアスファルトなどの硬い設置面は，落下時の衝撃が大きいため，落下するおそれのある遊具の配置を避ける」「必要に応じて安全領域には，ラバーや砂，ウッドチップなどの衝撃吸収材の使用について検討する[23]」などと書かれている。ただし，設置面に関してだけで１冊の規格書を作成している欧州や，衝撃吸収性能の評価方法を詳しく記載した規格（ASTM F 1292）を持つ米国と比較すれば，その記載はごく簡単なものである。改正のたびに，その記述も徐々に詳細になり，2014年の改訂で「特に，運動能力やバランス能力が要求される遊具は，チャレンジ性の高い遊びができることから子どもにとって魅力的である一方，落下するリス

(20) Wallach, Frances (1999), *op. cit.*, ページの記載なし。Wallach の頁の３頁目。
(21) Gill, Tim (2007), *op. cit.*, p. 26.
(22) *Ibid.*, p. 29.
(23) 国土交通省（2002），前掲資料，22頁。

クが高いので，衝撃の緩和のための適切な対策を講ずる[24]」との文言が加えられている。国交省安全指針を補完するJPFA-S「遊具の安全に関する規準」にも，2014年の改訂版には，より具体的な数値として「該当する設置面の衝撃吸収性能を評価する場合は，JPFA 方式で落下時の最大加速度（G max）および頭部傷害基準値（HIC）を計測すること。各限界値は，G max 200G 未満，HIC 1,000 以下とする[25]」と記載されている。なんとか設置面の改善を進めたいという意図を感じるものではある。

京都市の公園遊具の実態調査でも，設置面のコンクリート基礎の露出が８割にもおよぶことが確認されたように，我が国では，未だに，設置面に衝撃緩和対策が必要であるとの認識がきわめて低いことは明らかである。

欧米の設置面に関する現在の議論を見てみると，より厳しさを求める傾向にある。すなわち米国では，未だに，年間約20万人が遊具により怪我を負っていると報告されており，その改善策として衝撃吸収素材の検査方法の見直しや，現在採用されている HIC1000 という規準の適切性が議論されている。米国の遊び場の事故防止に関する第一人者である国際遊び場安全研究所（International Playground Safety Institute）代表のケン・クツカ（Kenneth Kutska）は，CPSC の法令遵守担当副理事長であるマーレ・ショーン（Mare Schoem）宛のメールで，遊具の事故防止には高さ制限よりも設置面の衝撃緩和がより重要であり，HIC1000 から HIC800 と，より厳しい対策が取られるべきだと述べている[26]。また，衝撃緩和対策により致命的な事故は減ったが脳震盪は頻繁に起こっており，それは子どもの脳にとって悪影響をおよぼすおそれがあるとし，さらに厳しい衝撃緩和対策の必要性を求める論調も見られる[27]。遊具の安全規準の国際規格化も現実味を帯びてきており，日本もこういった流れに取り残されるわけにはいかないだろう。

---

(24) 国土交通省（2014），前掲資料，26頁。

(25) 同上資料，26頁。参考資料として，日本公園施設業協会（2014）「遊具の安全に関する規準 JPFA-SP-S：2014」が引用されている。

(26) ケン・クツカより提供された2012年５月28日付けの E-mail による。

(27) Huber, Rolf, and Comm, B. (2011), “Impact Attenuation Values and Prevention of Head Injuries in Children’s Playgrounds,” *Canadian Playground Advisory Inc.*, pp. 1–27.

（2）　事故情報の収集に関する課題

①インシデント情報を収集するシステムの不備

京都市の公園遊具の実態調査を見る限り，京都市の公園は，管理はされているが，それがリスク管理とはなっておらず，リスクマネジメントとして機能しているとはいい難いことが明らかとなった。その要因としては，公園管理における目的設定の誤りという問題があげられるだろう。

先にも述べたように，京都市での公園管理は，けっして怠慢だったわけではない。市民の財産としての遊具をより健全に長持ちさせることを方針として管理を行っている。しかし，遊具は，橋や道路といった建造物とその存在意義が異なる。遊具は，ユーザーである子どもが楽しみつつ安全に遊んでこそ，その役割を果たせる。公園の管理をリスクマネジメントの視点から再考する必要があるといえる。この点に関しては，第4章であらためて論じていく。

さて，事故防止にとって必要不可欠であるのは事故情報の収集であることは，これまで既に述べてきたとおりである。我が国においては，非致死事故に関しての情報を収集するシステムが未だに構築されていない。第2章でも指摘したが，現在，運用されている消費者庁の事故情報データバンクシステムは，重大事故の情報収集にしか効力はない。本書のために京都市消防局から得た情報でも，重大事故は6年間で3件のみである。このわずかな情報から得られるものは乏しく，事故防止策へのフィードバックは期待しづらいだろう。むしろ，まれに発生する重大事故が「不幸な出来事」で済まされてしまうことは，過去の遊具事故事例が示すとおりである[28]。234件のインシデント情報にこそ，事故防止対策として生かせていける重大な情報が見出せたのである。インシデントを含めた事故情報を収集するシステムの構築は，喫緊の課題であろう。

欧米では，事故情報収集のシステムが確立されている。例えば，米国には，CPSCが運用母体となり，全米の救急病院で手当てを受けた外傷に対し，大小重軽を問わず情報収集するシステムNEISS（National Electronic Injury Surveillance System：全米傷害調査電子システム）が1978年から運用されている。

---

(28)　松野敬子・山本恵梨（2006），前掲書，10-20頁。

全米の約100の病院の救急部門から情報が集められ，毎日コーディネーターが全ての記録をチェックし，一定の基準を満たしたものを選びデータ入力，それをCPSCに送っている。これにより，全米の様々な事故の情報が収集され，事故の詳細，性別や年齢などで検索することも可能となっている。また，欧州でも，EU加盟国で事故情報を収集するシステム，EHLASS（European Home and Leisure Accident Surveillance System：ヨーロッパ家庭内とレジャー事故情報収集調査システム）がつくられ，1999年から傷害防止プログラムの下で，家庭や余暇の事故に対する予防措置を開発するためのデータベースEuropean IDB（European Injury Data Base：欧州外傷データベース）が運用されている。事故防止対策の進む欧米では，安全規準制定のみならず，事故情報収集システムの構築という面でも，大きく先行しているのである。ちなみに，米国では，遊具による事故は，年間20万件発生していると報告されている[29]。それと比較して，我が国の事故情報データバンクシステムに登録された事故のうち，遊具による事故と分類されたのは54件でしかない。

このような事故情報収集システムの構築は，当然，国が主導していかなければならず，一朝一夕には実現しない。2012年から子どもの死因究明制度「チャイルド・デス・レビュー（Child death review）」の予備研究が始まり，虐待を含めた幼い子どもの不慮の死亡を減らすために，医療機関と専門家が連携し情報収集をしようという試みが注目されているが[30]，この取組みの調査対象は死亡のみとなり，欧米のような広く子どもの事故の詳細を把握できる情報とはなりづらい。事故防止を目的とした情報収集には，怪我の重軽を問わず，可能な限り事故情報を集約できるシステムが必須である。

②自治体ベースの事故情報収集の方策

国レベルでの事故情報収集のシステム構築には課題は多いが，自治体レベルでのそれは，筆者が京都市消防局から情報提供が得られたように，充分に実現

---

(29) U.S. Consumer Product Safety Commission (2008), "Public Playground Safety Handbook," p. 1.

(30) 国立成育医療研究センター研究所（2012）「東京都チャイルドデスレビュー2012年パイロットスタディ研究計画書」Version2.3，8頁。

性があると考えられる。実際に，政令指定都市の中で，消防局と連携し情報収集を行っている自治体は，**表3－3**に示したように9市（横浜，名古屋，神戸，札幌，福岡，千葉，静岡，浜松，相模原）である。9市のうち，救急車出動により関係部署に直接通報が入る体制ができているのは横浜市（36件），名古屋市（事故把握件数28件），神戸市（132件），福岡市（32件），静岡市（36件），浜松市（51件），相模原市（80件）である。横浜市，神戸市，福岡市は救急出動した事案は，一旦，危機管理の担当課に集められた後，関係課に情報提供されるシステムができている。消防との連携がとれている市は事故情報の把握数が多いことが明らかである。

遊具に関する事故データの不足は，常に指摘されてきた課題である。国をあげての取組みは必要であるが，少なくとも自治体レベルで情報収集システムをつくることから始めることは可能であろう。

京都市は，チャレンジ性が高く，広々とした豊かな公園を多数有している都市でもあり，子どもの豊かな遊び場としてのポテンシャルは充分にある。ただ，筆者が行った調査結果からは，その豊かさと表裏一体で重大事故の可

表3－3　政令指定都市の遊具による事故情報収集の連携先と把握事故件数

政令指定都市名	連携	把握している事故件数	
		総数	うち重症
京都	当事者 地域住民	0	0
札幌	消防 地域住民 当事者	40	0
仙台		3	0
千葉	消防 当事者	1	0
さいたま	指定管理者		
横浜	消防 地域住民 当事者	36	1
相模原	消防	80	15
川崎	施設管理部署		
静岡	消防	36	0
浜松	消防・警察 市役所担当課 市役所守衛	51	9
新潟	当事者	12	0
名古屋	消防 土木事務所	28	5
大阪	当事者	10	0
堺	当事者	31	0
神戸	消防 地域住民 当事者	132	28
岡山	当事者	8	0
広島	区役所		
福岡	消防	32	6
北九州	当事者 地域住民	19	3
熊本	当事者	8	5

（注）　静岡市は2010～2012年の3年間の数字。
　　　　空欄は，アンケートに記載がないため。
（出所）　図3－15と同じ。

能性の高さが見て取れた。まずは，情報収集システムを構築し，専門家による事故データ分析から実施すべきだろう。その上で，遊具による事故をどこまで許容していくかの決断をし，それに基づきマネジメントの方向性を決定する，という過程をふむことが重要である。転落による事故への備えは必須だと思われるが，すべり台の79％にもおよぶ設置面の不備を全て解消するには，財政面などの課題は大きいだろう。しかし，国の指針に明記されている以上，万が一，重大事故が発生した場合に，管理者責任が問われることは免れない。公園管理において，独自のマニュアルを一般公開するなど先進的な取組みを行っている横浜市では，2011年４月発行の「横浜市公園施設点検マニュアル」において「露出した基礎の取扱について」として以下のように明記している。「平成14年度以前設置の遊具については，改修または更新を平成25年度までに行うこととしている。（環創管理第103号，平成21年４月10日）したがって，それまでの間は，基礎上面周辺の GL 面が下がり，基礎側面や角部が露出している基礎については『△：軽微な劣化（経過観察）』，基礎上面まで GL 面がすりついているものは『無印：健全』として取り扱われたい[31]」。同市公園緑地維持課・関口昇によれば，このような経過措置を経て，2014年４月現在，全ての露出した基礎への対処は完了したという[32]。

遊具による子どもの事故への対処は，結局のところ，その必要性をどこまで認識し，遊具の改良を実現させる意思があるかに分岐点がある。遊具による外傷は６年間で237件であり，毎年500人以上の子どもが負傷している交通事故に比べ[33]，深刻度・頻度その両方においても重大な課題だといい難いのは事実であろう。しかし，遊びは子どもの日常生活の一部であり，成長過程で欠くことのできない要素であることを考えれば，より豊かな環境を提供していくことは大人の責務である。遊具という，子どもたちが挑戦しつつ楽しむことを目的とした製造物は，子どもの失敗を誘発しやすく事故のリスクが高いにもかかわらず，半面，「失敗から学ぶ」という視点も無視し難いという点で，事故防止対策は

---

(31) 横浜市環境創造局（2011）「横浜市公園施設点検マニュアル」75頁。
(32) 2014年４月に電話にてヒアリング。
(33) 京都市文化市民局市民生活部くらし安全推進課（2012）「京都市の交通事故」５頁。

複雑さを抱えている。遊び中にリスクとそれによる達成感を担保していくためにも，社会的な課題として取り組むことが必要である。そして，その上で，豊かな遊び環境を守るためには，子どもの遊びにはリスクは必要であり，子ども自身もそれを求めていることを再確認することも忘れてはならないだろう。

第4章
遊び場リスクマネジメントと遊具事故防止対策

第1節　遊び場におけるリスクマネジメントの導入モデル

（1）国土交通省が推奨するマネジメント手法と地方自治体の遊具管理の実際

①遊び場のリスクマネジメント不全の要因

ここまでの諸章において，我が国の遊び場の事故防止及び安全管理が有効に機能しているとはいい難いことを検証してきた。

その要因としてあげられるのは，事故データ収集システムの不備による事故データの不足，「リスクとハザード」という文言に象徴されるような安全規準の不明瞭さ，そして，注意喚起といった手段しか示すことのできない事故防止対策の貧しさである。これらは，それぞれ別個の問題ではなく，相互に絡まりあうことで悪循環をもたらしているようにも見える。本章では，それらの要因の中から，安全規準に焦点をあて，考察を行う。

事故防止において安全規準が万能薬ではないことはすでにこれまでの諸章において確認しており，欧米では安全規準偏重がもたらした結果，遊び場のあり方自体を再考しなければならない状況となったことも事実である。その失敗から学んだ我が国の安全指針は，欧米からの評価が高いことも承知している。しかし，現実の遊び場には，国交省安全指針公表から13年が経過しながら，ほとんど改善らしい改善を見ることができない。また，安全配慮が行き過ぎて公園が閉鎖されてしまうのではないかといった，当初，安全規準慎重論者が危惧していたような事態も起きていない。つまり，安全規準制定による影響は，良きにつけ悪しきにつけ少ないといってよいようにも見える。あっても無くても同じであるなら，安全規準がその役割を果たしていないばかりか，存在意義すら揺らいでいるといえるのではなかろうか。

本章で安全規準に再度焦点をあてるのは，そのような安全規準の「空虚さ」の原因を探り，改善を試み，それを遊び場の安全に資することのできる規準にしていくことが必要だと考えるからである。

②投機的リスクとしての遊び場の価値とそのマネジメント

序章でも述べたが，製品事故や運輸，プラント事故などの分野では，人への注意喚起や監視，規則の強化などにより事故を防止するという考え方から脱却し，数値化されたリスクや多角的な視野からリスクを特定するなどの方法論が用いられ，成果をあげている。遊び場の事故防止対策にも，そういった事例を参考に再考していくことが必要である。

伝統的なリスクマネジメント理論において，最も基本的なリスクの種類分けは，純粋リスク（pure risk）と投機的リスク（speculative risk）による二分法である[(1)]。純粋リスクとは，文字どおり事故などが現実化した場合に損失のみ発生するリスクであり，製品安全の分野におけるリスクは主にこれにあたる。投機的リスクとは，損失が発生する可能性にのみ注目するのではなく，損失の発生を防止した結果として得る利益にも注目していこうというもので，企業や組織のリスクがこれにあたる。既に述べてきたが，それぞれのリスクに対してのマネジメントの枠組みは国際規格となっている。遊具による事故は，ここまで縷々述べてきたように，製品事故の一種ではあるが純粋リスクとはいえず，ときにはリスクを敢えて取ることにより，遊びの価値である楽しさや達成感といった便益を獲得できる投機的リスクに，より近いものである。そこで，本章では，投機的リスクに対応したマネジメント手法ISO31000の枠組みを援用して，遊び場の事故防止のためのマネジメントのあり方を考察していく。

図4－1は，ISO31000の枠組みとプロセスである。ISO31000の特徴は，あらゆる組織に適用可能であること，また，全てのリスクを管理するための汎用的なプロセスと，そのプロセスを効果的に運用するための枠組みを明確に示していることにあるといわれている[(2)]。ISO31000の枠組みは，伝統的なリスクマ

(1)　亀井克之（2011）『リスクマネジメントの基礎理論と事例』関西大学出版部，10頁。
(2)　同上書，36頁。

図4-1　リスクマネジメントの枠組みとプロセスの関係

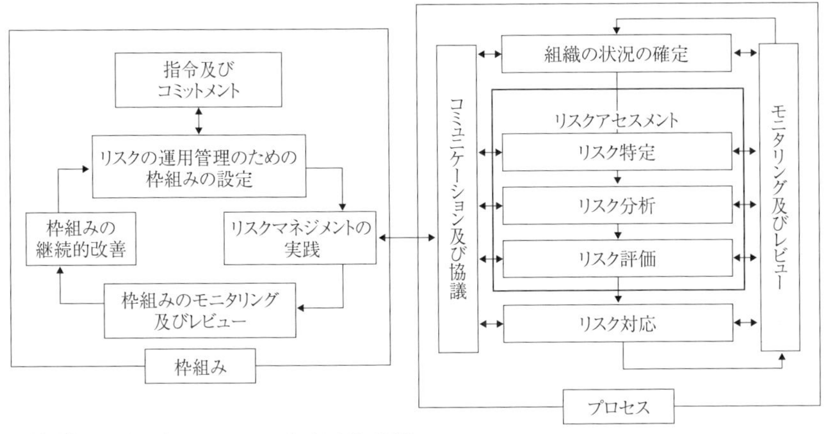

（出所）JIS（2010）Q31000：2010（ISO31000：2009）．

ネジメントの枠組みであるPDCAサイクルと同様のもので，目標の設定・計画（Plan），計画の実行（Do），達成度の評価・分析（Check），是正・改善・継続運用（Action）のマネジメントサイクルを回していく手法である。

リスクマネジメントの枠組みのスタートである目標の設定・計画（Plan）は，いうまでもなくリスクマネジメントにおいて，最も重要なステップである。目指すべきものが明確でなければ，その後にどう振舞うのかを決定することができないばかりか，多くの努力が徒労に終わることもあり得る。解決しなければならない課題があるためにリスクマネジメントが導入される以上，その課題が解決された状態とはどういったものかを思い描けないことには，対策の取りようがないということである。その目標を指し示す役割を果たすのが安全規準である。我が国の遊び場の事故防止及び安全管理不全の要因として，国交省安全指針の不明瞭さに起因することを重ねて指摘してきた理由がここにある。ただし，筆者は国交省安全指針の「遊びの価値を守る」という理念を否定しているのではなく，その提示の仕方を問題にしているのである。リスクを内包する「遊びの価値」を守るという目標を掲げながら，安全でなければならないという矛盾した目標を掲げる以上，それをいかにマネジメントすべきかを示す必要があるだろう。国交省安全指針に決定的に欠けているのはこの点である。「リスクとハザード」の言葉の定義も含め，国交省安全指針は再考されるべきである。

③国土交通省が推奨するリスクアセスメント：物的要因と人的要因による分析

国交省安全指針では，遊具の危険をリスクとハザードに区別し，リスクは保有，ハザードを除去することを示していると述べてきた。指針が意図するところは，リスクへのチャレンジは遊びの価値であり，子どもの成長にはそういった遊びの価値が必要であるため排除してはならないが，無用な事故は減らさなければならないという点である。

しかし，言葉の定義からいえば，リスクとは「事故発生の可能性」のことであり，「良い結果」になるか「悪い結果」になるか分からない状態を指す。したがって，マネジメントの対象としなければならないものである。つまり，リスクとマネジメントはセットで語られなければ，事故防止に活用できないばかりか，遊びの価値を享受することもできない。欧米では，遊びの価値とリスクとの比較衡量は，リスクマネジメントの課題だと認識されている[(3)]。しかしながら，国交省安全指針では，危険をリスクとハザードの二種類に区分しているために，それを活用しようとする者の関心は，リスクとハザードをどこで切り分けるかということになってしまう。それに応えるために，国交省安全指針で示されているのは，リスクとハザードを「物的」と「人的」との二つの要因にそれぞれを分け，事故の要因を細分化することで問題を絞っていこうという手法である[(4)]。

図4-2は，インターネット上に公開されていた国土交通省都市局公園緑地課による公園管理者向け研修会資料に記載されている説明である。これによると，「落下防止柵を自分の意思で乗り越えて飛び降りようとする行為」は人的リスクとし，ふざけるなどの「不適切な行為」は人的ハザードと分類している。つまり，「飛び越えよう」というチャレンジ精神があったとしたら「リスク」

---

(3) Ball, David J. (2002), “Playgrounds-risks, benefits and choices,” *Health & Safety Executive*, chapter8.（頁番号なし）

(4) 国土交通省（2014）「都市公園における遊具の安全確保に関する指針（改訂第2版）」13頁。

図4-2　国交省の研修で用いられているリスクとハザードの考え方

	【リスク】	【ハザード】	
	●遊びの楽しみの要素であり，冒険や挑戦の対象となって子どもの発達に必要な危険性（子どもにとって重要な遊びの価値） ●子どもが危険を予測し，どのように対処すれば良いか判断可能な危険性 ●子どもが危険を分かっていて行うことは，リスクへの挑戦	●遊びが持っている冒険や挑戦といった遊びの価値とは関係のないところで事故を発生させるおそれのある危険性 ●子どもが予測できず，どのように対処すれば良いか判断不可能な危険性 ●子どもが危険か分からずに行うことは，リスクへの挑戦ではない	
人的要因	落下防止柵を自分の意思で乗り越えて飛び降りようとする行為	不適切な行動，不適切な服装 ・ふざけて押す ・動く遊具に近づく ・過度の利用集中 ・幼児が単独で遊ぶ ×	啓発
	この境界判断が難しい！		
物的要因	通常子どもが飛び降りることができるものとして設定する遊具の高さ	・遊具の不適切な配置や構造 ・不十分な維持管理による遊具の不良 ×	規準 ・安全領域 ・挟み込み ・設置面 等

（出所）　国土交通省都市局公園緑地課（2014）「公園施設の計画的な維持管理・更新に向けた取り組みについて」公開されているパワーポイントによる資料の9枚目より（http://www.cla.or.jp/news/605/ 2014年10月1日アクセス）。

として尊重するが，ふざけて飛び降りてしまう行為は「人的ハザード」として注意喚起の対象とするということになる。「その境界判断が難しい！」と強調されているが，難しいというよりもそのような判断をすることに意味を見出すことができない。それは子どもの行為を好意的に見るか，批判的に見るかという差でしかない。「物的リスク」と「物的ハザード」の区別も，「飛び降りることができるものとして設定する遊具の高さ」と「遊具の不適切な構造」との差異は，単に傷害を身体に与えない高さを数字で示せば充分，ということである。

実際に，この「人的リスク，人的ハザード，物的リスク，物的ハザード」といった分類で遊具事故の原因を分類しようとした研究がある。「屋外遊び場における遊具事故の実態と要因の分析」と題した森純子らによるこの研究は，全国の都市公園・保育所・幼稚園・小学校と東京都世田谷区内の冒険遊び場で2005～2009年度に報告された遊具事故・傷害のうち，事故の当事者が2～12歳であった184件を調査・分析している[(5)]。これによると，屋外遊び場全体として，事故原因は，物的要因（物的ハザードと物的リスク）よりも人的要因（人的ハザードと人的リスク）の方が多いという結果となっている[6]。「人的ハザード」の代表例として記載されている事例が，「滑り台を反対側から駆け上がり，途中で飛び降りた際に負傷した[7]」であるが，事故防止の観点からいえば，原因を子どもの悪ふざけとして注意喚起や使用法の教育という対策で解決していくことは，ベイカーが示した能動的対策[8]であり，努力量が多い割に効果が低い対策である。子どもは本来そういった行為をするものであり，「子どもらしく」ふるまった結果として起きてしまったことに過ぎない。しかし，たとえふざけてすべり台を逆走し飛び降りた拍子に転落したとしても，設置面に衝撃緩和対策をしておくことで重大な傷害を防ぐことができる可能性は高い。そう捉えると，「人的ハザード」ではなく「物的ハザード」として分類すべき項目となる。

また，「人的リスク」の例としてあげられているのは，「滑り棒を滑り降りる際，途中で棒をつかみ損ねて落下した[9]」というものである。滑り棒に果敢にチャレンジしたが身体能力が足りなかったという意味では，「人的リスク」と分類されるのだろうが，これも物的なハザードは無かったかという視点で検証してみれば，登り棒下の設置面の衝撃緩和措置の有無，登り棒の径が太過ぎて握りづらい状態ではなかったか，などの「物的ハザード」としての改善策が見えてくる可能性もある。この方法論では，「人的」「物的」と危険要因を細分化することで，事故は多様な要因が積み重なり発生するというスイスチーズモデルに代表されるような事故原因究明の知見が忘れられ，稚拙な事故分析に陥ることになるだろう。そして，人的要因という分析結果から想起されるリスク対処は，旧態然とした「注意喚起」や「見守りの強化」といった個人の努力に期待する対処法に偏りがちとなってしまう。

同様の分析手法が，第２章で取り上げた災害共済給付制度によるデータ分析にも見られる。それは，事故の要因を①「主体要因」＝児童の身体能力や危険

---

(5) 森純子・及川研・渡邉正樹（2013）「屋外遊び場における遊具事故の実態と要因の分析」『安全教育研究』第13巻，４頁。
(6) 同上論文，10頁。
(7) 同上論文，７頁。
(8) 本書序章第２節第２項「製品安全・安全工学からのアプローチ」参照。
(9) 森純子・及川研・渡邉正樹（2013），前掲論文，７頁。

を予測する能力が不足し，事故が発生したと考えられるもの，②「施設・設備の要因」＝施設・設備の材料や構造が関係していると思われるもの，③「人的環境要因」＝他児童との関係の中で起きている事故，④「場所的環境要因」＝場所的な要因が関係している，と分類した上で事故を考察しているが，結果として，遊具による事故の８割が，「主体要因」「人的環境要因」という子どもの能力不足や行動，子ども同士の危険行為によるものとの皮相な分析に留まっている。

そもそも遊び場の事故発生に際して，「人的」要因が多いというのは，子どもである以上，当然である。ISO/IEC Guide50 にも「子どもはその固有の性質が，大人とは異なる方法で子どもを傷害のリスク状態にしている[10]」と明記されており，そういった子どもの性質を考慮すれば「子どもに対して『誤使用』という言葉を用いることすら誤解を招き，危険源に対して不適切な決定を行うおそれがある[11]」というのが，国際標準の子ども観である。

もっとも，国交省安全指針には，「遊具に関連する事故には，衝突，接触，落下，挟み込み，転倒などがあり，こうした事故は，物的ハザードと人的ハザードが関わりあって発生することが多く，一つの要因に限定することは難しい場合が多い[12]」と記述されており，森らの研究のような事故要因の分析を推奨しているわけではない。しかし，そのことがなおさら，この指針が，公園管理者に対し何を伝え，何を求めているのかを曖昧にし，リスク対応として何をすべきかの判断を困難にさせているのではないだろうか。

④安全指針の解釈と公園管理の実態

それでは，地方自治体の担当者たちは，実際にどのようにそれぞれの公園管理にこの安全指針を反映させているのかを検証してみる。

第３章で分析した政令指定都市の公園管理担当課へのアンケート調査で，指針の理解に関しての問いも盛り込んだ。結果は，国交省安全指針の認知度は

---

(10) ISO/IEC（2002），“ISO/IEC Guide50: 2002: Safety aspects — Guidelines for child safety,” p. 3.

(11) *Ibid.*, p. 3.

(12) 国土交通省（2014），前掲資料，11頁。

表4-1 政令指定都市の公園担当者の「リスクとハザード」の解釈について回答のあった9都市の回答内容

	自由回答内容	物的ハザードに言及	劣化対応	リスクに言及
1	物的ハザードの除去	○		
2	物的ハザードの除去	○		
3	ハザードレベル0～4段階で点検評価し，ハザード対処	○		
4	故障や破損，劣化の程度を確認し，ハザードの除去	○	○	
5	想定外の遊具使用を助長するような状況や設備の劣化を無くす		○	
6	子どもが冒険しても危険性がないようにハザードの除去	○		
7	安全規準に照らし，危険性の高いものから改修・更新する	○		
8	現地を確認し，使用状況に応じた対応			
9	遊びの価値の尊重 物的ハザードを中心に除去 リスクの適切な管理 利用者への安全利用の普及啓発 保護者・地域住民等との連携 製造者による点検保守体制の向上	○		○

（出所） 20政令指定都市公園管理担当課へのアンケート調査結果より筆者作成。

100％であり，リスクとハザードの理解に関しても全ての政令指定都市が「充分理解している」又は「だいたい理解している」と回答している。その「理解」の中身がどのようなものであるかを知るために自由記入方式で重ねて質問したところ，記載があったのは9都市である。物的ハザードを除去するなど物的ハザードに言及しているのは7都市であり，遊具の劣化や故障への対応に言及しているのは2都市，リスクにまで言及しているのは1都市であった（**表4-1**）。つまり，公園管理者の関心は，遊びの価値としてのリスクにではなく，ハザードの除去に向かっているといえるだろう。それはある意味当然のことである。管理者にとっては，劣化や故障などによる事故は，管理者責任として瑕疵だと判断される可能性がより高い。遊びの価値がたとえ低くても，「面白くない」という批判だけで管理者責任が問われることはまずない。

それでは，公園管理者の関心の高いハザードの除去であるが，それはどの程度実行されているのだろうか。一例として遊具の設置面対策の達成度で見てみると，京都市は，第3章で述べてきたようにコンクリートの基礎の露出が多数見られ，安全規準が遵守されている状況とはいい難かった。他の政令指定都市についても，前述のアンケート調査によれば，公園全体への設置面への配慮をしていると答えたのは，仙台市，横浜市，相模原市，名古屋市，神戸市の5都市に留まった（**表4-2**）。部分的にセーフティマットを敷設している都市は多いが，国交省安全指針では「落下高さが600 mm を超える場合には遊具の外形からあらゆる方向に1,800 mm」には障害物がない状態とすることを推奨しており[13]，指針で求めているレベルに達している都市は25%ということになる。政令指定都市に限った結果ではあるが，管理者たちは，「安全規準を十分に理解しいている」と認識しながら，実際には国交省が意図しているような遊びの価値であるリスクを尊重しつつ，子どもに害を及ぼすハザードを除去していくということにはなっていないのである。

第2章で言及した国土交通省調査による「都市公園における遊具の設置経過年数」の結果（設置から20年以上経過している遊具が46.5%）も併せて考えてみると，安全指針が公表されて13年が経過した現在でも，ハザード除去という側面から見て安全規準の適応は進んでおらず，ましてや，遊びの価値としてのリスクを保証しているとはいい難いという現実が浮かび上がってくる。つまり，我が国の公園は，「面白くもなく安全でもない」状況が放置されたままとなっているといってよいだろう。

（2）　遊び場に求められるリスクマネジメントモデル

①リスクとハザード再考：英国のリスク・ベネフィットアセスメントからの示唆

これまで国交省安全指針の理念の不明瞭さと，その指針を参考にして公園管理を進めている自治体による公園管理の実態を確認してきた。繰り返しになるが，国交省の掲げる理念自体は国際的な潮流にも合致した妥当なものである。

---

(13)　国土交通省（2014），前掲資料，25頁。

表 4 - 2　政令指定都市における市管理の公園：設置面の対策状況

政令指定都市名	公園全体への対処・対処方法	部分的設置面対策	
		対処遊具	対処方法
京都		複合遊具など	一部　SM
札幌		すべり台	着地面
		ブランコ	掘れ防止
仙台	砂		
千葉			一部　SM，芝生
さいたま			一部　SM
横浜	基礎は全て地中化	複合遊具	SM
相模原	砂		SM20%程度敷設
川崎			
静岡		すべり台・複合遊具（すべり台）	着地面
		ブランコ	掘れ防止
		ジャングルジム	全体
		鉄棒	鉄棒下
浜松		すべり台 複合遊具（すべり台）	着地面
		ブランコ	掘れ防止
		鉄棒	鉄棒下
新潟		すべり台	着地面と登行部下
		ブランコ	全体
		複合遊具	全体
名古屋	砂	すべり台 複合遊具（すべり台）	着地面
大阪		すべり台	着地面に人工芝
		ブランコ	掘れ防止
		複合遊具	全体
堺		すべり台 複合遊具（すべり台）	着地面
		鉄棒	鉄棒下
神戸	砂		SM
岡山		複合遊具	SM
広島			
福岡		すべり台	着地面と登行部下
		ブランコ	揺動部下全体
		シーソー	着座面下
		うんてい	出発部下
北九州		ジャングルジム	基礎露出改修
		ブランコ	掘れ防止
熊本		すべり台	着地面
		ブランコ	掘れ防止

（注）　1：SM＝セーフティマット（ゴムなどの素材を固めた弾力性のある遊び場のための専用床材）。空白は，記載がなかったため不明。

2：国交省安全指針で参考資料として記載されている JPFA-S の安全領域（利用動線や遊具の運動方向を考慮して障害物がないことを求めている領域）は，落下高さが600 mm を超える場合には，遊具外形からあらゆる方向に1800 mm。

（出所）　表 4 - 1 と同じ。

つまり，遊びの価値を尊重した遊び場をつくるためにリスクをいかに残すかという課題は，欧米においても多くの議論が交わされてきた難題である。特に欧州では，1980年代に安全規準の黎明期から常に主要なテーマとなっていたことは，第２章で述べてきたとおりである。

その中でも，英国がたどってきた安全対策の変遷は示唆に富んでおり，学ぶべきものは多い。我が国のリスクマネジメント不全を解決する糸口を見出すために英国の動きに注目してみる。

英国は1980年代にはかなり厳しく安全規準を運用していた。その根拠となっていたのが，1974年に制定された雇用者が労働者に対して安全を確保する義務を謳った「職場等安全衛生法」であった。換言すれば，労働災害を防止する法律が遊び場にも適用されていたわけである。労働災害対策においてリスクは純粋リスクであり，基本的には低減・除去の対象である。リスクの中に価値があるという視点はない。こうした含意の法律が遊び場に適用されたことが，冒険遊び場というリスクを内在させることで子どもたちに楽しさを与えていた遊び場を変貌させた大きな要因である。かかる事態への反発と，遊び場での事故データ分析結果[14]，また，EN 規格化の中でより遊びの価値に重きをおいたドイツや北欧の国々からの影響などで，英国政府は2000年頃までには遊びの価値を見直し，安全対策が行き過ぎないように，という方針への転換を行った[15]。

そうした流れを象徴するのが，遊び場提供におけるリスクと安全に関する論点・課題について合意形成を行うことを目的として2000年に結成された，PSF（Play Safety Forum：遊びと安全フォーラム）である。PSF は，地方自治体，ボランティア団体，遊具メーカーや保険業者といった子どもの遊び場に関係する多方面の組織によって構成され，2002年には「子どもの遊びとリスクに関する PSF 憲章（Managing Risk in Play Provision：A Position Statement）」を発表している。

この憲章は，子どもの遊びにはリスクが必要であり，子ども自身もそれを求

---

(14)　Ball, David J.（2002）, *op. cit.* 1988～2002年の遊び場での外傷調査分析，海外データ比較などから，遊び場での事故はスポーツに比べてリスクは小さいと報告されている。

(15)　Department of Education and Science（1992）, “Playground Safety Guidelines,” pp. 7-9.

めていることをふまえつつ，子どもが死亡や深刻な傷害という受容できないリスクに曝されないよう，マネジメントすることを目的として制定されたものである。[16]遊び場の安全を，厳しい規格を守ることで管理しようとする考え方から，リスクを適切にマネジメントすることで，本来の目的である子どもの成長に資する遊び場をつくっていこうという宣言である。

このPSF憲章を基に，さらに具体的なリスクマネジメントの手法と手順を示したガイドブック“Managing Risk in Play Provision：implementation guide”[17]が，2008年にPlay England[18]から出されている（以下，PSFガイドブックと記載する）。

PSFガイドブックでは，リスクやハザードといった言葉の定義に，一つの章が割かれるほど丁寧に記述されている。これほど丁寧な定義がなされた理由は，「セイフティ，リスク，ハザードおよびハームの定義と枠組みを示すことにより，遊びの中でリスクをとったときの怪我の可能性を考慮しつつ，子どもたちにとってバランスの良い遊び場を提供することができる。そのプロセスの一部として，このガイドでは，用語『リスク』『ハザード』『ハーム』を区分する。それは，それらの良い面と悪い面を区別するためである[19]」と解釈されている。

具体的に見てみよう。まず，**表4-3**のような各語の一般的な定義がされた後に，さらに詳しく各語が解説され，“Good and bad risks”（**表4-4**）の節を設け，遊具や子どもにとってのリスクとは何かという本質的なテーマへと導かれる。それは，遊び場の提供において，リスクとハザードの両方に，子どもにとって「良いもの」と「悪いもの」があり，それらを区別しなければならないという考え方である。つまり，国交省安全指針のように，良い危険をリスク，悪い危険をハザードと二分するのではなく，リスクやハザード双方に，「悪い結果」と「良い結果」となる可能性が内包されているというものである。

---

(16) Play Safety Forum (2002), *Managing Risk in Play Provision: A Position statement*, p. 1.
(17) Ball, David J., Gill, Tim, and Spiegal, Bernard (2008), “Managing Risk in Play Provision：implementation guide” (Play England).
(18) 2006年に開設された，英国全般の子どもの遊びに特化した中間支援団体。
(19) Ball, David J., Gill, Tim, and Spiegal, Bernard (2008), *op. cit.*, p. 29.

表4－3　リスク・ベネフィットアセスメントにおけるリスク・ハザード・ハームの定義

risk	The HSE defines risk as the chance that "somebody could be harmed by [a hazard] together with an indication of how serious the harm could be" [HSE, 2006]. HSE（英国健康安全局：2006）による定義として，「そのハームがどれくらい深刻になり得るかという指摘と共に，誰かがハザードによりハームされる可能性」。
hazard	Hazards are potential sources of harm. ハザードはハームの潜在的要素。
harm	Conventionally, harm is thought of as exclusively negative. The dictionary definition revolves around harm being an injury of some sort. 従来，ハームはもっぱら否定的なものと見なされる。辞書上の定義では，ハームはある種の外傷を指す。

（出所）Ball, David J., Gill, Tim, and Spiegal, Bernard (2008), "Managing Risk in Play Provision：implementation guide" (Play England), pp. 29-35 を基に筆者作成。

表4－4　リスク・ベネフィットアセスメントにおけるグッドリスクとグッドハザード，及びバッドリスクとバッドハザードの定義

good risk and good hazard	Good risks and hazards are acceptable and hold few surprises. 良いリスクとハザードは，受容可能であり，驚きはない。 Good risks and hazards in play provision are those that engage and challenge children, and support their growth, learning and development. 遊びの提供において良いリスクとハザードは，子どもたちを夢中にさせたり挑戦させたりし，そして，子どもたちの成長，学習，発達を支援する。
bad risk and bad hazard	Bad risks offer no obvious developmental or other benefits. 悪いリスクは，明らかな発達やその他の便益を示さない。 Bad risks and hazards are those that are difficult or impossible for children to assess for themselves, and that have no obvious benefits. 悪いリスクとハザードは，子どもたちにとって自分で評価することが困難，または不可能であったりするものであり，そして，明らかな便益もない。

（出所）*Ibid.*, pp. 31-33 を基に筆者作成。

これは，すなわち，純粋リスク＝ISO/IEC Guide51 におけるリスクとハザードの定義から，投機的リスク＝ISO/IEC Guide73 におけるリスクとハザードの定義への転換だといえるだろう。遊びの価値としてのリスクを取っていくためには，リスクを「目的に対する不確かさの影響」と捉え，目的＝「子どもの健全な成長」に対し，「傷害」というハームとなるか，「身体的，精神的，認知力などの能力の向上」というベネフィットとなるかの分岐点だと認識し，適切にマネジメントすることにより，ベネフィットとする可能性を高めていくことが求められる。このように，言葉を的確に定義することで，本質的な課題があぶり出され，初めてその解決方法への道筋が現れるのである。

我が国の遊具の安全対策として，危険を忌み嫌い過度な安全対策を取ってしまうことで遊びの価値までも奪ってしまう事態を避けようとしたことは理解できる。また，その意図を伝えるために，安全指針の冒頭に「遊びにおけるリスクとハザード」という項を設け，「リスク」と「ハザード」に危険を二分し，危険の持つ良い面と悪い面を理解させようとしたとも推測される。しかし，それが逆に言葉のみが独り歩きするという弊害をもたらしたのではないだろうか。リスクを悪い結果をもたらすのみの「取り除くべき危険」と捉えるのではなく，ベネフィットをもたらす「必要な危険」の可能性をも内包したものと捉えるならば，それはベネフィットを得るためにマネジメントを行うこととセットで考えなければ意味がない。我が国の安全規準が思うように機能していない原因は，リスクの二義性を語りながら，それをマネジメントすることを語らなかったことにある。

上記の PSF ガイドブックに立ち返ると，リスク・ベネフィットアセスメントを組み込んだリスクマネジメントのプロセスは，**図4-3**のように示されている。[20]

まず最も高位レベルにあるのが方針の枠組みづくりである。PSF ガイドブックにおいては，このステップの役割を，保護者を含む遊び場の関係者に「リスク」の効用や重要性に対する理解を共通認識とすることであるとしている。英国の遊び場管理では，安全規格に忠実であることが至上命令のように受け取られ，安全配慮が行き過ぎた結果，遊び場がつまらなくなったわけだが，その要因は根本理念や明確な目的設定に失敗したことにあるとの評価の上に立って，このステップの重要性が強調されているのである。そして，遊びの価値を重視するという方針決定を明確に示し，それを書面として残すことにより，それは関係者間での合意となり，この後のステップで，一貫性のある決断をしていく強固なバックグラウンドとなると説明されている。[21] PSF が目指しているのは，製品安全の目指す「純粋リスクの低減」をクリアした後，遊び場本来の目的である子どもの成長に資するためのリスクマネジメント，すなわち「投機的リス

---

(20) Ball, David J., Gill, Tim, and Spiegal, Bernard (2008), *op. cit.*, p. 52.

(21) *Ibid.*, p. 54.

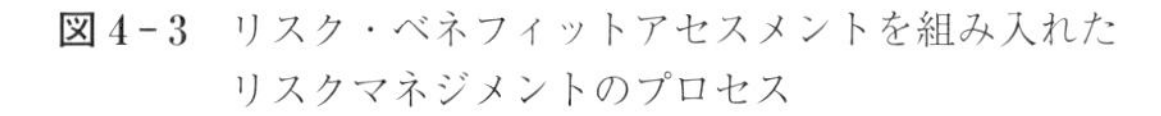

図4-3　リスク・ベネフィットアセスメントを組み入れた
リスクマネジメントのプロセス

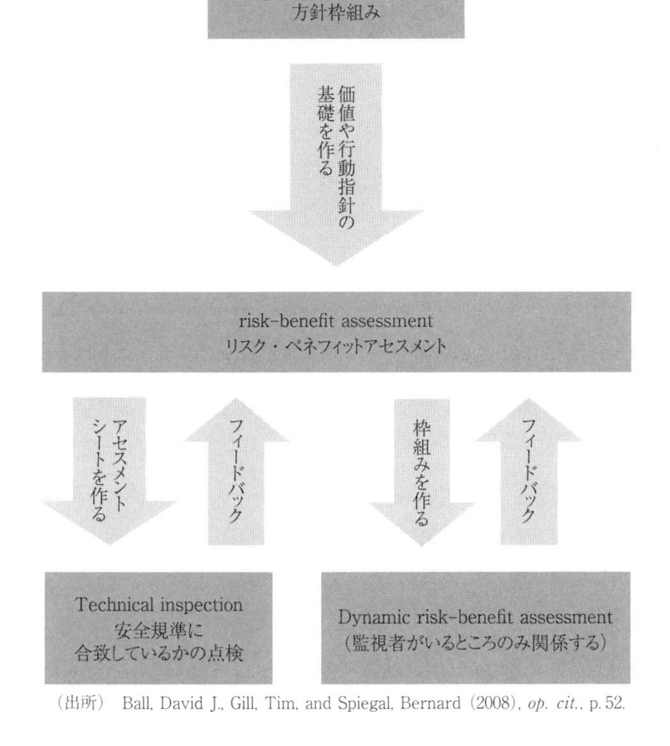

（出所）　Ball, David J., Gill, Tim, and Spiegal, Bernard (2008), *op. cit.*, p. 52.

ク」としてのリスクをマネジメントする手法への方向転換である。遊び場管理という公共性の高い分野ならば，リスクマネジメントの実行者は多くの場合，行政担当者である。彼らに「リスクを敢えて取る」という決断をさせることは，かくも困難な作業であり，真摯な取組みを必要とするものなのである。

そして，リスクマネジメントの次のステップとして，リスクアセスメントを実施し，ハザードの特定と分析を行うことになるが，このリスクアセスメントの手法として，「リスク・ベネフィットアセスメント」という新しい手法が提案されている。これは，従前のリスクアセスメントのように，リスクをスコアリングするのではなく，リスクとベネフィットを併記し，「許容可能なリスク」を管理者自身が判断していくという手法である。PSF ガイドブックでは，このアセスメント結果に，安全規準に合致しているかどうかの確認は反映させるが，あくまでもその遊具や遊び方を許容するかどうかの判断は，管理者自身が行うものであると強調されている。[22]

以上のように，リスク・ベネフィットアセスメントを組み込んだリスクマネジメントプロセスは，「リスクを取る」という決断の可視化と，それによる責任の共有だと解釈できるだろう。「リスクを取る」という決断をすることは，管理上のリスクを組織が背負い込むことを意味する。それならば，当然，組織に対してもその意思決定の根拠を説明し，同意を得ることが必要となる。利用者に対してはなおさらである。つまり，このアセスメント手法は，リスクが内包する「良い結果」と「悪い結果」を可視化することで，意思決定のプロセスを可視化させることに意味がある。「この決断は何のための決断であるのか」と自問自答しつつ，同時に，「この決断によって何に価値を見出したのか」と表明することのできる「記述式（a descriptive way）」という手法は，決断の妥当性を組織や利害関係者で図ることができ，その結果を共有することを可能にする。リスクマネジメントの本質である決断に対して，その責任を個人に負わせることなく組織や利用者が共に担い得るシステムの構築という意味においても，このリスク・ベネフィットアセスメントは利用価値が大きいだろう。

②リスク・ベネフィットアセスメントの有効性：数値化できない遊びの価値の査定

上述したように，リスク・ベネフィットアセスメントは，二義性のあるリスクを可視化し，比較しつつ，より良い結果を得ていこうというマネジメント手法としては分かりやすく，すぐれた手法である。しかしながら，そもそも，遊びによりもたらされるベネフィットと遊びによるリスクを比較することは可能であろうか。この疑問に関連して，同ガイドは以下のように解説している。

表4-5は遊びの中で得られるベネフィットと被るリスクを示したものである。ベネフィットにあげられる項目とリスクにあげられる項目は質的に異なり，同列のものとして比較することは難しい。具体的にいうと，リスクの項目は，事故の頻度や程度，クレーム率，訴訟の件数や賠償額など数値化ができるが，

---

(22) Ball, David J., Gill, Tim, and Spiegal, Bernard (2008), *op. cit.*, pp. 51-63.

表4-5　考えられる遊びのベネフィットとリスク

遊びのベネフィット	コメント
遊び場	子どもは遊ぶ権利を必要としており，遊ぶ権利を持っている。遊びを提供するということは，子どもに自由な場所を提供することである。
人と出会う場	子どもは人と会い，いつも行ける場所をさがしている。その提供が可能である。
楽しむ場	よい遊び環境は，幅広い遊びの体験の選択肢をひろげる。
自然と出会う場	自然と触れ合う体験で自然や環境の大切さを認識させる。
友だちをつくる場	友だちをつくったり，友情を深める機会は子ども時代に最も重要な経験。
身体活動の促進	外遊びをするときには，子どもは身体的に活発である。
リスクへの対処を学ぶ	自分自身を試し，可能性を伸ばしてくれる。リスク判断を誤ったときの結果を学ぶことができる。
個人の可能性への感覚を発達させる	自律した遊びの経験で，子どもは大人の干渉なしに自分自身の問題を解決したり，目的を達成する方法を試す機会を得る。それらは，子どもの可能性や回復力を育てる。
冒険心に応える	安心してわくわくする遊びを与えることができ，子どもの可能性を伸ばしていく。

遊びによるリスク	コメント
利用者の損害	身体的・精神的傷害（例：いじめ），犯罪被害を含め，様々な傷害が利用者に生じる。
その他の人への損害や攻撃	遊び場利用者以外から嫌がられる（例：近隣住民からの子どもや子どもの声への不快感）。飲酒や犯罪行為が起きる。
提供者（管理者）が受ける損失	訴訟，悪評（この心配は，提供者がリスクの除去を強調し過ぎたことも一因）。

（出所）Ball, David J., Gill, Tim, and Spiegal, Bernard (2008), *op.cit.*, pp. 45-47, Table 1: Examples of the benefits of play provision, Table 2: Risk associated with play provision より筆者抜粋。

ベネフィットとされる，子どもの成長への効果は数値にはなりづらい。つまり，遊びの価値という数値化できないものを判断材料にしていくことは，旧来のリスクアセスメント手法[23]では不可能である。一方，リスク・ベネフィットアセスメントは，それぞれに対する判断要因を「記述式（a descriptive way）」という手法で可視化し，可視化されたものを低・中・高など大まかにレベリングし，その数字で比較するといった手法である。もちろん，記述式にしたとしても，

(23) 加算法，積算法，マトリックス法など，発生頻度と危害の程度を要素にしてリスクの大きさを表現する手法。

査定者の視点や価値観により結果は左右され，信頼できる結果であるか否かという点では疑問が残るが，それでも，従来のリスクアセスメント手法では不可能だった遊びの価値を盛り込んだアセスメントを可能にした手法として利用価値は大きいと思われる。

③リスク・ベネフィットアセスメントの都市公園管理への導入

「リスクとハザード」という文言を定義することで，込めようとした国交省安全指針の理念は，PSF ガイドブックにおいてより明確に示されたことが確認できた。すなわち，それは，丁寧な言葉の定義を行うことで，リスクに内在する結果の良い悪いが不明という「不確実性」の側面に光をあて，リスクを適切にマネジメントすることの必要性を示したのである。そして，新しいアセスメント手法であるリスク・ベネフィットアセスメントが提示され，実効性のあるガイドブックになったわけである。実際に，英国では，2008年の発表以降，HSE（Health & Safety Executive：政府健康安全局）による推奨にも後押しされ，[24] 多くの自治体や遊びに関わる団体がこれを用いるようになっている。

PSF が提唱した遊び場管理におけるリスク・ベネフィットアセスメント手法は，我が国の遊び場管理の現状を打開していく上できわめて示唆に富むものであり，参考になる考え方である。ただし，英国と日本では遊び場の現況が違いすぎることから，そのストレートな援用はできないことはいうまでもない。そこで，それを我が国で活用した場合のいくつかの留意点をあげておく。

まず，最も大きな違いは，安全規準遵守意識である。欧州では，元来，事故の原因は製品の設計など，製品自体の問題であると考えられており，製品自体の危険を最小にすることこそが安全対策であり，その安全責任は設計者や製造者にあるとされてきた。[25] 瑕疵が認められると，賠償請求という経営上の大きなリスクを負うことにもなる。だからこそ，組織を守るために規格や認証制度が必要とされてきたわけである。そのため，英国では，1980年代に遊具による重

(24) Council, Bath and North East Somerset (2014), “Playful Risk: Risk Benefit,” p. 10.

(25) 田中紘一（2006）「安全：ヨーロッパの考え方・日本の考え方」『平成17年度食品機械の安全設計対応に関する調査研究報告書――国際安全規格利用手引き　機関安全編』20-21頁。

大事故が社会問題となったとき，安全規準遵守は遊び場管理者や遊具メーカーにとって至上課題となり，巨費を投じ遊び場の安全対策が推進されたのである。それが行き過ぎたとの問題意識が，このリスク・ベネフィットアセスメント導入の一つの契機となっている。

一方，我が国では伝統的に，使用者が正しい使い方をすることが安全への道であるという安全観が根強く存在してきた。事故の原因は，起こした本人の不注意や未熟さにあると見なされ，事故を起こした者がその責任を負わされる場合も多かった。したがって，製造者責任という認識も浸透していない[26]。結果として，製造者の安全規準遵守の意識は欧州と比較して薄く，国交省安全指針も文字通り指針のレベルに留まっている。

製造者への責任追及が厳しい英国では，遊び場の提供者に示す必要があるのは，安全対策における法的な要求とは何か，という点である。PSF ガイドブックで強調されているのは，遊び場の提供者に求められている第一の法的要求は「適切で十分なリスクアセスメント」の実行であり，安全規格の遵守は法的な要求ではないという点である[27]。これは，ニューアプローチ決議に則った製品安全分野における法規制と規格のあり方である。つまり，法的縛りのある規格で細かく製品の安全性を規制していくという手法から，十分なリスクアセスメントを実施していることの証明をもって安全性の担保とするという手法に，既に欧州諸国は変化しているということを解説しているわけである。同ガイドブックには，さらに詳しくこうも記載されている。「規準というのは，判断材料であるが，一定のツールの範疇として使われるべきであり，遊び場提供者に対しては，厳格な要求というよりも情報提供である[28]」。もちろん，これの意味することは，「安全規準を守らなくてもいい」ということではなく，規準を絶対視し過度な依存を避けるというものであり，「公的機関が決めたことを守りさえすればいい」という思考から，自らリスクアセスメントを実施し，リスクマネジメントの方針を打ち出し，実践する手法を持たなければならない，という

(26)　田中紘一（2006），前掲論文，20-21頁。
(27)　Ball, David J., Gill, Tim, and Spiegal, Bernard（2008）, *op. cit.*, p. 37.
(28)　*Ibid.*, p. 37.

遊び場提供者への厳しい責任要求だと見るべきである。

我が国の遊具の安全規準も，国交省安全指針と遊具メーカー・日本公園施設業協会による数値規格の二本立てであり，どちらも法的縛りがないという意味で欧州の安全規準と同様である。しかし，英国では，「規準は，過去に許容できない危険な遊具の撤去や設計の改良，そして，維持管理体制を確立させるための役割を担った」[29]と記されているように，安全規準の要求レベルには既に達しており，さらに，その上に遊びの価値を付加していくための「リスクを敢えて取りにいく」という段階にある。リスクを取りにいくという文脈の中だからこそ，管理者を守るために，リスクアセスメントの実施とそれを基にしたリスクマネジメントの計画の立案・実施の証明を，利用者に提示することが重要となる。むしろ，リスク・ベネフィットアセスメントという手法を使うことで，管理者に大人の責務として，子どもの成長のためにリスクを取る勇気を持つことを求めていると解釈した方が至当だろう。

我が国の現状に立ち返ると，安全規準の遵守が進んでおらず，設置から20年以上という遊具が50％近いのが現実の姿である。安全配慮が行き過ぎたという英国とは，根本的に遊び場の安全レベルが異なっているのである。決定的に異なる安全レベルにある我が国の場合には，遊びの価値を求めるためには，まずは，安全規準に明記されている項目で，明らかに許容できない危険があると判断されるものに対して，それを改善し，適切に維持管理していく体制を確立させることが必須である。そして，その後，遊びの価値の尊重という理念を実現するため，適切なリスクマネジメントを実施していくべきだろう。

かかる状況にある我が国に，このリスク・ベネフィットアセスメントで用いられているリスクとベネフィットを併記する手法が，十分な役割を果たしてくれるはずである。既に指摘したとおり，リスクとベネフィットを併記するという作業は，意思決定プロセスの可視化である。そうであるなら，リスクが過大に残留した状況が可視化されることにより，問題の所在が明らかとなり，回避や除去すべきもの，改修すべきもの，その優先順位を見極めることが可能とな

---

(29) Ball, David J., Gill, Tim, and Spiegal, Bernard (2008), *op. cit.*, p. 38.

るはずである。少なくとも，危険かどうかの判断もおろそかに漫然と現状維持している状況を改善することにはなるはずである。

さらに，安全規準に記載されていない遊具の査定にもこの手法は有効である。我が国では，設置から20年以上が経過し，欧米では既に見られなくなった遊具が残存している場合が多い。例えば，第２章で紹介した1960年代の世界の遊び場を写真入りで紹介しているベンソンの *Environmental planning for children's play* にも紹介されており[30]，1960年代の児童公園の花形的な遊具であったすり鉢状の巨大なコンクリート人研ぎ製の現場打遊具[31]がその典型例である。筆者が，京都市内の公園891カ所に対して行った遊具の設置状況の調査でも，58カ所で同タイプの遊具が残存していることを確認した。こういった遊具の扱いをどうするべきかという議論は，2014年の国交省安全指針の改訂の際にも検討されており[32]，「特に，一般的な遊具とは異なる石の山・コンクリート製の山等の現場打遊具や運動能力やバランス能力が要求される遊具については，利用に当たってその特質を十分に理解し，子どもの利用やその安全確保について保護者や地域住民の果たす役割がより大きくなることから，これらとの相互の連携や情報の共有・交換が一層重要となる[33]」との文言が盛り込まれた。これは，まさに，リスク・ベネフィットアセスメントの実施を推奨している文言とも受け取ることができる。

この大型遊具は，コンクリートという素材の固さにより転倒・転落時の頭部や顔面（特に歯）への傷害や四肢の骨折の危険性を孕んでいるが，大人数で遊ぶことができ，滑る・登る[34]など遊び方の自由度の高さとチャレンジ性の高さにより，子どもたちには魅力的な遊具となっている。また，コンクリート製であ

---

(30) Bengtsson, Arvid (1970), *Environmental planning for children's play* (Praeger), p. 103.

(31) 工業製品として製造された遊具ではなく，現場で施工された遊具を指してこのように呼んでいる。

(32) 国土交通省にて，2013年10月～2014年１月に開催された「都市公園の遊戯施設の安全性に関する調査検討委員会」の議事録による。

(33) 国土交通省（2014），前掲資料，17頁。

(34) 滑走面の逆走や，壁面につけられたロープや凸凹などを使いよじ登ることができ，人気がある。

るため堅牢で，倒壊や崩落といった劣化による破損は起こりにくい。設置から30年以上経過してもなお，表面的には劣化も見られない。しかしながら，国交省安全指針には記述されていない遊具であることから，現場もその扱いに苦慮していたことは想像に難くない。結局，安全指針にも上記のような抽象的な文言でしか書きようがないというのが現実だろう。つまり，こういった遊具の是非は，リスクとベネフィットを秤にかけて，予測されるリスクへの許容を管理者と利用者とが合意できるか否かをもって判断するしかない。そういった意味において，リスク・ベネフィットアセスメントは，アセスメントの過程において，管理者だけでなく利用者からの意見も盛り込むことが可能であり，管理者と利用者とのリスクコミュニケーションとしての機能を果たすことにも期待できる。国交省安全指針でも重視されている「子どもと保護者・地域住民との協働による楽しい遊び場づくり[35]」といった目標に資する役割も果たすことができるだろう。

リスク・ベネフィットアセスメントの具体的な運用方法としては，遊具を分類し，遊具毎のリスク・ベネフィットシートを作成し，各公園の設置状況を現場でフィードバックさせて判断していくことが現実的である。

実践例として，京都市に設置されている遊具二種に対するリスク・ベネフィットアセスメントを行ったものを付記した。リスク・ベネフィットアセスメントシートの様式は２枚仕様とし，１頁目には遊具の名称，設置年，製造者名及び施工者名，写真などの基本情報と共に安全点検留意箇所を入れた。２頁目がリスク・ベネフィットアセスメント記入欄である。

付記１は，京都市の公園実態調査の結果から設置面の不備が深刻であったコンクリート人研ぎ製すべり台を例にした。リスクに関するアセスメントは，国交省安全指針からの示唆，消防局からの事故データを判断材料としてフィードバックさせ，また，公園実態調査中に利用者である母親からヒアリングした「滑走部側壁にまたがり滑る子どもが多く，よく転落している」という内容も記載した。コンクリート人研ぎ製のすべり台は，ステンレスなどの金属製のも

(35) 国土交通省（2014），前掲資料，71-72頁。

のと比較して滑走部の側壁に10 cm 程度の厚みがあり，その部分にまたがって滑る子どもがいて，その場合，バランスを崩し転落する可能性が高いということであった。リスク・ベネフィットアセスメントの記述式という利点の一つとして，こういった利用者（監督者）からの具体的な情報を関係者が共有できることにある。一方，便益記載欄には，京都市公園管理担当者からヒアリングした内容を記載した。すなわち，「支柱の地際がコンクリートで固めてあり，雨水などの影響を受け難く支柱の腐蝕を防ぎ，倒壊の危険性を減らせる」「人研ぎ製コンクリートであるため，堅牢である」の二点である。また，公園実態調査の折に何人かの母親から聞いた「滑走面が夏の直射日光でも熱くならないため火傷の心配がない」とのコメントも加えた。それらを査定すると，便益としてあげられた項目は，管理上の便益であるものが多く，利用者である子どもの成長に資するような便益ではないことが分かり，一方，リスクとしてあげた基礎コンクリートの露出は，安全指針に明記されている設置面の不備であること，さらに，この形状のすべり台は滑走面側壁が厚いため，子どもが思わぬ遊び方をしており，転落の可能性が高くなることが示された。以上のアセスメントから，コンクリート基礎の露出は便益のないリスク，PSF ガイドブックでいう「bad hazard」であると判断できる。リスク処理として「早急な除去」とすることの妥当性が証明された。

また，付記２は，先に述べた人研ぎコンクリート製大型複合遊具の記載例である。国交省安全指針にも記載されていない遊具をどう扱うかという課題に，この記述式のアセスメント手法は特に有効であることが理解できるだろう。

④リスク・ベネフィットアセスメントの導入：管理者のいる遊び場

リスク・ベネフィットアセスメントの活用は，英国での成り立ちから見ても，基本的に，リスクの許容レベルを高く設定したい場合に分がある。日本でも，冒険遊び場などのリスク重視の遊び場も一定の市民権を得ており，また，幼稚園・保育所の中には，リスク重視を理念に掲げた園庭づくりを行っているところもある。それらがもたらす教育的効果に期待する声も大きい。遊びの価値としてのリスクを確保する遊び場は，不特定多数が利用する都市公園に求めるよりも，こういった管理者在住の遊び場に求める方が現実的である。

子どもの遊び場環境の，一つの理想とされている保育所を例にあげてみる。

神奈川県の川和保育園（私立・認可）は，遊びの中にこそ，子どもたちを心身共に成長させ得る可能性があるとして，敢えて安全とは対極にある環境を提供している保育所である。ここで育つ子どもたちの生き生きとした姿がマスコミにも取り上げられ，遊びの中から学び育つことを体現している保育所のモデルとなっている。敷地面積は約1600 m^2 あり，広めの園庭はさながら森のように大きな木々に囲まれ，それらの木と遊具がつながり一体化している。「ツリーハウス」と名づけられた，9 m にもなる火の見櫓のような遊具には，階段やはしごなどなく，木登りをして最上階に登るという。大型複合遊具にも柿の大木が絡み，簡単に登れない障害物になっている。「空中ロープウェイ」という滑車付きロープは，3 m の高さに張られ，子どもがぶら下がり園庭を縦断している。公共の場所での設置は適さないとされている回旋塔すらも健在で，しかも柏の枝が回転の軌道上に張り出ているという，国交省規準からの逸脱ぶりである。0歳から5歳までの子どもが過ごす園庭としては，危険度は著しく高い。実際に，腕などの骨折はままあるという。しかし，この保育所の評価は非常に高く，人気の保育所である。

この保育所の園庭設計を請け負っているアネビー代表取締役社長である熊尾重治にヒアリングを行った[36]。熊尾は，「子どもにとって遊びとは学ぶことであり，だから遊具は教育施設であるはずだ」という。もともと子どもは，山や川，そこにある木や水，土，動物，そのようなものの中で過ごし，そこで手足を駆使し，頭脳を使い遊びながら学んでいた。しかし，都市化によりそういった自然が失われ，その代替としての遊具が誕生したと熊尾はいい，そうであるなら，遊具は，単に体を動かすだけの運動器具ではなく，そこに自然を取り込み，回遊性・反復性と共に，子どものチャレンジ心を誘うリスク性などの要素が必須であると続ける。アネビーが扱う遊具は，スウェーデンの遊具メーカーHAGS 社の製品である。同社は，スウェーデンでは80％のシェアを持ち，世界40カ国に輸出をする遊具のトップメーカーである。当然，遊具は EN 規格を

---

(36) 2011年3月10日，アネビー本社にて実施。

遵守しTÜV[37]の認証も受けている。熊尾自身，世界の安全規準を知り尽くしている，この業界の先駆者である。それでも，安全規準など全く意に介さないかのような川和保育園を推奨している。つまり，川和保育園のケースは，意図的に敢えて取っているリスクである。設計者とそれを維持管理する園の明確な意思がそこにある。熊尾は，「川和保育園の園庭のあり方は，子どもの育ちの場である保育園・幼稚園の本来の姿であり，特別であってはならないはずだ」という。遊び場が教育の場となり得る場所として，幼稚園・保育所，そして小学校は，川和保育園の事例から学ぶものは確かに大きい。

しかし，現実問題として，理念ばかりでこれだけのリスクを誰でもが取り得るわけではない。先にも述べてきたが，「リスクを敢えて取る」という選択は，同時に組織としての経営上のリスクを負うことでもある。リスクを熟知し，万が一事故が起こった場合に深刻な傷害には至らないようにする事前の対策，傷害が起こった場合の事後対策，保護者・子どもとのリスクコミュニケーションなどが行われていて初めて可能となる選択肢である。保護者の立場からいっても，リスクによるベネフィットと万が一の悪い結果を天秤にかけ，自ら選ぶというプロセスを経ることが必要である。

その役割を果たすのが，リスク・ベネフィットアセスメントを組み込んだリスクマネジメントであろう。起こり得るリスクとそこから得ることのできるベネフィットを可視化することが，管理者自身を守るツールでもあり，保護者が主体としてマネジメントに関わることでもある。換言すれば，そういった怖さを自覚することなく，リスクマネジメントという思考を持たずしてリスク重視の遊び場づくりを行うことは危険なことである。リスク重視の遊び場の普及には，リスク・ベネフィットアセスメントを組み込んだリスクマネジメント手法が不可欠である。

(37) TÜV（Technischer Überwachungs-Verein：ドイツ技術検査協会）とは，政府や公共団体から委託されて機械・電子機器などあらゆる製品の安全規格への適合性について検査・認証を行うドイツの民間検査機関。

付記1　京都市を事例にし，リスク・ベネフィットアセスメント実施シート1

リスク・ベネフィットアセスメントシート

遊具名	児童用すべり台
遊具の種類	すべり台
素材	コンクリート人研ぎ製
主な製造者名	
施工者名	
設置台数	
設置年	年

■安全点検留意箇所

点検項目	確認箇所
塗装・メッキ	著しい塗装剥離や退色，錆の発生等はないか。
基礎部	設置面へ基礎が露出していないか。
着地面・周辺	着地面や遊具周辺に大きな凹凸や石等や，不適切な傾斜地面を含まないか。
支柱部	部材に亀裂，劣化はないか。グラツキはないか。
接合部	部材に亀裂，劣化はないか。グラツキはないか。
各部	ボルトの緩みや欠落はないか。
各部	継手金具の破損，変状，腐食等はないか。
各部	身体に触れる部分に鋭利な状態等はないか。
登行部	引っ掛かりの恐れのある突起や隙間等はないか。
登行部	挟み込み（頭部・指等）の恐れはないか。
落下防止	手すりに変状，腐食，グラツキ等はないか。
踊り場	踏み板に変状，腐食，変形等はないか。
踊り場	落下防止柵などにガタツキや変形はないか。
滑降部	滑降面に，変状，摩耗，突起物等はないか。
滑降部	側板に，変状，摩耗，突起物等はないか。
減速部	滑り面上に滞留水等はないか。
減速部	減速部の先端までの長さや形状は適切か。

査定者：■ 公園管理者　□ 点検者　□ その他（　　　）／ 氏名（ 山田太郎 ）
実施日：第１回　2014年10月30日

<table>
<tr><th colspan="4">リスクに関する査定</th></tr>
<tr><th>危険だと思われる点</th><th>被害の可能性</th><th>評価[1)]</th><th>被害低減のための対処はあるか</th></tr>
<tr><td>転落の危険があるプラットホーム下，登はん部下にコンクリートの基礎が露出している。</td><td>最も高い位置からでは，２m以上の高さからの転落となり，頭部外傷，四肢の骨折などの危険性がある。</td><td>高</td><td>基礎コンクリートを埋め，衝撃緩和対策のマットを敷く。</td></tr>
<tr><td>滑走面がコンクリート製。</td><td>滑走中，又は，滑走面を逆走した場合など，転倒をすれば頭部外傷の危険性がある。</td><td>高</td><td>逆走の禁止などの注意喚起。</td></tr>
<tr><td>滑走部側壁にまたがり滑る子どもがいる。</td><td>転落の可能性が高く，支柱のコンクリート基礎による外傷の危険性がある。</td><td>中</td><td>基礎コンクリートを埋めて，衝撃緩和対策のマットを敷く。</td></tr>
<tr><th colspan="4">ベネフィット（便益）に関する査定</th></tr>
<tr><th colspan="2">便益だと思われる点</th><th>評価</th><th>コメント</th></tr>
<tr><td colspan="2">支柱の地際がコンクリート製であるため，倒壊の危険が少ない。</td><td>低</td><td rowspan="3">便益は全て，維持管理の容易さには貢献しているが，遊びの価値との関連性はない。

倒壊防止に対しては，現状の点検頻度で予測可能である。</td></tr>
<tr><td colspan="2">人研ぎコンクリート製であるため，堅牢である。</td><td>低</td></tr>
<tr><td colspan="2">人研ぎコンクリート製であるため，ステンレスのように滑走面が高温にならない。</td><td>低</td></tr>
<tr><th colspan="4">リスク管理の判断と理由[2)]　：　□保持　■改修可能な場合保持　□除去
※特に難しい決定について（リスクがあるが保持と判断した場合，その理由を第三者が理解できるように記載）</th></tr>
<tr><td colspan="4">リスク８　＞　ベネフィット３

頭部外傷という生命に関わる外傷の可能性が否定できず，基礎コンクリートの露出の改修は必須。
安全規準に安全領域内の障害物の除去は明記されている。
人研ぎコンクリート製のすべり台は，堅牢であり倒壊の可能性は低いが，素材として硬いために転倒による外傷（頭部外傷，歯の損傷，四肢などの骨折）の可能性が高い。

便益は，遊びの価値をことさら高めるものではない。</td></tr>
</table>

（注）１）評価欄：低・中・高の３段階で評価。点数換算は１・２・３点とする。
２）子どもは，遊びを通して冒険や挑戦をし，心身の能力を高めていくものであり，それは遊びの価値の一つであるが，冒険や挑戦には危険性も内在している。
（出所）国土交通省（2014）「都市公園における遊具の安全確保に関する指針」８頁。

付記２　京都市を事例にし，リスク・ベネフィットアセスメント実施シート２

リスク・ベネフィットアセスメントシート

遊具名	大型複合遊具
遊具の種類	複合遊具
素材	コンクリート人研ぎ製
主な製造者名	
施工者名	
設置台数	
設置年	年

■安全点検留意箇所

点検項目	確認箇所
本体	亀裂，破損，欠損，割れはないか。
設置面・周辺	設置面・周辺に大きな凹凸や石等はないか。不適切な傾斜地面を含まないか。特に，側面登行部周辺の材質，障害物に注意。
各部	ボルトの緩みや欠落はないか。
各部	継手金具の破損，変状，腐食等はないか。
各部	身体に触れる部分に鋭利な状態等はないか。
ロープ・チェーン登行部	ロープエンドが固定されており，首しまりの余地がない状態か。 摩耗，破損，変形，断線，ほつれはないか（部材の３分の１以上の不備で修繕）。
岩等登行部	部材に亀裂，劣化はないか。グラツキはないか。溶接部分に亀裂はないか。
トンネル部	開口部が子どもの動線にかからないか。救助のための大人が入れる大きさか。
踊り場	広さが十分にとってあるか。
踊り場	落下防止柵などにガタツキや変形はないか。
滑降部	滑降面に，変状，摩耗，突起物等はないか。
滑降部	滑り面上に滞留水等はないか。
その他	

査定者：■　公園管理者　□　点検者　□　その他（　　　　）／　氏名（　山田次郎　）
実施日：第１回　2014年10月30日

リスクに関する査定			
危険だと思われる点	被害の可能性	評価[1]	被害低減のための対処はあるか
人研ぎコンクリート製	転倒などの際，頭部，顔面（特に歯），四肢などへの外傷の可能性。	中	なし。
側面からの登はん部 エンドが固定されていないロープ	首しまりによる窒息の可能性。	高⇒低	ロープのエンドを固定する。
滑走面が大きいため，自転車，三輪車，ボードなどを持ち込む可能性	スピード超過による転倒，転落などによる負傷。	高	持ち込みの禁止の看板，近隣の見守り。

ベネフィット（便益）に関する査定		
便益だと思われる点	評価	コメント
大人数での遊びが可能（群れ遊び）。おにごっこなどの遊びに付加価値をつけることができる。	高	異年齢の友だちづくりは，地域の遊び場の大きな役割。昨今の遊具には，大人数で遊ぶことのできるものは少ない。
遊びの自由度が高い。	中	子どもの自主性を伸ばす。
側壁を登るためには，筋力や四肢のバランス感覚が必要であり，子どもの身体的，思考力の向上が望める。	高	子どもの体力・筋力の増進は社会的にも大きな課題である。
近年人気のクライミングウォールと同様の遊び方ができる。	中	（同上）
地域のランドマーク的な役割。世代間の共通の思い出。	中	地域への愛着という意味でも価値は高い。

リスク管理の判断と理由[2]　：　■保持　□改修可能な場合保持　□除去 ※特に難しい決定について（リスクがあるが保持と判断した場合，その理由を第三者が理解できるように記載）
リスク８（ロープの改修を実施した場合６）　<　ベネフィット10 設置から30年以上経過した遊具であり，コンクリート製であるため，転倒による外傷リスクは否定できないが，多くの便益がある遊具である。 登はん部のロープの改修を早急に実施し，見守りなどの地域への協力を得ながら，維持管理していくこととする。

（注）１）評価欄：低・中・高の３段階で評価。
２）子どもは，遊びを通して冒険や挑戦をし，心身の能力を高めていくものであり，それは遊びの価値の一つであるが，冒険や挑戦には危険性も内在している。
（出所）国土交通省（2014）「都市公園における遊具の安全確保に関する指針」８頁。

第2節　遊具事故防止対策への提言

（1）　リスク・ベネフィットアセスメントを組み込んだ国交省安全指針

以上，遊び場におけるリスクマネジメントの導入とその進め方を検討してきた。それらをふまえ，本章の総括としてここまで考察してきた遊具事故防止対策をまとめておく。

まず，遊び場のリスクマネジメントは，リスクの不確実性をよりよく管理するためのリスクマネジメント手法である投機的リスクマネジメント，すなわちISO31000で示された手法をベースに進めていく。リスクマネジメントの方針の決定に際しては，国交省安全指針で示されている「1―1　子どもと遊びの重要性[38]」に則ることを基本とし，それにより，我が国の遊び場管理の根幹ともいえる「遊び場の価値の尊重」に配慮することができるだろう。国交省安全指針に，大きく修正が必要だと思われるのは，ここから先の方法論である。

まず，方針決定に付随する解説として用いられた用語の定義「2―1　リスクとハザード[39]」，それに続く「物的な要因」「人的な要因」といった判別方法の推奨[40]に関して，見直しが必要である。すなわち，リスクとは，良い結果になるか悪い結果になるかの不確実性を意味すること，そのため，良い結果とするためには適切な管理が不可欠であること，この二点を明確に示すことが必要である。さらに，リスクマネジメントのプロセスと共に，リスクの特定，見積もり，評価というリスクアセスメントの手法を具体的に示すことを提案する。ここで推奨するのは，リスク・ベネフィットアセスメントである。

以下に，国交省安全指針に対する筆者の修正案とリスク・ベネフィットアセスメントの提案を示す。

---

(38)　国土交通省（2014），前掲資料，5頁。
(39)　同上資料，8頁。
(40)　同上資料，9-13頁。

①国土交通省「都市公園における遊具の安全確保に関する指針」変更案１

「都市公園における遊具の安全確保に関する指針」８頁

> ２．子どもの遊びにおける危険性と事故
>
> ２-１　リスクとハザード
>
> （１）遊びにおけるリスクとハザード
>
> 子どもは，遊びを通して冒険や挑戦をし，心身の能力を高めていくものであり，それは遊びの価値のひとつであるが，冒険や挑戦には危険性も内在している。
>
> 子どもの遊びにおける安全確保に当たっては，子どもの遊びに内在する危険性が遊びの価値のひとつでもあることから，事故の回避能力を育む危険性あるいは子どもが判断可能な危険性であるリスクと，事故につながる危険性あるいは子どもが判断不可能な危険性であるハザードとに区分するものとする。

下線部を変更する。

> ２．子どもの遊びにおける危険性と事故
>
> ２-１　リスクの適切な管理
>
> （１）遊びにおけるリスクマネジメント
>
> 子どもは，遊びを通して冒険や挑戦をし，心身の能力を高めていくものであり，それは遊びの価値のひとつであるが，冒険や挑戦には危険性も内在している。
>
> 子どもの遊びにおける安全確保に当たっては，子どもの遊びに内在する危険性が遊びの価値のひとつでもあることから，全ての危険を取り除くことはふさわしくなく，危険の許容レベルを見極め，適切に管理することが必要である。危険を意味するリスクとは，傷害などの不利益を受ける可能性があるが，危険を回避した結果として便益を享受できる可能性もあるという，将来に対する不確実性を意味する。そのため，リスクに対する適切な管理（リスクマネジメント）が必要なのである。

②国土交通省「都市公園における遊具の安全確保に関する指針」変更案2

「都市公園における遊具の安全確保に関する指針」12頁。

> 3．遊具における事故と安全確保の基本的な考え方
>
> 3－1　遊具の安全確保に関する基本的な考え方
>
> 遊具の安全確保に当たっては，子どもが冒険や挑戦のできる施設としての機能を損なわないよう，遊びの価値を尊重して，リスクを適切に管理するとともにハザードの除去に努めることを基本とする。
>
> 公園管理者は，リスクを適切に管理するとともに，生命に危険があるか重度あるいは恒久的な障害をもたらす事故（以下，「重大な事故」という）につながるおそれのある物的ハザードを中心に除去し，子ども・保護者等との連携により人的ハザードの除去に努める。
>
> 子どもと保護者は，遊びには一定の自己責任が伴うものであることを認識する必要があり，保護者は，特に，自己判断が十分でない年齢の子どもの安全な利用に十分配慮する必要がある。
>
> 公園管理者と保護者・地域住民は，連携し，子どもの遊びを見守り，ハザードの発見や事故の発生などに対応することが望まれる。

全文を変更する。

> 3．遊具における事故と安全確保に関する基本的な考え方
>
> 3－1　遊具の安全確保に関する基本的な考え方
>
> 遊具の安全確保に当たっては，子どもが冒険や挑戦のできる施設としての機能を損なわないよう，遊びの価値を尊重して，リスクを適切に管理することを基本とする。
>
> 安全は，許容可能なレベルにまでリスクを低減することにより達成される。許容可能なレベルとは，危害と便益のバランスにより決定され，それは遊び場の管理者と利用者など関係者の合意のもと決定されることが望ましい。
>
> 具体的には，まずハザード（危険源）を特定し，それにより受ける可能性のあ

る危害とベネフィット（便益）を可視化し，それを基にリスク評価を行う。これをリスクアセスメントという。この段階で，JPFA-Sなどを参照し，それらに示された規格を遵守できているかを評価する。規格を遵守していない場合や規格に記載のない遊具などは，それによりもたらされる危害と便益の比較を十分に行い，判断をしていく。

リスク処理は以下の四つに大別される。

回避：リスクの遮断〈例：遊具の撤去，使用禁止〉

除去：リスクの防止（予防，軽減），制限〈例：改造，補修，監視をつけるなど条件付きで維持〉

転移：保険〈例：危害への金銭的な保障〉

保有：リスクを受け入れる。〈例：遊具を維持する〉

子どもと保護者は，遊びには一定の自己責任が伴うものであることを認識する必要があり，保護者は，特に，自己判断が十分でない年齢の子どもの安全な利用に十分配慮する必要がある。

公園管理者と保護者・地域住民は，連携し，子どもの遊びを見守り，ハザードの発見や事故の発生などに対応することが望まれる。

③国土交通省「都市公園における遊具の安全確保に関する指針」変更案 3

リスク・ベネフィットアセスメントの導入方法を，新たに付け加える。

遊びには怪我などの危惧もあるが，チャレンジすることにより子どもの成長を促す側面もある。そういった不利益と便益のバランスを考慮しながら，遊び場のリスクを査定（アセスメント）していく手法である。

子どもの成長に対する便益の大きさを測ることは難しい反面，不利益は事故の件数や弁済にかかった費用など数値化できる。質的に異なるものを比較することは難しい作業であるが，それぞれを書き出すことで可視化していく。可視化された項目を比較検討し，リスクを受け入れるか避けるかなどの判断を行っていく。

便益の発見は，管理者や保護者など関係者が持っている，一般常識，経験則，子どもの観察などから行う。不利益の発見は，安全規格や事故情報などを基に行う。そのためには，安全規格の周知，インシデントを含む事故のデータの収集が必須である。

遊びのバランス

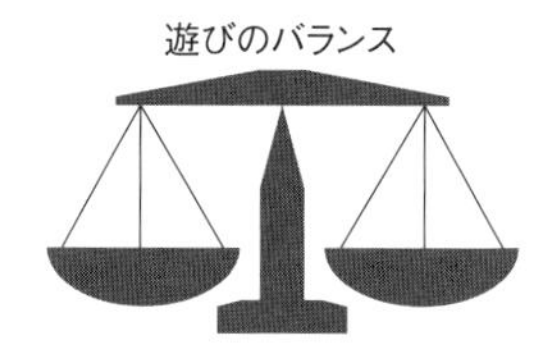

ベネフィット（便益）	ディスベネフィット（不利益）
遊びの価値 ・社会性を伸ばす ・身体的発達 ・精神力 学び ・リスクに対処する方法 リスクの曝露の減少 ・より大きなリスクから遠ざける	事故 費用 訴訟 悪い評判

それぞれの特徴

・形のないもの ・信念 ・全体像 ・定量化しづらい ・気づきを通して本来の自分を取り戻し，自己成長を促す ・価値の追求	・形のあるもの ・現実問題 ・還元主義（1を知れば10を知るという考え方） ・科学的に定量化できる ・証拠に基づいた対処 ・価値の追求

（原出所） Ball, David J. (2002), "Playgrounds-risks, benefits and choices," HSE Book.
（出所） Ball, David J., Gill, Tim, and Spiegal, Bernard (2008), "Managing Risk in Play Provision : implementation guide" (Play England), p. 49.

遊具リスク・ベネフィットアセスメントシート

査定者：□　公園管理者　□　点検者　□　その他（　　　　）／　氏名（　　　　　　）

実施日：第　　回　　　年　　　月　　　日

リスクに関する査定			
危険だと思われる点	被害の可能性	評価[1]	被害低減のための対処はあるか

ベネフィット（便益）に関する査定		
便益だと思われる点	評価	コメント

リスク管理の判断と理由[2]　：　□保持　□改修可能な場合保持　□除去 ※特に難しい決定について（リスクがあるが保持と判断した場合，その理由を第三者が理解できるように記載）

（注）1）評価欄：低・中・高の3段階で評価。
2）子どもは，遊びを通して冒険や挑戦をし，心身の能力を高めていくものであり，それは遊びの価値の一つであるが，冒険や挑戦には危険性も内在している。

（出所）国土交通省（2014）「都市公園における遊具の安全確保に関する指針」8頁。

（2） 遊び場の役割の多様性への配慮

①遊び場の類型別のリスク許容レベル設定：遊びにチャレンジを求めることは，全ての遊び場に必要か？

これまで，リスクマネジメントの視点から，国交省安全指針の見直しを含め，英国発祥のリスク・ベネフィットアセスメントの導入の可能性を検証してきた。既述のとおり，この手法の優れた点は，第一に意思決定プロセスの可視化である。リスクマネジメントの本質は突き詰めると，いかに適切な「決断」ができるかどうかにある。その求められる決断が，「リスクを自ら取りにいく」というものであるとすれば，都市公園の管理者である行政職員又は公務員にとっては，現実問題としてかなり難しい判断となろう。それは，英国でこの手法が導入された経緯を見ても明らかである。公園の管理者たちには，自分たちの責任問題となり得るリスクを取ることへの強い抵抗感ないし拒否感がある。そのため英国では，安全規準偏重の画一的な公園となってしまったのである。PSFガイドブックの最終章で何度も繰り返し述べられているのは，“cultural change”である。遊びの価値を認め，リスクを取るという決断をすることは，“cultural change”を要する難題だということであろう。

ここまで検討してきたとおり，国交省安全指針で示された「遊びの価値の尊重」という理念は，一見浸透したかのように見えるが，現実には「遊びの価値」か「不要のハザード」かの精査をすることすらなく，多くの管理者は「現状維持」を決め込んでいるに過ぎない。かかる状況にある我が国で，結果に対する責任も含めた「リスクを敢えて取る」という意識的な選択が，どの程度受け入れられるのかは未知数である。それならば，もっと現実的な選択肢を用意すべきかもしれない。

そもそも遊びにチャレンジを求めることは，全ての遊び場に必要であろうか。遊び場にも様々な運営形態があり，様々な管理者がいる。また，そこを利用する子どもや保護者も様々である。序章で確認した「子ども」の姿は，わずかな年齢の違いでも獲得している能力は異なり，大人による保護の度合も違う。発達に応じた対応を必要としている存在である。遊びが子どもの成長に果たす役割の大きさは十分に理解しているが，それは遊び場にのみ求めるものではないだろう。遊び場が提供すべき役割は，遊び場により異なっていたとしても何ら不思議ではない。むしろ，その方が健全な姿といえるのではないか。

筆者自身も二人の子どもを育てる過程で，公園に出掛けることが日課だった時期がある。また，現在も，地域での子育て支援活動をしており，幼い子どもを抱える母親たちと出会う機会も多い。そこから実感することは，子育て中の母親にとって，毎日のように出掛ける公園に，子どもの発達を促し，様々な学びの場にしよう，などと思ってはいないということだ。家の中でテレビばかりを見せているわけにはいかないから外遊びに行く，お友達とも遊ばせてあげるために出掛ける，体を使ってしっかり遊べばよく眠ってくれる，などといった思いが大半であろう。そして，母親たち自身も，他の母親と出会い，しばしの歓談をするために行く。これも，子育てというストレスフルな日々には非常に重要な，母親自身のメンタルケアでもある。そうであるなら，公園に求めるものは，やはり，母親たちがホッとできる場，子どもたちに怪我をさせる心配がなく，ずっと見張っていなくても大丈夫な場である。ある双子の母親は，「公園に，どうして入り口が２つあるのだろう」と言った。活発に動き回る二人の子どもを，母親一人で見守っているという状況では，いくら気をつけていても，２カ所の入り口を同時に監視するのは難しい。隙を突いて出口から車道に飛び出したことがあり，ヒヤッとしたという。双子でなくとも，幼い兄弟を連れている母親は多い。母親が子どもの安全を見守るというのは，思うほど簡単ではない。遊具の事故原因の調査で，「母親がしっかり見ていなかった」といとも簡単に原因の一つに数えられることに，大きな違和感を覚える。それは，あまりにも母親の実態にあっていない。母親たちを責めることで，母親たちを公園から遠ざけ，その結果，密室の育児という虐待要因を強める事態を招きかねない。

二つの子どもの遊び場のあり様を実例をあげて見てきたが，それらはどちらも子どもたちにとって必要な遊び場であり，そのあり様である。ただ，これらのニーズを分けて考えないことには，その安全対策と子どもの健全な遊び場環境の保持に不都合が生じることになる。つまり，川和保育園に代表されるような，リスク重視型の遊び場の存在は，もし現在の安全規準が法令化された場合には，許容されない可能性が高い。それは避けなければならないという思いは，充分に理解できる。筆者自身も同感である。しかし，だからといって，現状の実効性のない安全規準のままで良しとすることも，また誤りである。街区公園のあり様は，日常的に利用する母親たちのニーズに応えていない。それを解決する方策としては，遊具のリスクに関してのリスクコミュニケーションが取れるかどうかにより，規準の適応を差別化していくべきだろう。充分なリスクコミュニケーションが図られる場合には，安全規準の適応を免除される。幼稚園・保育所・小学校などの養育・教育施設や冒険遊び場のようなリスクを取ることを本来の目的とした遊び場などがそれに該当するだろう。しかし，そうでない遊び場に関しては，充分な安全管理を義務づけるべきである。

そこで，管理体制により遊び場の管理を分けることを提案したい。これは，不特定多数が利用し管理者が常駐していない街区公園といった公共の公園と，幼稚園・保育所・小学校，冒険遊び場など利用者に制限があり施設の管理者がいる遊び場とは，確保されるべき安全のレベルが異なってもよいのではないか，という提案につながる。

②保護者の遊び場の安全とリスクに関する認識

では，そもそも，子どもの保護者たちは，日常利用する公園に対して，どのようなニーズを持ち，そこでのリスクをどの程度許容できると考えているのであろうか。

京都府下の二つの地域（都市部である京都市と乙訓地域，郊外の亀岡市）の保護者を対象に，保護者の外遊びに対する評価や，外遊びにおけるリスクの許容レベルを質問紙調査したところ，以下のような結果が得られた。質問紙への回答数は，亀岡市（京都市郊外）215人，京都市・乙訓（長岡京市，向日市，大山崎町）地域（都市部）260人，総数475人である。回答者は97%が母親である。

まず，外遊びへの評価に関しては，以下の五点を聞いた。

・お子さんは外遊びが好きですか

・外遊びは，子どもにとって必要だと思いますか

・外遊びが，子どもの身体の発達に良い影響を与えると思いますか

・外遊びが，子どもの社交性などの向上に良い影響を与えると思いますか

・外遊びは，怪我や交通事故などの心配があるので，なるべく行かない方が

図4－4　外遊びの評価：亀岡市（n＝215）

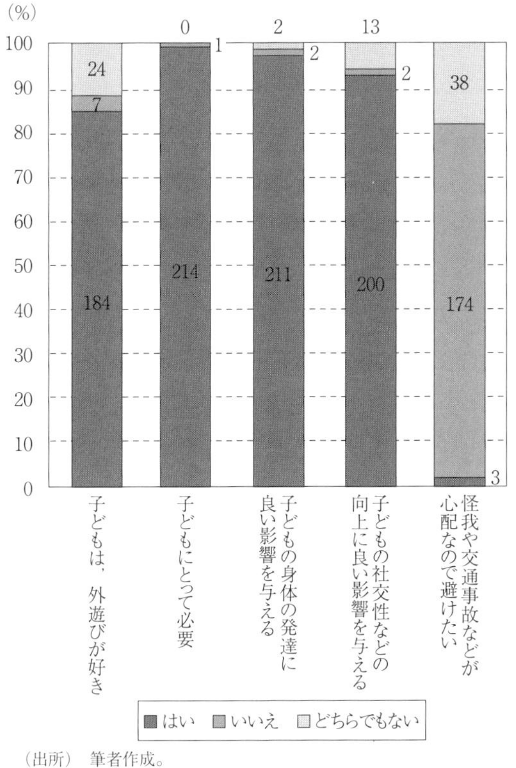

（出所）筆者作成。

よいと思いますか

結果は，**図4－4**，**図4－5**に示したように，外遊びに対する評価は一様に高く，身体の発達のみならず，社交性などの向上にも良い影響があるとほぼ100％の保護者が答えていた。怪我や交通事故の心配をする人は20％程度いるが，外遊びを避けたいとの思いを持つ人はごく少数である。

次に，遊具で遊ばせているときの保護者の関わり方を聞いた（**図4－6**，**図4－7**）。

・遊具で遊ぶときには，危険があるので見守りをするようにしている

・遊具で遊ぶときには，なるべく自由に遊ばせたい

・遊具で遊んでいる間は，息抜きの時間だと思ってリラックスしている

図4－5　外遊びの評価：京都市・乙訓地域（n＝260）

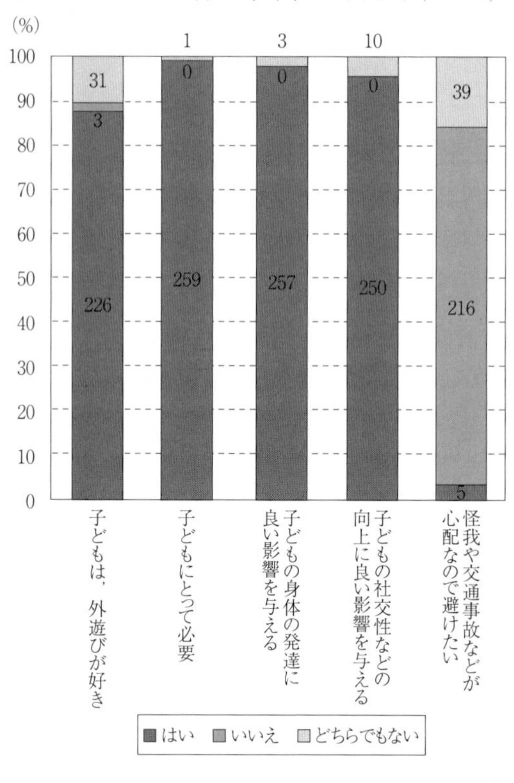

遊具で遊ばせる際の見守りは，亀岡83.7%，京都・乙訓84.6%が実行している。乳幼児に限ればさらに比率は高いことが予測され，母親たちによる外遊び時の見守りは高い比率で実行されていることが分かる。しかし，そうでありながら，「自由に遊ばせたい」もほぼ同様の比率（亀岡84.7%，京都・乙訓77.7%）である。自由気ままに走り廻って遊ぶ子どもに，懸命に付き添っている保護者の努力のほどが垣間見える回答である。

次に，遊具の安全性に関して，保護者の認識も尋ねた（**図4－8**，**図4－9**）。

・遊具は絶対に安全でなければならない

・遊具は基本的には安全に配慮されていると思う

・遊具には危険な箇所が多いと思う

・遊具で遊ばせる前には，念のため，壊れていないか確認する

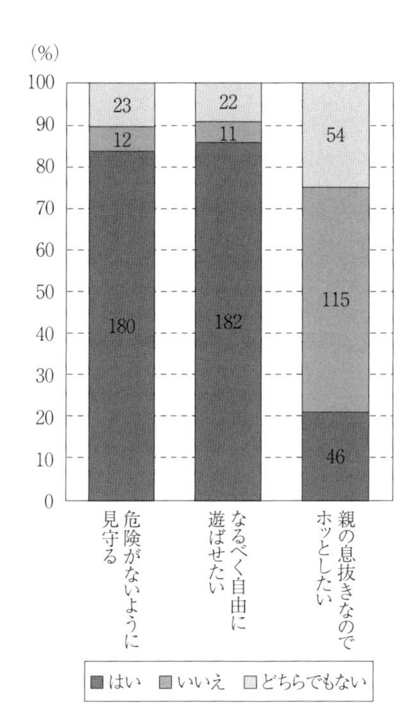

図 4 - 6　遊具で遊ばせているときの親の関わり方：亀岡市（n＝215）

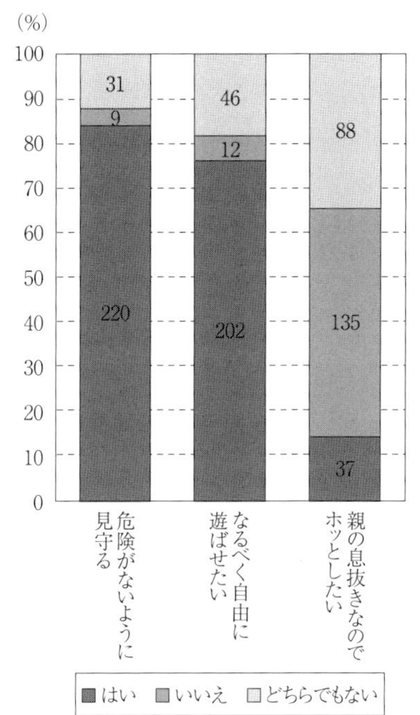

図 4 - 7　遊具で遊ばせているときの親の関わり方：京都市・乙訓地域（n＝260）

「遊具は絶対に安全でなければならない」と思っている保護者は，亀岡78.1%，京都・乙訓72.7%と，想像以上に高い比率である。加えて，「基本的には遊具は安全なものだ」との認識を，亀岡62.8%，京都・乙訓60.8%と，6割以上の保護者が持っているという結果となった。「安全だろう」と思っているために，遊具を利用する際に破損などの有無を確認する保護者は20%程度に留まっている（亀岡21.4%，京都・乙訓24.6%）。

さらに，遊び場でのリスクの許容レベルを見定めるために，「擦り傷・打棒程度の軽傷」と「骨折」に対しての許容を尋ねた（**図 4 - 10**，**図 4 - 11**）。これは，リスクの許容レベルは，きわめて低いという結果である。擦り傷・打撲程度の軽傷は 8 割以上（亀岡83.7%，京都・乙訓82.3%）の保護者が許容するが，骨折に関しては 1 割強（亀岡11.6%，京都・乙訓13.5%）しか許容していない。

図4－8　遊具の安全性に関して：亀岡市（n＝215）

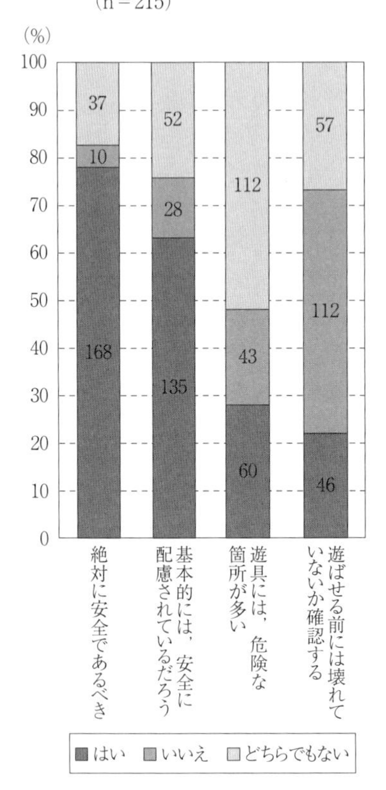

図4－9　遊具の安全性に関して：京都市・乙訓地域（n＝260）

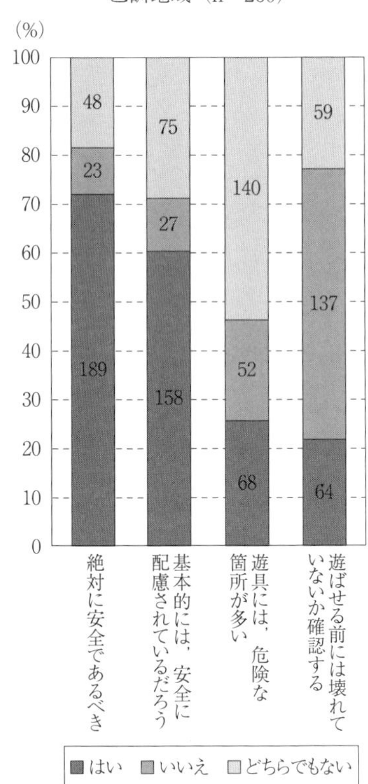

そうして最後に，遊具で怪我をした場合の責任の所在が「子ども」，親や先生といった「監督者」，市や園長といった「管理責任者」のどこにあるかを尋ねた（**図4－12**，**図4－13**）。この問いは，抽象的過ぎたためか，「どちらともいえない」と答える人が最も多くなっている。しかし，「どちらともいえない」との答えを省き，責任の所在を明確に答えた数だけを取り上げて三者を比較してみると，最も「責任有り」と答えたのは「監督者」である（亀岡34.0％，京都・乙訓37.3％）。つまり，保護者の３割以上が，怪我の責任は自分自身にあるとしているのである。「管理者」に責任ありと見る人は，10％強程度（亀岡12.6％，京都・乙訓14.2％）に留まっている。

以上のように，アンケートの結果から，保護者は，外遊びは子どもにとって

図4－10　怪我の許容レベル：亀岡市（n＝215）

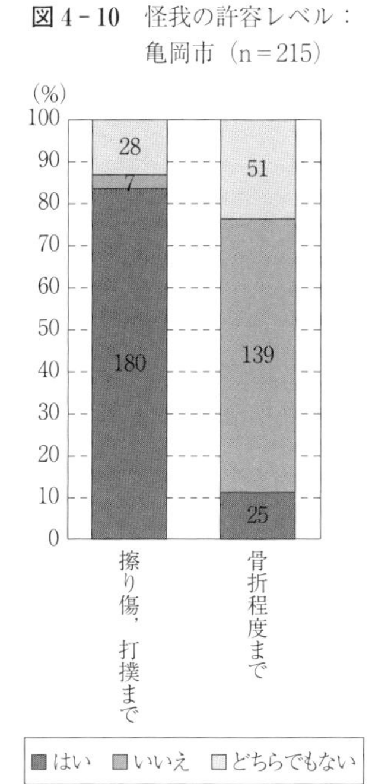

図4－11　怪我の許容レベル：京都市・乙訓地域（n＝260）

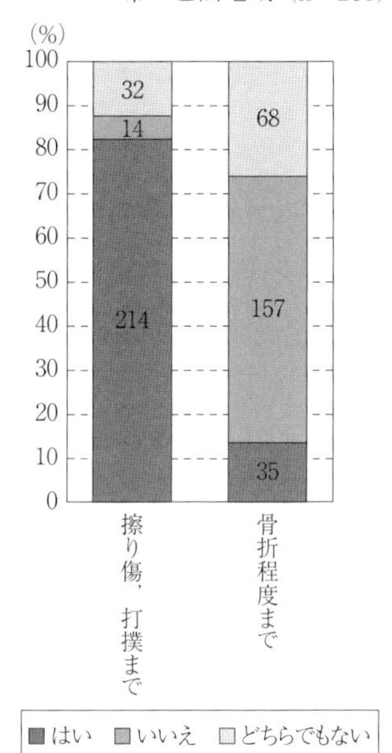

価値あるものだと認識し，安全を担保しつつ充分に遊ばせてあげたいと望んでいることが読み取れる。事故が起きれば，その原因を親の監視不足だとする世の中の傾向は未だに強いが，少なくない保護者が「事故が起きたら自分の責任」だと考え，懸命に子どもの見守りを行っているのである。

また，遊具の安全性に関しては，想像以上に多くの保護者が，「絶対に安全であるべき」との認識であった。さらに，6割の保護者が「遊具は安全に配慮され設置されている」と考えている。一方，リスクの許容レベルはけっして高くなく，骨折を受け入れる保護者は1割程度でしかない。これは，都市部と郊外との地域差もなく，現在の保護者の実相だと受け止めていいだろう。

かかる保護者の認識をふまえると，保護者が街区公園に求めているのは，「遊びの価値」や「リスクの尊重」よりも，高い安全性であると結論づけた方が正しいだろう。もちろん，安全に細心の注意を払っていたとしても，遊び場での事故はゼロになることはない。保護者も，子どもは小さな怪我を繰り返し

図4-12　遊具による怪我の責任の所在：亀岡市（n＝215）

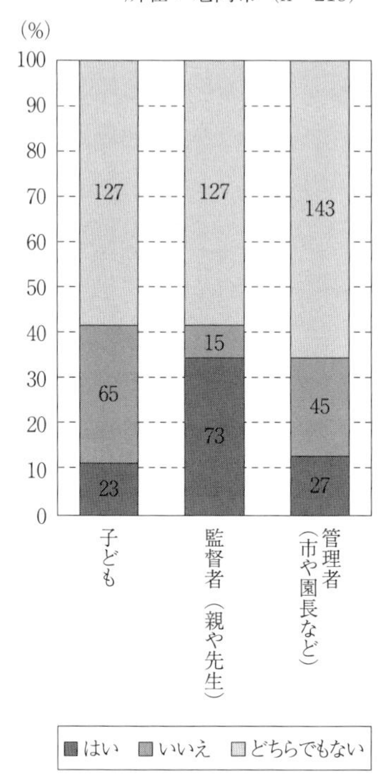

図4-13　遊具による怪我の責任の所在：京都市・乙訓地域（n＝260）

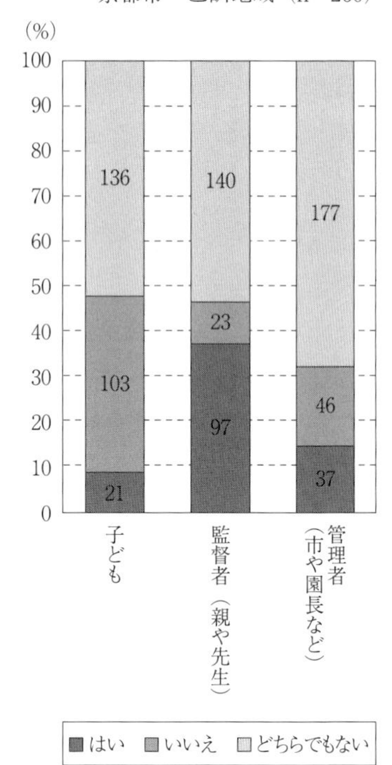

ながら成長していくことは充分に承知している。ただ，その「小さな怪我」に骨折レベルの怪我は入っていないということである。先にリスクの高い遊び場を提供している川和保育園の例をあげたが，この保育所の遊び場では，骨折は珍しいことではないという。そういったリスクを，川和保育園では，園長より入園希望の保護者に対し，「骨折までは堪忍してください」という言葉ではっきり伝えるという[41]。リスクコミュニケーションを保護者との間で実施し，骨折というリスクを子どもの成長という便益のために敢えて取るという園の方針を伝え，納得の上での入園という手続きが取られているということである。

(41)　川和保育園見学の模様をブログで発信している。「船乗り日記」2011年2月16日『子どもの天国・川和保育園』より（http://ameblo.jp/sunday0106/entry-10803139716.html 2012年1月28日アクセス）。

遊び場に残存リスクがあるということは自明のこととして，国交省安全指針にも以下のように記載されている。[42]

(1)子どもと保護者は，遊びには一定の自己責任が伴うものであることを認識することが必要である。

(2)自己判断が十分でない年齢の子どもについては，その保護者が子どもに代って安全な利用に十分配慮し，安全確保に努めることが必要である。

ここでいう「一定の自己責任」とはいったいどの程度のものを指しているのか，この指針には明確には示されていない。それを厳格に線引きすることは現実的でないとしても，ある程度，保護者と管理者間での認識の一致は必要であろう。少なくとも，子どもの成長のために，「遊びの価値に溢れたリスクの高い遊び場」という方針の下，公園づくりを行うとすれば，保護者にも相応の責任を求めなければならない。そのためには，保護者との間で十分なリスクコミュニケーションを図ることが必要であろう。

逆説的にいえば，そういったリスクコミュニケーションを図ることが難しい不特定多数の親子が利用する街区公園は，より安全に軸足をおくことが現実的である。つまり，安全規準の適応をより厳格にするべきである。遊びの価値となるリスクを保持した遊び場は，管理者が常駐し，利用者の特定が比較的可能な遊び場——幼稚園・保育所・小学校などの養育・教育施設や冒険遊び場のようなプレイリーダーをおく遊び場に期待し，それを後押しするためにもリスク・ベネフィットアセスメントといった手法の普及を目指すべきである。

より現実的な遊び場のリスクマネジメントを実現するためには，遊び場の多様性を生かし，それぞれがその目的にふさわしい方針をたて，リスクマネジメントを実施していくことが，子どものより良い遊びの環境を増やしていくことになるはずである。

---

(42) 国土交通省（2014），前掲資料，14頁。

終　章
まとめと展望：子どもの豊かな育ちを保障する社会へ

第1節　「安全でも面白くもない遊び場」からの脱却のために

本書では，公園を中心に，子どもの遊び場における事故の防止，及び被害低減のための方策を考察してきた。

危険も善でありむしろ必要とされるという遊びの分野では，危険をどのように理解し，どこまで許容し，それをマネジメントしていくかという議論を欠かかすことができない。しかしながら，我が国の先行研究にはその視点が充分ではなく，そのために，実効性のある対策が講じられず，結果的に「安全でも面白くもない遊び場」から抜け出すことができなかったのである。本書では，先進的な取組みを行っている欧米の諸研究と実践を参考にしつつ，我が国の遊び場事情に即したリスクと便益のバランスを考慮したリスクマネジメントの枠組みを検討した。この点で，本書はこれまでの研究と一線を画するものである。

本書の締めくくりにあたり，以下に，本書の構成に沿って得られた知見をまとめる。

まず，序章及び第1章において，用語の定義と先行研究からの示唆及び論点の整理を行った。遊び場の事故防止に関する先行研究は，我が国ではわずかしかないため，産業災害や製品事故など多方面の分野における事故防止に関する先行研究から知見を得ることを試みた。特に，製品事故の分野から得た示唆は大きいものであった。

日本では，子どもの事故に関して，子どもの不注意であり，親の監視不足とする社会的傾向がまだまだ根強い。しかし，国際的な視点から見れば，子どもの傷害は予測可能であり予防可能であるという考え方が主流である。リスクはアセスメントすることで頻度や被害の大きさが数値化され，取るべき対策が決定される。その際に，子どもという特別な存在への配慮を加味することで，大人と比較してリスクの高い子どもを事故から守っていこうというのが，製品安全で確立された子どもの事故防止対策である。2002年には，子どもへの配慮を謳った国際規格 ISO/IEC Guide50 が発表されており，「子どもは体の小さな大人ではない[(1)]」という子ども観に基づき，未熟さゆえに失敗しやすいことこそが，子どもの特徴であるとしている。したがって，子どもの事故防止対策は，「子どもは失敗をするものである」ということが前提であり，子どもに注意喚起することの不毛さを指摘する。実行すべきは，製品の改善や環境の整備といった具体的な対策であり，これにより，事故防止対策は大きく前進したのである。

第２章では，本書の本題である遊び場及び遊具における事故防止対策に関する考察を行った。すなわち，欧州と我が国の公園の発展過程と，その過程で取り組まれた安全対策の推移が歴史的に概観され，その過程で争われた安全とリスクのバランシングを巡る議論をサーベイした。安全な遊び場づくりの先進国である欧米では，現在，危険を過度に取り除くことにより遊び場の本質である面白さまでを取り除いてしまったという反省に立っており，遊び場における事故防止の方法論の転換を図るべく活発な議論が交わされている。そういった試行錯誤の中から，実効性のある手法の開発も試みられており，学ぶべきものは多い。第２章では，こういった欧米での議論と取組みをふまえ，我が国の安全規準を批判的に考察した。

すなわち，国交省安全指針は，遊びの価値を尊重しつつハザードを除去すべきであるという理想を掲げながら，それを実現するだけのノウハウを持っていなかった。そのために，策定から13年が経過しても，遊具の安全は大きく改善されていない。そういった状況に一石を投じることを期待し，安全指針の象徴ともいえる「リスクとハザード」の文言の再考を提案したのである。これはその理念を否定するものではなく，理念の実現を願うためである。

第３章では，前章までに論じてきた公園管理に関する課題を，実態調査によ

---

(1) ISO/IEC (2002), "ISO/IEC Guide50 : 2002 : Safety aspects — Guidelines for child safety," p. 3.

り確認したものである。対象としたのは，京都市の市営公園である。京都市消防局から提供された，遊具に起因する事故で救急搬送された子どものデータを基に，遊具による子どもの事故の実態を明らかにした。さらに，その背景要因分析のために実施した京都市営公園の全数調査に基づき，公園における遊具の現状・実態を分析・考察した。ここから得られた結果は，転落事故が67.5％であるにもかかわらず，転落の際，怪我を重症化させる設置面の不備が著しいというものであった。すべり台でいえば，基礎コンクリートが露出しているものが78.8％と８割近くに上る。

転落事故が遊具事故の態様として最も多いというのは，欧米では1980年代から指摘されてきたことであり，遊具の事故防止対策として最も重視されてきたことである。我が国でも，国交省安全指針に，設置面への衝撃緩和対策の必要性は指摘されている。しかし，それが実行されていないというわけである。

一地方自治体の事例ではあるが，公営公園の管理の実態が明らかとなったことは大きな成果である。この結果から，我が国の遊び場の事故防止及び安全管理が有効に機能しているとはいい難いことが明らかとなった。要因としてあげられるのは，事故データ不足による遊具事故に対する認識不足であり，国交省安全指針の空洞化である。京都市の公園管理担当課が公園管理の方針としていたのは，劣化防止であり遊具の長寿命化である。安全指針が方針として最も重視している「遊びの価値を尊重しつつハザードの除去」は伝わってはいなかったということであろう。

第４章では，ここまでの調査・検証を基に，遊具のリスクマネジメントの実践を試みた。遊び場のリスクマネジメントは，ときにはリスクを敢えて取ることにより，遊びの価値である楽しさや達成感といった便益を獲得できるということから，損失が発生する可能性にのみ注目するのではなく，損失の発生を防止した結果として得る便益にも注目してマネジメントを行う投機的リスクマネジメントの手法がふさわしいとした。さらに，その具体的な手法として，英国で用いられているリスク・ベネフィットアセスメントの援用を提案した。

これは，従前のリスクアセスメントのように，リスクをスコアリングするのではなく，リスクと便益を併記し，許容可能なリスクを管理者が判断していくという手法である。数値にはなりづらい，子どもの身体的・精神的成長や危険回避能力，コミュニケーション力の醸成などに資する便益を，記述により可視化することで査定が可能となる。また，子どもに危害となり得るハザードに関しても，可視化により管理者間の共通認識ができる。リスクをどう予測し，何に価値を認め，そしてリスク対処を決断するという意思決定過程の共有化が図られ，より良い決断へと導くだろう。これは，リスクマネジメントの本質である決断を容易にすると同時に，決断の責任を個人に負わせることなく組織や利用者が共に担い得るシステムの構築という意味においても有効である。

また，リスク・ベネフィットアセスメントという手法は，遊び場のマネジメントにとどまらず，決断を迫られる様々な場面でも汎用性が高いと考えている。

例えば，現在，議論となっている，運動会[(2)]で行われている組体操の是非である。巨大化し，そのダイナミックさから「運動会の華」として人気となっている組体操であるが，巨大化ゆえに，ひとたび崩壊すると骨折などの大きな傷害事故になる可能性が高い。2015年に大阪府内の中学校で起きた崩壊事故では，本番中に１人の生徒が腕を骨折，４人が軽傷を負ったことを受け，当該市教育委員会が調査したところ，市内の小中学校で過去10年間に，139人が組体操の本番及び練習中に骨折していたことが明らかとなった[(3)]。組体操のリスクに関してかねてから発言していた内田良によれば，2000年頃から組体操を運動会の種目として取り入れる学校が増え始め，しだいに巨大化，高層化，低年齢化していったという[(4)]。ピラミッド型というスタイルでは最高で11段，最も高い位置の子どもは地面から５～６ｍもの高さに立つことになり，また最も負荷のかかる下層部にいる子どもには，200 kg 超える負荷がかかっていると内田は指摘する[(5)]。内田が，日本スポーツ振興センター『学校の管理下の災害：平成25年度版』を基に調査したところ，年間6533人の児童・生徒が負傷していたともいう[(6)]。

⑵　学校により運動会，体育祭，体育大会などの呼び方があるが，それらを総称して運動会と記載する。

⑶　『毎日新聞』2015年10月16日，朝刊。

⑷　内田良（2015）『教育という病：子どもと先生を苦しめる「教育リスク」』光文社，36頁。

⑸　同上書，53-57頁。

一方で，ダイナミックな演技に成功したときの感動や，一体感，達成感などの，教育的な効果が大きいことを理由に推奨する教育者も多い[7]。かくして，組体操を続けるか廃止にするかの議論が巻き起こっている。そのいずれかの決断を，今後，多くの学校で迫られることになると予想される。

こういったリスクマネジメントの事例においても，リスク・ベネフィットアセスメントを用いれば，そのリスクとベネフィットを可視化することができ，リスク処理をどう決断するかの合意形成が容易となるはずである。骨折というリスクを許容できるだけのベネフィットが果たしてあるのかどうか，逆にいえば，完治の可能性の高い四肢の骨折ならば，ベネフィットを可視化することで存続という選択肢もあり得るだろう。少なくとも，子ども，保護者，教員の三者でリスクコミュニケーションを充分にとり，決断していく作業を容易にする役割を，リスク・ベネフィットアセスメントは担うことができるはずである。

第2節　子育ての場としての遊び場の役割への視点

最後に，わが国の遊び場の現状をふまえ，この英国発祥のリスク・ベネフィットアセスメントを，子どもたちの健全な育成によりよく活用されるために，「遊び場の役割」という観点からのリスクマネジメントとして，再考した。そもそも，国交省安全指針が遊び場管理の方針としている「遊びの価値の尊重」という前提が適切であろうか。つまり，街区公園という不特定多数が利用し，行政が管理している遊び場に，たとえ「遊びの価値」であるとしても傷害の可能性が高いリスク残すべきかという疑問である。

京都府の保護者を対象に実施した「子どもの外遊びと遊び場での事故の実態，及び保護者の遊び場での安全とリスクに関する意識調査」によれば，保護者のリスク許容レベルは高くなく，骨折を許容できると答えた保護者は12.6%でしかない。リスク保持という選択をした場合に，保護者にリスクへの承認を得ることが基本であろうが，現実的にそれは困難である。こういった点を考慮すれ

---

(6)　内田良（2015），前掲書，47頁。
(7)　同上書，61-63頁。

ば，安全により軸足をおくことが妥当であろう。遊び場にも多様性があり，そこに求められるニーズは異なる。あらゆる遊び場にチャレンジという遊びの価値を求める必要はないだろう。子どもはわずかな年齢の差で獲得している能力が異なり，大人による保護の度合いも違う。学童期までは保護者に付き添われ遊び場に出掛けることが多いという現実を考慮したとき，付き添う保護者の負担への配慮も必要である。

もともと，国交省安全指針の策定には，冒険遊び場という，子どもの自由な遊び場づくりに尽力する民間団体の思いが色濃く反映された側面があった。遊びの専門家である彼らの目指す冒険心を掻き立てる遊び場は，子どもの目線で見れば最高の遊び場である。そういった遊び場は全ての子どもに提供されることが理想であり，全ての子どもにそのような遊び場で遊ぶ機会を保障していく仕組みが必要であろう。ただし，そういったリスクの高い遊び場には，遊びの指導員や見守り者を配置することが必要である。母親が付き添い日々利用する子育ての一環としての遊び場に，それを求めることには無理がある。

遊び場で過ごす時間が子育ての一部であると考えれば，遊び場のあり方を論じる視点を，遊び場を資源とした子育て支援の一環と据えることもできるだろう。子どもの虐待が社会問題となる中，「保護者を責めても解決にはならない」「虐待は誰にでも起こり得る」という社会的な認識がようやく定着してきた。少なくとも厚生労働省を中心とした国の打ち出す施策は，そういった認識をベースにしており，広い層を対象とした，予防措置的な手厚い子育て支援策が主流である[(8)]。例えば，乳幼児全戸訪問事業や地域子育て拠点事業といった施策は，全ての保護者を対象とした育児支援対策である。こういった施策は，行政の力だけで実施していくことは困難であることから，その施策の担い手として，地域の人的資産の活用が同時に推し進められている。その手法が功を奏し，多くの地域の子育て支援活動は活性化していると報告されている[(9)]。同様の手法が遊

---

(8) 厚生労働省ホームページ「子ども虐待対応の手引き」第２章発生予防（http://www.mhlw.go.jp/bunya/kodomo/dv12/02.html　2014年11月22日アクセス）。

(9) 厚生労働省ホームページ「地域子育て支援拠点事業について」（http://www.mhlw.go.jp/stf/seisakunitsuite/bunya/kodomo/kodomo_kosodate/kosodate/index.html　2014年11月22日アクセス）。

び場の活用にも生かすことができれば，遊び場に保護者の見守りをサポートしつつ遊びの指導を行う人材を配置できるだろう。保護者への過度な負担を軽減し，子育て支援サービスと位置づけることも可能である。実際に，欧州には，子どもの遊びの指導やサポートを行う人材として，プレイワーカーという職域がある[(10)]。我が国でも，冒険遊び場はもとより，放課後児童クラブ[(11)]や児童館といった厚生労働省が主管する施設にプレイワーカーを配置する可能性を探る研究会が，2010年に内閣府の「明日の安心と成長のための緊急経済対策」に基づき設置されている[(12)]。

プレイワーカーに相当する人材が公園に配置されていた時代がある。大正から昭和の初め，子どもの公園の黎明期に，東京の日比谷公園などで遊戯指導員として活躍した末田ますである。末田は，公園という場所を媒体に，遊ぶことを通して子どもの健全育成を行っており，大正・昭和初期という，社会がまだ豊かではなかった時代に，子どもの福祉と教育という施策の中に遊びが位置づけられ，プロフェッショナルな遊びの指導者が存在していたのである。我が国の子ども向けの公園の整備は，都市計画という位置づけ（小公園から児童公園，街区公園と名称は変化）と子どもの福祉・教育という位置づけ（児童遊園）の２方向から進められた歴史がある。最も大きな違いは，児童遊園には，児童厚生員という遊び相手であり見守り者である職員の配置を求めていることである。実質，ほとんど実働者はいなかったが，今もこの法律は生きており，むしろ，先に述べたように，放課後児童クラブや児童館などへ配置される職員として児童厚生員が注目されつつある。遊びの価値としてのリスクを重視させる遊び場に関しては，子どもの福祉や教育の一環と位置づけ，豊かな遊びを提供するための人材を配置することを検討することはできるだろう。つまり，遊び場毎に，その利用者を想定し，リスクマネジメントの方針を決定し，リスクの許容レベルを設定すべきであろう。そのリスク許容レベルの設定に際して，リスク・ベ

---

(10)　武田信子（2011）『プレイワーカーの育成に関する研究』こども未来財団，12-14頁。
(11)　学童保育と同意義。親が就労している家庭の子どもの放課後の居場所。現在，この制度の充実が検討されている。
(12)　武田信子（2011），前掲書，６頁。

ネフィットアセスメントという手法は，大いに活用されることになるはずである。

第3節　今後の課題：子どもの豊かな育ちを保障する社会へ

本書を締めくくるにあたり，子どもの豊かな育ちの環境の危機ということを痛感させられる衝撃的な報道にふれておきたい。

「子どもにとって遊びは価値があるものには違いない」と，子ども時代の楽しい思い出を持っていれば，多くの大人は賛同するだろう。しかし今や，その価値ある遊びの時間や空間は，必ずしも保障されたものではない。子どもの遊ぶ声は騒音ではないかとの議論があると知り[13]，少なからず衝撃を受けた。都会は生活空間であり，静かさを求めることは生活者の当たり前の姿であるという意見に賛同する声は多い[14]。子どもが楽しいとき，夢中になっているときにあげる歓声を許容できないということは，遊びの価値に満たされた「ワクワク」「ドキドキ」といった遊び場への不要論ともなり得る事態である。子どもが子どもらしく振る舞うことが制限される社会で，遊び場の豊かさを論じることなど空虚なことである。これは，子どもを社会としてどのように受け入れるかという議論なくして，遊び場のあり方や安全対策を論じることはできないことを示唆している。子どもにとって安全で豊かな社会を構築していくために，子どもと遊びについてさらなる議論が必要であろう。それを今後の課題としたい。

---

(13)　NHK クローズアップ現代「子どもって迷惑な存在？——広がる地域と“騒音”のトラブ」2014年10月28日放送など。

(14)　同上番組ホームページに寄せられた視聴者の意見による（http://www.nhk.or.jp/gendai-blog/100/201973.html　2014年11月20日アクセス）。

参考文献一覧

日本語

IPA 子どもの遊ぶ権利のための国際協会・日本支部（2011）『子どもの遊ぶ権利に関する世界専門家会議報告書（日本語版）』。

青木宏一郎（1998）『まちがいだらけの公園づくり：それでも公園をつくる理由』都市文化社。

赤井創（2005）「国際規格 IEC61508に適合した安全システム」『横河技報』第49巻第４号。

赤堀勝彦（2009）「製造物責任法と企業のリスクマネジメント」『神戸学院法学』第38巻第３・４号。

浅井利夫（2001）『こどものスポーツ医学』新興医学出版社。

足利絵理子・三木かほり他（2009）「アンケート調査による小学生の遊び場と遊び内容に関する研究（その１）：小学校の地区特性による比較」『日本建築学会近畿支部研究報告集，計画系』第49号。

麻生武（2004）『発達と教育の心理学：子どもはひとの原点』培風館。

遊びの価値と安全を考える会（1998）『もっと自由な遊び場を』大月書店。

アネビー（2010）『遊び込むための園庭設計』アネビー。

安部誠治（2006）「鉄道事故の現状と安全確保のための制度」『ノモス（関西大学）』第18巻。

安部誠治監修・鉄道安全推進会議（1998）『鉄道事故の再発防止を求めて：日米英の事故調査制度の研究』日本経済評論社。

雨宮護（2003）「公園緑地を対象とした安全・安心をめぐる研究の系譜と計画論へむけての展望」『日本造園学会誌』第66巻。

アリエス，フィリップ／杉山光信・杉山恵美子訳（1980）『〈子供〉の誕生：アンシァン・レジーム期の子供と家族生活』みすず書房。

安全工学専門委員会日本学術会議人間と工学研究連絡委員会（2000）「社会安全への安全工学の役割」。

家田重晴・阿部明浩他（2008）「子どもの事故及びひやりはっと体験・その後の対策の事例（2）：幼稚園児の保護者の回答」『中京大学体育学論叢』第49巻第１号。

池田一夫・灘岡陽子・神谷信行（2010）「日本における事故死の精密分析」『東京都健康安全研究センター研究年報』第61号。

石川昭義・大野木裕明・伊東知之（2009）「保育士のヒヤリハット体験」『仁愛大学研究紀要．人間生活学部篇』第１巻。

一村小百合（2009）「子どもの遊び場について考える：アメリカでのプレイグラウンド運動がもたらした効果とは」『関西福祉科学大学紀要』第12巻。

稲坂惠・久保田修康・反町吉秀（2013）『なぜ起こる乳幼児の致命的な事故』学建書院。
井上美喜子・大内久和（2012）「インタラクティブ遊具を用いた子どもの遊び行動と発達の分析」『情報処理学会論文誌』第53巻。
今井博之（2006）『ありふれた子どもの病気と事故の予防』かもがわ出版。
今井博之（2010a）「傷害制御の基本的原理」『日本健康教育学会誌』第18巻第1号。
今井博之（2010b）「セーフティプロモーション——基本的な考え方，及びセーフコミュニティとしての展開　傷害制御の基本的原理」『日本健康教育学会誌』第18巻第1号。
ヴァレンタイン，ギル／久保健太訳（2009）『子どもの遊び・自立と公共空間：「安全・安心」のまちづくりを見直すイギリスからのレポート』明石書店。
上田和勇・亀井克之・亀井利明監修（2004）『基本リスクマネジメント用語辞典』同文舘出版。
上田正行（2003）「大型特注遊具の事例」『現代の公園　抜粋版』第24巻。
上場輝康・桑野恭一（2010）「公園遊具の安全性に関する研究」『日本建築学会近畿支部研究報告集，構造系』第50巻。
内田良（2015）『教育という病：子どもと先生を苦しめる「教育リスク」』光文社。
内山源・高瀬一男（2000）「東海村核燃料 JOC 事故と安全管理及び予防，健康・安全教育の変革，改善」『茨木女子短期大学紀要』第27巻。
海上智昭・海藤千夏他（2012）「概念としての『リスク』に関する小考察」『日本リスク研究学会誌』第22巻第2号。
江澤和雄（2009）「学校安全の課題と展望」『レファレンス』第59巻。
及川研（2006）「遊びたいという気持ちがスポーツの原点」『チャイルド・サイエンス』第3巻。
大上祐司・藤井啓太（2007）「遊具施設周りに用いる衝撃緩衝材に関するばね質量モデルを用いた振動特性解析」『日本機械学会講演論文集講演論文集』。
大上祐司・服部公彦・前田啓博（2012）「遊具周りに用いる衝撃緩和材の HIC に関する研究」『日本設備管理学会誌』第24巻。
大重育美（2012）「乳幼児の不慮の事故に対する父親の認識と行動」『小児保健研究』第71巻。
大坪龍太（1999）『21世紀における安全な遊び場・公園とは何か：世界の遊び場における安全対策の動向と将来の展望』プレイグラウンド・セーフティ・ネットワーク。
大坪龍太（2000）「公園における遊具の安全性と遊びの価値をめぐる考察——リスク・マネジメントの導入について」『公園緑地』第60巻第6号。
大坪龍太（2001）「利用者ニーズを満たす遊びの導入（“遊び感覚”設備導入)」『月刊体育施設』第30巻第3号。
大坪龍太（2002a）「ニューヨークの公園における安全・防犯対策の実態：リスクマネジメントによる3つの視点」『公園緑地』第63巻第3号。

大坪龍太（2002b）「市民団体からの意見欧米で叫ばれる適切な監督の必要性——保護者，住民，関係者らが連携して安全対策を」『月刊体育施設』第31巻第９号。
大坪龍太（2003）「楽しく安全な遊び場づくりに向けた安全基準の導入を」『現代の公園抜粋版』第24巻。
大坪龍太（2004）「子どもの遊び場とパークマネジメントの課題——自治体・地域住民の協働に向けて」『地方自治職員研修』第37巻第７号。
大坪龍太（2007）「市民と進めるパーク・マネジメントのPDCA（市民と進めるPDCA——“自治”“参加”から考える公共サービスのPDCA）」『地方自治職員研修』第40巻。
大坪龍太（2008）「利用者のニーズを満たす公園の安全対策——国土交通省指針に沿った地域協働によるリスク管理の薦め」『都市公園』第181号。
大坪龍太・荻須隆雄（2000a）「研究資料　遊び場の安全対策に関する一考察——欧米主要国における安全基準・指針を中心とした安全対策とわが国の今後のあり方」『児童育成研究』第18巻。
大坪龍太・荻須隆雄（2000b）「欧米主要国における遊び場安全対策の歴史と動向——第１・２回国際遊び場安全会議報告」『児童研究』第79巻。
大坪龍太・仙田考（2005）「子どもの遊び場におけるリスクの効用に関する調査研究のための基礎的整理」『こども環境学研究』第１巻第２号。
大西清一（2003）「遊具のおもしろさと安全管理」『現代の公園　抜粋版』第24巻。
大羽宏一（2009）『消費者庁誕生で企業対応はこう変わる』日本経済新聞出版社。
大屋靈城（1933）「都市の児童遊場の研究」『園芸學會雜誌』第４巻第１号。
荻須隆雄（1996）「遊び場の安全管理に関する研究——児童遊園を中心として」『児童育成研究』。
荻須隆雄（1997）『子どもの事故と安全教育—生活のなかに潜む危険』玉川大学出版部。
荻須隆雄（2000）「子供の発達と安全教育」『公園緑地』第60巻第６号。
荻須隆雄（2002）「事故に学び自治体と住民が協力を——マニュアル整備，ハザードの早期発見・除去」『月刊体育施設』第31巻第９号。
荻須隆雄（2004）「都市公園・児童遊園等における遊具による子どもの事故防止のための安全システム構築に関する研究——母親クラブと地方自治体との協働例を中心として」『児童研究』第83巻。
荻須隆雄（2008）「遊び場遊具による子どもの事故防止に関する研究：母親クラブによる安全点検調査を中心として」博士論文，千葉大学。
荻須隆雄（2009）「都市公園における安全確保のための連携体制の構築」『公園緑地』第70巻第２号。
荻須隆雄・関口準他（2004）『遊び場の安全ハンドブック』玉川大学出版部。
荻須隆雄・大坪龍太他（2001）『楽しく安全な遊び場のガイドライン：保護者と関係者のための安全教育ガイド』プレイグラウンド・セーフティ・ネットワーク。

荻須隆雄・大坪龍太他（2002）『母親クラブによる遊び場の遊具の点検および事故防止活動に関する調査研究報告書』全国母親クラブ連絡協議会。
奥田篤（2003）「楽しく安全な遊び場を作るには：若手公園担当者の心のつぶやき」『現代の公園　抜粋版』第24巻。
小澤文雄（1994）「子どもの遊び場環境の安全基準（1）：子どもの事故に関する判例を中心として」『日本保育学会大会研究論文集』第47号。
小澤文雄（1996）「子どもの遊び場環境の安全基準（2）：子どもの事故に関する判例を中心として」『日本保育学会大会研究論文集』第49号。
小澤文雄（1997）「子どもの遊び場環境の安全基準（3）：子どもの事故に関する判例を中心として」『日本保育学会大会研究論文集』第50号。
小澤文雄（1998）「子どもの遊び場環境の安全基準（4）：子どもの事故に関する判例を中心として」『日本保育学会大会研究論文集』第51号。
小代祐輝・武田史朗（2012）「京都市ちびっこひろばの小規模防災広場としての活用法に対する評価構造の研究」『歴史都市防災論文集』第６巻。
小沼真幸・山口有次・渡辺仁史（2006）「子どもの外遊びにおける基本動作から見た遊具空間に関する研究」『学術講演梗概集　E-1，建築計画Ⅰ，各種建物・地域施設，設計方法，構法計画，人間工学，計画基礎』第2006号。
海保博之・宮本聡介（2007）『安全・安心の心理学――リスク社会を生き抜く心の技法48』新曜社。
笠間浩幸（1994）「〈砂場〉の歴史（2）：明治期における〈砂場〉の普及と教育思潮」『日本保育学会大会研究論文集』第47号。
笠間浩幸（1996）「〈砂場〉の歴史（3）：明治期の幼児教育施設における〈砂場〉のルーツ」『日本保育学会大会研究論文集』第49号。
笠間浩幸（1997）「〈砂場〉の歴史（4）：〈砂場〉の起源をドイツに探る」『日本保育学会大会研究論文集』第50号。
笠間浩幸（1998）「屋外遊具施設の発展と保育思想（2）：明治期の保育思潮と〈砂場〉」『北海道教育大学紀要　教育科学編』第49巻。
笠間浩幸（1999a）「屋外遊具施設の発展と保育思想（3）：アメリカにおける〈砂場〉の歴史」『北海道教育大学紀要　教育科学編』第49巻。
笠間浩幸（1999b）「屋外遊具施設の発展と保育思想（4）：ドイツに探る〈砂場〉の起源」『北海道教育大学紀要　教育科学編』第50巻。
笠間浩幸（2002）「〈砂場〉の歴史（最終回）：保育文化史研究の課題と可能性」『日本保育学会大会発表論文集』第55号。
梶木典子（2007）「地域における子どもの遊び環境に対する保護者の意識と評価：神戸市須磨区の西須磨小学校における調査結果より」『学術講演梗概集　F-1，都市計画，建築経済・住宅問題』第2007号。

学校災害防止調査研究委員会日本スポーツ振興センター（2012）「学校における固定遊具による事故防止対策　調査研究報告書」。
加藤幸一・齋嶋舞他（2009）「幼稚園遊具の撤去や設置が幼稚園児に与える影響について」『群馬大学教育実践研究』第26号。
加藤康代・高峯智恵他（2013）「乳幼児用品でも事故はおきる：京都市での０歳児対象の事故調査葉書きから集計」『小児保健研究』第72巻。
辛島恵美子（2010）「社会安全学構築のための安全関連概念の再検討」『社会安全学研究』創刊号。
神谷信行・嶋村仁志他（2011）『「遊ぶ」を「学ぶ」：2010年度　武蔵大学総合講座１・２心と体「遊び」授業報告書』こども未来財団。
亀井克之（2011）『リスクマネジメントの基礎理論と事例』関西大学出版部。
亀井利明・亀井克之（2004）『リスクマネジメント総論』同文舘出版。
川北典子（2006）「街区公園の有効活用に関する一考察：子どもの遊び空間および地域福祉の視点から」『平安女学院大学研究年報』第６巻。
韓国生活安全連合／文錦花訳（2007）「『全国子ども公園安全モニタリング事業を通じた自治体別子ども遊び場安全文化指数開発』のための子ども遊び場モニタリングマニュアル」。
関西剛康（2009）「都市公園のアセットマネジメントに関する考察――京都市の街区公園を事例として」『南九州大学研究報告　自然科学編』第39号。
神田徳蔵（2004）「都市公園法施行令改正以降の街区公園計画の考え方と遊具非設置街区公園の特徴：東京都23区の事例を通して」『学術講演梗概集　E-1，建築計画Ⅰ，各種建物・地域施設，設計方法，構法計画，人間工学，計画基礎』第2004巻。
菊野春雄編著・箱井英寿他（2007）『発達と教育の心理学』創元社。
喜多明人（1996）『学校災害ハンドブック』草土文化。
喜多明人（2010）『学校安全ハンドブック』草土文化。
喜多明人・橋本恭宏他（2008）『解説学校安全基準』不磨書房。
木村勇樹・中津秀之（2009）「子どもの成長発達を誘発する遊び空間に関する研究」『学術講演梗概集　F-1，都市計画，建築経済・住宅問題』第2009号。
京都市建設局水と緑環境部（2012）「京都市の公園」。
京都市文化市民局市民生活部くらし安全推進課（2012）「京都市の交通事故」。
國廣正（2010）『それでも企業不祥事が起こる理由』日本経済新聞出版社。
熊尾重治（2006）「冒険心を満足させて，安全性も確保する遊具」『チャイルド・サイエンス』第３巻。
桑原淳司・仙田満・矢田努（1996）「幼児施設の園庭遊具における事故とその安全性について」『日本造園学会研究発表論文集』第60巻。
桑原淳司・仙田考（2003）「大型複合遊具の安全性と安全委員会の役割：茨城県自然博物

館‘自然発見器’の事例から」『日本造園学会誌』第66巻。
建設省都市局公園緑地課（1999）「新しいニーズに対応する公園緑化施設の検討調査報告書」。
厚生労働省（2006）「『健やか親子21』中間評価報告書」。
厚生労働省（2014）「『健やか親子21』最終評価報告書」。
厚生労働省雇用均等・児童家庭局（2001）「児童福祉施設等に設置する遊具で発生した事故調べ」。
国際経済交流財団・製品安全協会（2009）「消費生活用製品の製品安全に係る欧州におけるリスクアセスメントに関する調査研究報告書」。
国際連盟（1989）「児童の権利に関する条約」。
国土交通省（2002）「都市公園における遊具の安全確保に関する指針（解説版）」。
国土交通省（2008）「都市公園における遊具の安全確保に関する指針（改訂版）」。
国土交通省（2014）「都市公園における遊具の安全確保に関する指針（改訂第２版）」。
国土交通省都市・地域整備局公園緑地課（2001）「新しいニーズに対応する公園緑地の検討調査（遊戯施設の安全性に関する調査編）報告書」。
国土交通省都市局公園緑地・景観課（2012a）「公園施設長寿命化計画策定指針（案）参考資料種」。
国土交通省都市局公園緑地・景観課（2012b）「公園施設長寿命化計画策定指針（案）」。
国民生活センター（2001）「『ジェット噴流バス』入浴中に子どもが事故！」『消費者被害警戒情報（危害情報システムから）』第７巻。
国立国会図書館調査及び立法考査局（2008）「主要国の各種法定年齢」。
国立成育医療研究センター研究所（2012）「東京都チャイルドデスレビュー2012年パイロットスタディ研究計画書」Version 2.3。
小坂美保（2000）「学校文化の伝達装置としての公園：運動場と公園の遊具を手がかりに」『日本体育学会大会号』第51号。
越山健彦（2006）「消費者への危機回避情報の提供による製品安全の向上――リスクマネジメントにおけるリスク低減方策」博士論文，早稲田大学。
越山健彦（2010）「子どもを育み育てる人間工学：遊具を中心とした子ども用品の安全の取組み遊具を中心とした子ども用品の安全の取組み」『関東支部会第40回大会誌』。
越山健彦（2013）「子どもの製品事故防止のためのガイドライン　ISO/IEC Guide50の改訂について」『人間工学』第49巻。
ゴスワミ，ウーシャ／岩男卓実訳（2003）『子どもの認知発達』新曜社。
小寺保和（1994）「家庭内商品事故の分析に関する研究―― PL法の成立にあたって」『金城学院大学論集』第34巻。
子どもの成育環境分科会日本学術会議心理学・教育学委員会・臨床医学委員会・健康・生活科学委員会・環境学委員会・土木工学・建築学委員会合同（2011）「我が国の子ども

の成育環境の改善にむけて——成育方法の課題と提言」。
小林誠（2010）「全体的リスクマネジメント（Enterprise Risk Management）に関する国際規格—— ISO31000の概要（第二回）」『企業リスクインフォ』2009特別号第2巻。
小松隆二（2011）「賀川豊彦と子どもたち：子ども学の先駆者たち④」『地域と子ども学』第4号。
近藤公夫・樽野美代子・山崎祥枝（1970）「大規模児童遊園の利用実態調査について：大阪府住ノ江公園における調査研究」『造園雑誌』第33巻第2号。
斉藤信吾（2011）「産業安全運動100年の歴史」『予防時報』第244巻。
榊原尉津子（2008）「保育者養成校における乳幼児の事故予防に関する指導：基礎技能科目幼児体育の取り組み」『高田短期大学紀要』第26巻。
佐々木玲子（2006）「子どもの動作発達」『チャイルド・サイエンス』第3巻。
佐々治寛之（1989）『動物分類学入門』東京大学出版会。
佐藤丘・中村攻（1986）「子どもの遊びに供される地域空間に関する研究　昭和61年度日本造園学会研究発表論文集（4）」『造園雑誌』第49巻第5号。
澤田由美・澤田孝二（2010）「学生が考える子どもの運動機能や精神機能の発達を促す遊びや活動：保育系短期大学学生に実施したアンケート調査結果の分析」『山梨学院短期大学研究紀要』第30巻。
篠木絵理・富岡晶子他（2006）「小児初期救急医療センター電話相談内容にみる家庭内事故の現状」『東京医療保健大学紀要』第2巻。
清水正之（1997）「論客　大屋霊城：初代の緑の都市計画家」『ランドスケープ研究：日本造園学会誌：journal of the Japanese Institute of Landscape Architecture』第60巻第3号。
ジャパンマシニスト編（2012）「『安全規準』がアリバイになったとき」『ちいさい・おおきい・よわい・つよい』第91号。
JAF翻訳・編（2006）『MAKE ROADS SAFE ——道路を安全なものに——持続可能な開発に向けた新しい優先事項』Commission for Global Road Safety（世界交通安全委員会）。
出生・発達分科会日本学術会議臨床医学委員会（2008）「事故による子どもの傷害の予防体制を構築するために」。
白石陽子（2007a）「セーフコミュニティ前史：スウェーデンにおける安全なまちづくり活動モデル形成」『政策科学（立命館大学）』第14巻。
白石陽子（2007b）「WHOセーフコミュニティモデルの普及に関する研究——予防に重点を置いた安全なまちづくり活動が世界的に普及する要因に関する考察」『政策科学（立命館大学）』第15巻。
白石陽子（2008）「日本におけるWHOセーフコミュニティ活動に関する研究：京都府亀岡市の取組みを事例に」『政策科学（立命館大学）』第15巻。
白石陽子（2009）「地方自治体におけるWHOセーフコミュニティ活動の意義と限界：安

全向上の取り組みを通じた関連アクターの関係性の変化から」『政策科学（立命館大学)』第16巻。
白石陽子（2014)「日本における安全なまちづくり活動　セーフコミュニティに関する比較分析」『政策科学（立命館大学)』第21巻。
申龍徹（2003a)「都市公園政策の歴史的変遷過程における『機能の社会化』と政策形成(1)」『法学志林』第100巻第2号。
申龍徹（2003b)「都市公園政策の歴史的変遷過程における『機能の社会化』と政策形成(2)」『法学志林』第104巻第1号。
申龍徹（2004a)「都市公園政策の歴史的変遷過程における『機能の社会化』と政策形成(3)」『法学志林』第101巻第2号。
申龍徹（2004b)「都市公園政策の歴史的変遷過程における『機能の社会化』と政策形成(4)」『法学志林』第102巻第1号。
申龍徹（2005)「都市公園政策の歴史的変遷過程における『機能の社会化』と政策形成(5)」『法学志林』第103巻第1号。
申龍徹（2006)「都市公園政策の歴史的変遷過程における『機能の社会化』と政策形成(6・完)」『法学志林』第104巻第1号。
末田ます・朝野文三郎編（1997)『江戸絵から書物まで／児童公園』久山社。
杉本昇平・土方吉雄・三浦金作（2006)「児童の遊び場に関する現状調査：公園評価と遊具について」『学術講演梗概集　F-1，都市計画，建築経済・住宅問題』第2006号。
住友剛（2011)「子どもの死亡事故・事件の遺族側から見た学校保健安全法—事後対応のあり方をめぐって」『京都精華大学紀要』第38号。
製品評価技術基盤機構（2007)「平成18年度製品安全基準の整備（製品安全規格体系の調査）報告書」。
製品評価技術基盤機構（2013)「平成24年度事故情報収集調査結果について——事故調査結果からみえる製品事故動向（暫定版)」(http://www.nite.go.jp/jiko/seika/2013/pdf/2013_1.pdf　2014年11月1日アクセス)。
瀬尾佳美（2005)『リスク理論入門：どれだけ安全なら充分なのか』中央経済社。
関根幹雄（2003)「遊具とPL法」『現代の公園　抜粋版』第24号。
添田昌志・任智顕（2010)「学校における墜落・転落・ガラス事故の発生パターンの分析」『学術講演梗概集　E-1，建築計画Ⅰ，各種建物・地域施設，設計方法，構法計画，人間工学，計画基礎』第2010号。
反町吉秀・奈須下淳（2007)「日本におけるSafety Promotion / Safe community 活動の展開」『小児内科』第39巻第7号。
高橋綾編（2010)『対談　園庭保育の可能性を探る』アネビー。
高橋たまき・中沢和子・森上史朗（1996a)『遊びの発達学　基礎編』培風館。
高橋たまき・中沢和子・森上史朗（1996b)『遊びの発達学　展開編』培風館。

高橋信行（2003）「遊具の安全に関する規準（案）JPFA-S：2002の刊行」『現代の公園抜粋版』第24号。
高橋理喜男（1991）「造園学用語解説（18）：クラインガルテン（Kleingarten）」『造園雑誌』第54巻第３号。
武田信子（2011）『プレイワーカーの育成に関する研究』こども未来財団。
多田充徳（2009）「指はさみ事故の予防に向けた科学的アプローチ」『バイオメカニズム学会誌』第33巻第１号。
田中紘一（2006）「安全：ヨーロッパの考え方・日本の考え方」『平成17年度食品機械の安全設計対応に関する調査研究報告書——国際安全規格利用手引き　機関安全編』。
田中哲郎（2004）「母子保健事業のための事故防止指導マニュアル」国立保健医療科学院。
田中哲郎（2008）『保育園における事故防止と危機管理マニュアル　改訂第四版』日本小児医事出版社。
張嬉卿・仙田満他（2003）「園庭における広場・遊具と園児のあそびの関係に関する考察：ソウル・東京の幼稚園におけるあそび環境実態調査に基づいて」『学術講演梗概集E-1，建築計画Ⅰ，各種建物・地域施設，設計方法，構法計画，人間工学，計画基礎』第2003号。
張坤・中平勝・三上喜貴（2010）「製品事故データに基づくリスク・マトリックスの作成——玩具への適用」『社会技術研究論文集』第７巻。
鶴宏史・安藤忠（2007）「社会・家族の変化と子どもの社会性発達」『福祉臨床学科紀要』第４巻。
出来佳奈子（2003）「都市公園における遊具の安全確保に関する指針と海外指針・規準との比較」『造園技術報告集』第２号。
寺本潔・大西宏治（2004）『子どもの初航海——遊び空間と探検行動の地理学』古今書院。
土井裕子・大森峰輝・前田博子（2005）「複合遊具を備えた公園の利用者意識：デザインゲーム的手法の有用性評価」『豊田工業高等専門学校研究紀要』第38巻。
東京市町村自治調査会（2009）「『公園』を舞台とした地域再生：あなたが主役の『好縁』づくり」。
東京消防庁子供の事故防止対策検討委員会（2006）「子供の事故防止対策検討委員会検討結果概要」。
東京消防庁防災部防災安全課（2012）「救急搬送データからみる乳幼児の事故」。
東京都生活文化局消費生活部（1998）「遊具類の安全性確保に関する国内外の制度調査」。
東京都生活文化スポーツ局消費生活部（2010）「平成21年度ヒヤリ・ハット体験調査『幼児の身の回りの危険』」。
東間掬子（2000）『あなたが変える庭遊び——創造性はぐくむ園庭遊具』サンパティック・カフェ。
内閣府政策統括官（2009）「英国の青少年育成施策の推進体制等に関する調査報告書」。

内閣府政策統括官（経済社会システム担当）(2012)「日本の社会資本2012」。
中尾政之（2005）『41の原因から未来の失敗を予測する』森北出版。
永島すえみ（2011）「遊びの中に見る子どもの情動調整と社会化の発達」『佛教大学教育学部学会紀要』第10巻。
中嶋洋介（2006）『安全とリスクのおはなし――安全の理念と技術の流れ』日本規格協会。
中津秀之（2003）「遊び場の安全，その動向とこれからの課題」『ランドスケープ研究：日本造園学会誌』第66巻第３号。
中辻浩美・高峯智恵他（2014）「乳児の不慮の事故対策はいつから開始すべきか：４カ月児健診における保護者のアンケート調査結果より」『小児保健研究』第73巻。
永野重史（2001）『発達とはなにか』東京大学出版会。
中橋文夫（2009）「大阪府営公園の遊具事故ゼロを目指したリスクマネジメントの実践と課題――総合政策学部博士論文の実務応用（関西学院大学地域・まち・環境総合政策研究センター研究報告（5）第５回研究発表要旨）」『総合政策研究』第32号。
奈良由美子（1995a）「経営の２側面とリスクマネジメント：ファミリー・リスクマネジメントの可能性と課題」『日本家政学会誌』第46巻。
奈良由美子（1995b）「家庭経営におけるリスクマネジメント：リスクの経済的管理論からシステム的経営論へ」『日本家政学会誌』第46巻。
奈良由美子（1996a）「家庭経営におけるリスクマネジメントのあり方：その問題領域と目的」『日本家政学会誌』第47巻。
奈良由美子（1996b）「家庭経営のリスクと危機」『日本家政学会誌』第47巻。
奈良由美子（1996c）「家庭リスクマネジメントにおけるリスク処理手段の選択」『日本家政学会誌』第47巻。
奈良由美子（1996d）「家庭経営におけるリスクマネジメントと意志決定」『日本化成学会誌』第47巻。
奈良由美子（1996e）「家庭経営におけるリスクマネジメントの進め方」『日本家政学会誌』第47巻。
奈良由美子（2011）『生活リスクマネジメント』放送大学教育振興会。
西田佳史（2008）「子どもの安全で楽しい遊び場の創造のための工学的アプローチ――使われ方の科学に基づくリスク制御」『都市公園』第181号。
西田佳史・本村陽一他（2009）「子どもの事故予防のための日常生活インフォマティクス」『産総研シンポジウム　デジタルヒューマン・シンポジウム 2009予稿集』。
西田佳史・本村陽一・北村光司（2010）「子どもの日常行動の科学に基づく遊具のデザイン」『オペレーションズ・リサーチ：経営の科学』第55巻第８号。
西辻俊明（2003）「遊び場のデザイン」『現代の公園　抜粋版』第24号。
新田敬師（2000）「公園の快適利用と安全管理」『公園緑地』第60巻。
日本学術会議健康・生活科学委員会子どもの健康分科会（2008）「現社会における子ども

の健康生活の擁護と推進に関する課題と方策――地域・学校におけるヘルスプロモーションの推進」。
日本公園施設業協会（2002）「遊具の安全に関する規準（案）JPFA-S：2002」。
日本公園施設業協会（2008）「遊具の安全に関する規準 JPFA-S：2008」。
日本小児科学会小児死亡登録・検証委員会（2012）「子どもの死に関する我が国の情報収集システムの確立に向けた提言書」。
日本スポーツ振興センター健康安全部（2012）『学校の管理下の災害――24-基本統計』日本スポーツ振興センター。
日本スポーツ振興センター（2012）「学校における固定遊具による事故防止対策調査研究報告書」。
日本弁護士連合会編（2009）『消費者法講義［第３版］』日本評論社。
日本貿易振興機構（2010）「平成22年度　海外輸入制度調査：米国の消費者保護法について」。
野久保美紀・岡部充代他（2006）「乳幼児の事故防止に関する母親の意識についての調査研究」『三重看護学誌』第８巻。
野尻裕子（2003）「232 昭和初期の児童公園と社会背景に関する一考察：末田ますの『児童公園』にみる指導者の役割を中心に」『日本保育学会大会発表論文集』第56号。
箱ブランコ裁判を考える会編（2004）『危ない箱ブランコはかたづけて!!　：原告は９歳』現代書館。
橋本妙子（1999）「幼児の固定遊具遊び：鉄棒，登り棒，雲梯遊びの観察および運動成就率」『横浜女子短期大学研究紀要』第14巻。
長谷川久子（2007）「ブランコのり技能の習得過程Ⅱ」『北海道教育大学紀要．教育科学編』第57巻。
畑村洋太郎（2010a）『危険不可視社会』講談社。
畑村洋太郎（2010b）『失敗学実践講義　だから失敗は繰り返される』講談社。
畑村洋太郎（2011）『危険な学校――わが子を学校で死なせないために』潮出版社。
馬場結子（2011）「ルドルフ・シュタイナーの幼児教育に関する一考察」『淑徳短期大学研究紀要』第50巻。
濱名陽子（2011）「幼児教育の変化と幼児教育の社会学」『教育社会学研究』第88巻。
原ひろ子・我妻洋（1974）『しつけ』弘文堂。
原寛道（2007）「安全で魅力ある遊具のためのデザインガイドライン構築」『デザイン学研究.』特集号第15巻。
日名子太郎・細野一郎他（1987）「安全保育の現状と対策：その１　先行研究とその分析」『日本保育学会大会研究論文集』第40号。
平尾和洋・山本直彦・赤木祥子（2004）「草津市の公園における遊具の設置状況と子供の遊び」『日本建築学会近畿支部研究報告集，計画系』第44号。

蛭川一・中村恵三（2005）「都市公園における遊具の配置構成分析：栃木県足利市の近隣公園を対象として」『学術講演梗概集　F-1，都市計画，建築経済・住宅問題』第2005号。
福知山線列車脱線事故調査報告書に関わる検証メンバー・チーム（2011）「JR西日本福知山線事故調査に関わる不祥事問題の検証と事故調査システムの改革に関する提言」。
藤田大輔（2011）「自作固定遊具を用いた幼児の遊び行動におけるリスクの抽出」『岐阜工業高等専門学校 建築学科平成23年度卒業研究発表概要集』。
プレイワーク研究会（2011）『子どもの「遊ぶ」を支える大人の役割：プレイワーク研修テキスト』こども未来財団。
ホイジンガ，ヨハン／高橋英夫訳（1973）『ホモ・ルーデンス』中央公論社。
堀井雅道（2006）「学校における安全管理の現代的意義と課題」『早稲田大学大学院文学研究科紀要』第1分冊第52巻。
ポルトマン，アドルフ／高木正孝訳（1961）『人間はどこまで動物か：新しい人間像のために』岩波書店。
増田公男（2011）『発達と教育の心理学：子どもからおとなへの発達支援のために』あいり出版。
松岡弘（1974）「学校安全教育の基本的課題：幼児と生徒の安全能力の発達について」『大阪教育大学紀要．Ⅲ，自然科学』第23巻。
松嵜洋子・無藤隆・石沢順子（2011）「幼児の身体の能力の発達に関する研究――経験の効果」『埼玉学園大学紀要　人間学部篇』第11巻。
松田広則・田爪宏二他（2009）「教育・保育現場におけるリスクマネジメント：リスクに対する認識を中心に」『鎌倉女子大学学術研究所報』第9巻。
松平千佳編著（2012）『実践ホスピタル・プレイ』創碧社。
松野敬子（1999）「『安全』ブランコに殺される」『金曜日』第7巻第24号。
松野敬子（2002）「箱ブランコ裁判五年間の軌跡：小学生が大人に投げかけた課題とは」『論座』第89号。
松野敬子・山本恵梨（2006）『遊具事故防止マニュアル：楽しく遊ぶ安全に遊ぶ』かもがわ出版。
三木かほり・足利絵理子他（2009）「アンケート調査による小学生の遊び場と遊び内容に関する研究（その2）：親子世代間での比較」『学術講演梗概集　E-1，建築計画Ⅰ，各種建物・地域施設，設計方法，構法計画，人間工学，計画基礎』第2009号。
三原征次・脇信明（2004）「フレーベルにおける“Spielgabe”（教育遊具）の教育的意義」『大分大学教育福祉科学部研究紀要』第26巻。
宮崎祐介（2009）「子どもの転倒・転落事故被害予防のためのコンピューター・シミュレーション」『バイオメカニズム学会誌』第33号第1巻。
向殿政男（2007）『安全設計の基本概念：ISO/IEC Guide51（JIS Z 8051），ISO 12100

（JIS B 9700）』日本規格協会。
向田正巳（1999）「過失相殺における不注意について：危険引き受けなど被害者の心理的可責性と義務違反」『一橋研究』第24巻。
持丸正明（2009）「子どもの安全とバイオメカニズム総論：子どもの事故の現状と工学的アプローチ」『バイオメカニズム学会誌』第33巻。
森純子・及川研・渡邉正樹（2013）「屋外遊び場における遊具事故の実態と要因の分析」『安全教育研究』第13巻。
森下正康（2003）「幼児の自己制御機能の発達研究」『和歌山大学教育学部教育実践総合センター紀要』第13巻。
文部科学省教育課程課・幼児教育課編・笠間浩幸著（2002）「教育の樹林〈砂場〉はなぜ存在するのか――〈砂場〉の保育文化史」『初等教育資料』第761号。
文部科学省スポーツ・青少年局（2002）「学校の管理下における箱ブランコで発生した事故について」。
文部科学省大臣官房文教施設企画部（2009）「学校施設における事故防止の留意点について」。
文部省（1992）『我が国の文教施策（教育白書）』。
八代勉（2003）「なぜ，子どもにとって遊具が必要か」『現代の公園　抜粋版』第24号。
安恒万記（2009）「都市における子どもの遊び環境について」『筑紫女学園大学・筑紫女学園大学短期大学部紀要』第４巻。
八藤後猛・田中賢他（2002）「乳幼児を対象とした身体計測装置の開発とデータ収集による建築安全計画への考察：乳幼児の家庭内事故防止に関する研究」『学術講演梗概集 E-1，建築計画Ⅰ，各種建物・地域施設，設計方法，構法計画，人間工学，計画基礎』第2002号。
八藤後猛・田中賢他（2003）「乳幼児の家庭内事故における責任の所在に関する保護者の意識調査」『日本建築学会計画系論文集』第573号。
山口智（2004）「日比谷公園の成立ち」『Urban Study』第38巻。
山下歌子・加形泰子（1969）「乳幼児の安全教育に対する実態調査（第１報）：乳児期の事故に対する母親の認識」『中村学園研究紀要』第２巻。
山下歌子・矢野糸美・井手自子（1970）「乳幼児の安全教育に関する実態調査（第２報）：幼児の遊び場，事故および事故防止対策についての母親の認識（児童学科編）」『中村学園研究紀要』第３巻。
山下俊郎（1965）「子どもの事故死と安全教育」『幼児の教育』第64巻。
山中龍宏（1999）『子どもの誤飲・事故（やけど・転落など）を防ぐ本』三省堂。
山中龍宏（2006）『重大事故等の未然防止を目的とした保育所における遊具等の安全管理に関する研究報告書概要』こども未来財団。
山中龍宏（2012）「事故による子どもの傷害を減らすには：安全な社会をつくるために

（特集　子どもの事故を防ぐ：傷害予防の観点から）」『月刊地域保健』第43巻。
山中龍宏・河内眞紀子他（2006）「平成17年度　子どもの身体特性に基づく機械製品の安全対策 設計指針に関する調査研究報告書」。
横浜市環境創造局（2011）「横浜市公園施設点検マニュアル」。
横山勉（2003）「園庭における幼児の遊び空間に関する研究：園庭の遊びの誘発要因分布」『日本建築学会北陸支部研究報告集』第46号。
蓮花一己（1996）『交通危険学：運転者教育と無事故運転のために』啓正社。
渡辺暁彦（2010）「学校事故の判例に学ぶ教師のリーガル・マインド」『滋賀大学教育学部紀要２　人文科学・社会科学』第60号。
渡辺博・山中龍宏・藤村正哲（2011）「WHO データベースによる2000年から2005年における１－４歳死亡率の先進14か国の国際比較」『日本小児科学会雑誌』第115巻。
渡邉正樹・内山有子・家田重晴（2006）「第６回傷害防止・管理世界会議の概要」『中京大学体育学論叢』第47巻第２号。
渡邉正樹監修／齋藤歆能編著（2006）『学校安全と危機管理』大修館書店。

外国語

Agde, Georg, Nagel, Alfred, and Richter, Julian (1989), *Sicherheit auf kinderspielplätzen: Spielwert und Risiko, sicherheitstechnische Anforderungen Rechts-und Versicherungs-fragen* (3. neubearbeitete und erweiterte Auflage edn.: Bauverlag).
Baker, S. P. (1981), "Childhood injuries: the community approach to prevention," *J Public Health Policy*, 2(3).
Ball, David J. (1995a), "Applying Risk Management Concepts to Playground Safety," *Playground Safety — Proceeding of the 1995 International Conference.*
Ball, David J. (1995b), "Quantifying Playground Risk in the United Kingdom," *Playground Safety — Proceeding of the 1995 International Conference.*
Ball, David J. (2002), "Playgrounds-risks, benefits and choices," *Health & SafetyExecutive.*
Ball, David J., Gill, Tim, and Spiegal, Bernard (2008), "Managing Risk in Play Provision : implementation guide." (Play England)
Bath and North East Somerset Council (2014), "Playful Risk: Risk Benefit."
Bengtsson, Arvid (1970), *Environmental planning for children's play* (Praeger).
Brown, Ann (1995), "Child safety has no boundaries," *Playground Safety — Proceeding of the 1995 International Conference*, pp. 1-5.
Brown, David H. (1995), "Playground and Park Asset Management," *Playground Safety — Proceeding of the 1995 International Conference.*
Brussoni, Mariana et al. (2012), "Risky Play and Children's Safety: Balancing Priorities for Optimal Child Development," *International journal of environmental research and public*

health, 9, pp. 3134-3148.

Caillois, Roger (1990), "Les jeux et les hommes"／多田道太郎・塚崎幹夫訳『遊びと人間』講談社。

Cefic (The European Chemical Industry Council) (2008), "Risiko und Gefahr-Was der Unterschied ist?"

Christiansen, Monty L. (1995), "The Care and Feeding of Playgrounds: Maintenance Management & Safety," *Playground Safety — Proceeding of the 1995 International Conference*.

Christiansen, Monty L. (1996), "Play & Playground-Prespectives of Yesterday and Today: Prophecies of Tomofrrow," *Play It Safe, An Anthology of Playground Safety*, vii-ix.

Department of Education and Science (1992), "Playground Safety Guidelines."

Ellis, M. J. (1973), *Why people play* (Prentice-Hall).

Eriksen, Aase (1985), *Playground Design: Outdoor Environments for Learning and Development* (Olympic Marketing Corp).

Frieden, Thomas R., and Degutis, Linda C. (2012), "NATIONAL ACTION PLAN for CHILD INJURY PREVENTION An Agenda to Prevent Injuries and Promote the Safety."

Frost, Joe L. (1995), "Analysis of Playground Injuries and Litigation," *Playground Safety — Proceeding of the 1995 International Conference*.

Frost, Joe L., and Sweeney, Theodora B. (1996), "Cause and Prevention of Playground Injuries and Litigation: Case Studies."

Frost, Joe L. (2012), "Evolution of American Playgrounds," *Scholarpedia*, 7(12).

Fuchs, Lars (1999), "The European Approach to playground Safety: En1176," *Playground Safety 1999 — An International Conference*.

Gill, Tim (2007), *No fear: growing up in a risk averse society* (Calouste Gulbenkian Foundation).

Gleave, Josie, and Cole-hamilton, Issy (2012), "A world without play: A literature review."

Gordon, J. E. (1949), "The epidemiology of accidents," *Am J Public Health Nations Health*, 39(4).

Greatorex, By Paul (2011), "Creating Plsyful Communities Lessons from the Engaging Communities in Play Progamme," *PLay England*.

Greenwell, Peggy H. (1999), "Americans with Disabilities ACT (ADA): Accessibility Guidelines for Play Areas," *Playground Safety 1999 — An International Conference*.

Haddon, Jr., William (1980), "Advances in the Epidemiology of Injuries as a Basis for Public Policy," *Public Helth Report*, 95(5).

Harvard University, Institute for Health Metrics and Evaluation at the University of Washington (2009), "Operations manual final draft."

Hayward, K. Michael (1999), "Commitment to Safety-Standards Compliance," *Playground Safety 1999 — An International Conference.*

Heinrich, H. W., and Petersen, D. (1982), *Industrial Accident Prevention* (5th ed.)/総合安全工学研究所訳 (1982)『ハインリッヒ産業災害防止論』海文堂出版。

Henderson, Walter J. (1995), "Resilient Playground Surfaces: Choices for U.S Playground Administrators," *Playground Safety — Proceeding of the 1995 International Conference.*

Hendy, Teresa B. (1999), "The Role of the Playground Safety audit in Developing a Comprehensive Playground Safety Program: Case Study — Springfield City School Disrtict," *Playground Safety 1999 — An International Conference.*

Heseltine, Peter (1995), "Safety Versus Play Value," *Playground Safety — Proceeding of the 1995 International Conference.*

Heseltine, Peter (1999), "Introduction to EN 1176 and 1177," *Playground Safety 1999 — An International Conference.*

Hornby, Albert Sydney (2010), *Oxford advanced learner's dictionary of current English,* (New 8th ed. edn.: Oxford University Press) 1796.

Huber, Rolf, and Comm, B. (2011), "Impact Attenuation Values and Prevention of Head Injuries in Children's Playgrounds," *Canadian Playground Advisory Inc.*

ISO/IEC (1999), "ISO/IEC Guide51: 1999: Safety aspects — Guidelines for their inclusion in standards."

ISO/IEC (2002), "ISO/IEC Guide50: 2002: Safety aspects —— Guidelines for child safety."

Jambor, Tom (1995), "Coordinating The Elusive Playground Triad: Managing Children's Risk-Taking Behavior, (While) Facilitating Optimal Challenge Opportunities, (Within) a Safe Environment," *Playground Safety — Proceeding of the 1995 International Conference.*

Johnson, Jon (2007), "Playground safety in galveston parks ." (The University of Texas Medical Branch)

Kotch, Jonathan, and Guthrie, Christine (1998), "Effect of a Smart Start Playground Improvement Grant on Child Care Playground Hazards." (North Carolina Univ., Chapel Hill. Frank Porter Graham Center)

Kozlovsky, Roy (2007), "Adventure Playgrounds and Postwar Reconstructions," *Designing Modern Childhoods: History, Space, and the Material Culture of Children; An International Reader.*

Kreinberg, Wolfgang (1999), "International Certification Schemes," *Playground Safety 1999 — An International Conference.*

Kutska, Kenneth F. (1999), "Playground Safety for the New Millennium: 'Impact and Visions for the Future,'" *Playground Safety 1999 — An International Conference.*

Laing, Christopher (1997), "Play safety guidelines for outdoor play provision."

Lester, Stuart (2011), "Evaluation of South Gloucestershire Council's Outdoor Play and Learning (OPAL) Programme," (Play England).

Lindon, Jennie (2011), *Too Safe for Their Own Good?: Helping Children Learn About Risk and Lifeskills* (2nd edn.: National Children's Bureau Enterprises Ltd).

Linnan, Michael et al. (2007), "Child mortality and injury in asia: An overview."

Little, Helen, and Eager, David (2010), "Risk, challenge and safety: implications for play quality and playground design," *European Early Childhood Education Research Journal,* 18.

Maurick, Edmund (1875), "London Playgrounds for Poor Children," *The Herald of Health* (59-60: Wood & Holbrook).

McWhirter, Jenny (2008), "A Review of Safety Education: Principles for effective practice."

Meyrick, Jane, and Morgan, Antony (1996), "Health promotion in childhood and young adolesece for the prevention of unintention of unintention of unintentinal injuries."

Morrongiello, Barbara A., Klemencie, Nora, and Corbett, Michael. (2008), "Interactions between child behavior patterns and parent supervision: implications for children's risk of unintentional injury," *Child Develoment,* 79 (3).

Morrongiello, Barbara A. (2006), "Factors influencing young children's risk of unintentional injury: Parenting style and strategies for teaching about home safety," *Journal of Applied Developmental Psychology,* 27.

O'Brien, Craing W. (2009), "Injuries and Investigated Deaths Associated with Playground Equipment, 2001-2008."

Ohono, Masato, Hattori, Tsutomu, and Isoya, Shinji (1997), "A Study on Park Debut from the Park Use of Mothers and Children," *Journal of the Japanese Institute of Landscape Architecture,* 61.

Planning, Oparations & Management Planning (2003), "New York City Department of Park and Recreation Operations and Mangment Planning Parks Inspection Program Standards."

Play Safety Forum (2002), *Managing Risk in Play Provision: A Position statement.*

Portmann, Adolf (1969), *Biologische Fragmente zu einer Lehre vom Menschen* (2. erw. Aufl edn.: Schwabe) p. 184／高木正孝訳（1961）『人間はどこまで動物か：新しい人間像のために』岩波書店。

Posner, Marc (2000), *Preventing School Injuries: A Comprehensive Guide for School*

Administrators, Teachers, and Staff (Rutgers University Press).

Preston, John (1996), "The CPSC Handbook for Public Playground Safety," *Play It Safe, An Anthology of Playground Safety.*

Reason, J. T. (1997), *Managing the risks of organizational accidents,* (Ashgate) p. xvii.

Reason, J. T. (1999), "Managing the risks of organizational accidents."／塩見弘監訳，高野研一・佐相邦英訳『組織事故――起こるべくして起こる事故からの脱出』日科技連出版社。

Richter, Julian (1995), "Indications to playground planning," *Playground Safety — Proceeding of the 1995 International Conference.*

Rogmans, Wim (2013), "Injuries in the European Union: Summary of injury statistics for the years 2008-2010."

Runyan, C. W. (1998), "Using the Haddon matrix: introducing the third dimension," *Inj Prev,* 4(4).

Rutherford, George W. (1979), "Hia hazard analysis."

Sethi, Dinesh, and Racioppi, Francesca (2006), "Injuries and Violence in Europe: Why they matter and what can be done" (Room).

Sethi, Dinesh, Mitis, Francesco, and Racioppi, Francesca (2010), "Preventing Injuries in Europe: From inteernational collaboration to local implementation."

Simon, Herbert A. (1977), *The new science of management decision* (Prentice-Hall,Inc., xi).

Smith, Linda E. (2002), "Study of the effectiveness of the US safety standard for child resistant cigarette lighters," *Injury Prevention,* 8.

Stutz, Elizabeth (1999), "Rethinking Concepts of Safety and Playground: The Playground as a Place in which children May Learn Skills for Life and Managing Hazards," *Playground Safety 1999 — An International Conference.*

The play inspection company (2008), "An Essential Guide to BS EN 1176 and BS EN 1177."

Thomason, Suzanne (1996), "The Role of Play in Childern's Development and Implications for Public Playgspace," *Play It Safe, An Anthology of Playground Safety,* pp. 31-40.

Thorsen, Lisa (2012a), "A hop, skip, and a jump: A case study examining playground safety practices and policies within a mid-size school district." (Hofstra University)

Thorsen, Lisa (2012b), "A hop, skip, and a jump: A case study examining playground safety practices and policies within a mid-size school district."

Tinsworth, Deborah K. (1999), "Playground Injuries- 1990 vs Today," *Playground Safety 1999 — An International Conference.*

Tompson, Donna (1996), "Organizational Influences on Playground Safety," *Play it safe:*

An anthology of playground safety, pp. 15-28.

Tompson, Donna, and Wallach, Frances (1995), "A Comparison of Playground Safety Standers and Guidelines in the United Stats," *Playground Safety — Proceeding of the 1995 International Conference*, pp. 167-173.

Unicef (2001), "A league of child deaths by injury in rich nations."

U.S. Consumer Product Safety Commission (1975), "Hazard Analysis Playground Equipment."

U.S. Consumer Product Safety Commission (1981a), "Handbook for Public Playground Safety: VolumeI General Guidelines for New and Existing Playgrouds."

U.S. Consumer Product Safety Commission (1981b), "Handbook for Public Playground Safety: VolumeII Technicai Guidelines for Equipment and Surfacing."

U.S. Consumer Product Safety Commission (1997), "Handbook for Public Playground Safety."

U.S. Consumer Product Safety Commission (2001), "Home playground equipment-related deaths and injuries."

U.S. Consumer Product Safety Commission (2008), "Public Playground Safety Handbook."

U.S. Consumer Product Safety Commission Bureau of Epidemiology (1975), "Hazard Anzlysis of Injuries Relating to Playground Equipment."

Voluntary Product Standrd (1976), "Safety Requirements for Home Playground Equipment."

Wallach, Frances (1983), "Play in The Age of Technology," *Park & Recreation*, April.

Wallach, Frances (1995), "A global view of playground safety," *Playground Safety — Proceeding of the 1995 International Conference.*

Wallach, Frances (1996a), "Playground Hazard Identification," *Play It Safe, An Anthology of Playground Safety.*

Wallach, Frances (1996b), "An update on the playground safety movement," *Parks & Recreation*, 31(4), pp. 46-73.

Wallach, Frances (1999), "The flowering of playground safety," *Playground Safety 1999 — An International Conference.*

WHO / Unicef (2008), "World Report on Child Injury Prevention."

Wilson, Modena H., Baker, Susan P., and Teret, Stephen P. (1991), *Saving Children: A Guide to Injury Prevention* (Oxford University Press; 1 edition).

Wortham, Sue C. (1996), "Abrief History of Playgrounds in The United States," *Play It Safe, An Anthology of Playground Safety.*

おわりに

2014年12月29日，沖縄のファストフード店に設置された大型遊具で転落事故が発生した。兄弟たちと連なってすべり台を滑っていた小学生の具志堅将之介くんは，バランスを崩し高さ3.75ｍから転落。頭を強打し，意識不明の重体となった。７度にわたる手術を経て命は取り留めたものの，現在も寝たきりの状態となっている。ご家族は，そういった闘病生活の苦しさをSNSに綴り，多くの共感を集めている。

将之介を見てると，自然と涙が出て，鼻水も。
今でも，何で，将之介がこんな怪我をしなきゃいけなかったんだろう？
何でなの？
どんな運命を背負わされてるの？
何がいいたい？
どこか痛い？
ごめんな。
ごめんな。
それしか言えない。
―中略―
将之介は，めっちゃ頑張ってる。
めちゃくちゃ頑張ってる。
また，ランドセル，背負ってほしいよ。
将之介の声が聞きたいよ。
特別なことなんかしなくていいからさ。　（Facebookより一部掲載）

SNSという個人による情報発信のツールは，事故の状況のみならず，その後の将之介くんが懸命に生きようとする姿と，ご家族の愛情溢れる看護の姿が動画も交えて発信され，事故により一つの家族に何が起きるのかを伝え続けることを可能にする。日々の暮らしの書き込みの中に，時折綴られる家族のつぶやきや将之介くんの姿に，多くの人たちの心が揺さぶられる。フォロワー（友達）は5000人に迫る勢いである。個人による発信が世界中を駆け巡る現代社会においては，個人発信の情報であっても力を発揮し，新しい価値観を萌芽させる力になり得る可能性は大きい。遊具の管理者やメーカーのみならず，多くの大人たちは，「親の責任」意識の強い日本の世論に擁護され，子どもの安全への配慮を怠ってきたことを否定できないと考えているが，そんな風潮に一石を投じる役割を果たすのではないだろうか。そして本書も，そういった新しい価値観を持とうとしている人たちの手引書になることができれば幸いである。

本書を結ぶにあたり，ご指導，ご協力いただいた皆様に深く感謝の意を表しておきたい。

まず，社会人大学院生として５年間の研究生活を支えていただいた関西大学大学院社会安全研究科の先生方に深謝する。特に，指導教授として，常に前向きで温かいご指導とご鞭撻を賜った安部誠治教授に心から御礼を申し上げたい。社会的には取るに足りないとされがちな「子どもの遊びにおける事故」という研究テーマを，意義あることだと励ましていただき，運輸事故や労働災害，製品事故といった様々な分野を鳥瞰的に眺め，広い視野を持って取り組むことの重要性を教えていただいた。市民活動という立ち位置から取り組んできた研究テーマであり，学術研究となり得るためには，自分に何が足りず，どう補っていくべきかと模索したが，安部先生は，厳しくも明快に方向性を示してくださった。また，本書をミネルヴァ書房からの出版に道筋をつけていただいたのも安部先生である。ミネルヴァ書房編集部の梶谷修氏，中村理聖氏には，出版に際しての多くのご指導をいただいた。心からの感謝を表したい。

学外の先生方にも，多くのご指導，アドバイスをいただいた。遊具事故の第一人者である大坪龍太氏には，今では手に入らない貴重な資料を提供いただき，国内外の様々な情報をいただいた。京都市子ども保健医療相談・事故防止センター京あんしんこども館の澤田淳センター長には，京都市の公園調査・分析の際に多大なご指導をいただいた。また，園庭設計のスペシャリストである熊尾重治氏にも貴重な現場からの思いを伺うことができた。

また，第３章及び第４章の調査研究にあたり，貴重なデータを提供いただいた京都市消防局，京都市建設局水と緑環境部緑政課の皆さま，政令指定都市公園管理担当部署の皆さま，「幼児・学童を持つ保護者の遊び場に関する実態，及び意識に関するアンケート」実施の際にご協力いただいた，NPO 法人亀岡子育てネットワークの皆さま，NPO 法人いんふぁんと room さくらんぼの皆さま，いまい小児科クリニックの今井博之先生，その他，たくさんの方々に，心からの御礼を申し上げる。

最後に，沖縄でリハビリに励む将之介くんとご家族の皆さまのおかげで，あらためて，遊び場の事故防止という自身が取り組んできた課題の重要性を心に刻ませていただくことができた。将之介くんとご家族さまの幸せを，心から祈願している。

2015年11月

松野敬子

索　引

（＊は人名）

あ　行

か　行

さ 行

た 行

な　行

は　行

ま　行

や　行

ら・わ行

《著者紹介》

松野敬子（まつの・けいこ）

1961年　生まれ。
関西大学大学院社会安全研究科防災・減災専攻，博士課程後期課程修了，博士（学術）号取得。

現　在　関西大学非常勤研究員，親学習ファシリテーター，NPO 法人いんふぁんと room さくらんぼ理事。

主　著　『遊具事故防止マニュアル――楽しく遊ぶ安全に遊ぶ』（共著）かもがわ出版，2006年。
「京都市の公園における遊具事故の実態と事故防止対策に関する一考察」『小児保健研究』第74巻第3号，2015年，413-421頁。
「遊具の安全規準におけるリスクとハザードの定義に関する一考察」『社会安全学研究』第3巻，2012年，51-73頁。
「日本の遊び場の安全対策の変遷と課題」『社会安全学研究』第1号，2010年，67-83頁。
「箱ブランコ裁判5年間の軌跡――小学生が大人に投げかけた課題とは」『論座』2002年10月号。
「『安全』ブランコに殺される」『週刊金曜日』第7巻第24号，1999年（第5回「週刊金曜日ルポルタージュ大賞」佳作受賞）。

子どもの遊び場のリスクマネジメント
――遊具の事故低減と安全管理――

2015年12月20日　初版第1刷発行　〈検印省略〉

定価はカバーに
表示しています

著　者　松野敬子
発行者　杉田啓三
印刷者　田中雅博

発行所　株式会社　ミネルヴァ書房
607-8494　京都市山科区日ノ岡堤谷町1
電話代表　(075)581-5191
振替口座　01020-0-8076

創栄図書印刷・藤沢製本

ISBN978-4-623-07458-7

Printed in Japan